"*Medita tu negocio* es un libro esencial para cualquier persona que esté enfrentando retos al poner en marcha y administrar un negocio. Knipping presenta herramientas tradicionales de gestión en una nueva perspectiva. Nos ofrece conocimiento sobre cómo escribir planes de negocios y afirmaciones sobre misión, visión y valor corporativos. *Medita tu negocio* se enfoca en la motivación, trabajo en equipo, mercadeo, riesgos y fracasos, transparencia, gobierno corporativo, estrategias, felicidad, religión y muchos otros temas interesantes en el campo de los negocios. Es altamente instructivo y debe ser leído por cualquier persona en el sector empresarial."

Henri Th.M. Burgers, Curazao
Abogado y autor de ensayos legales y libros

"Toine Knipping es una de esas personas extra___ con lo que ha hecho y a la vez, ¡Te hace creer que tú puedes hacer lo mismo! Un empresario brillante que hace que el riesgo que todos tememos suene divertido y enriquecedor. Sin conferencias ni arrogancia en este libro tan accesible; sólo simples consejos impartidos con el humor y estilo único de Toine."

Kevin Grace
Miembro de la Junta de TESCO PLC

"Si no hubiera conocido a Toine en el kibutz en Israel en 1978, nunca me habría convertido en periodista. El me guió a Gaza. Nunca había oído hablar de Gaza y no tenía conocimiento del asunto palestino-israelí. Estaba muy impactado con la gente y la situación en Gaza. Fue un momento decisivo en mi vida. Luego cuando volví a Japón, decidí convertirme en periodista y reportar sobre esta situación. Toine es mi benefactor."

Toshikuni Doi
Conocido creador de documentales y activista político

"Cuando conoces a Toine, se ve como un empresario normal, pero no lo es; habla como un emprendedor, pero es mucho más. Donde muchos gerentes rígidos tienden a menospreciar valores y principios espirituales, Toine muestra con claridad, en su vida y en su libro, como los líderes deberían amar lo que crean, vivir sus sueños y dejar un mejor planeta para que vivan las personas. A parte de ser un gran líder, en *Medita tu negocio*, Toine resulta ser un escritor con una gran sensibilidad y sabiduría. ¡Cómo quisiera que hubieran más líderes como él!"

Daniel Ofman
Fundador de Core Quality Ltd. e inventor del 'Core Quadrant'

"Lo que amo del libro de Toine es que no es un concepto teórico. En vez de eso, es el viaje de un hombre que se hizo a sí mismo, compartiendo su vida personal y su experiencia en los negocios, combinándolo con ideas de varios grandes pensadores de esta índole. Este libro deja bien claro qué es el negocio – o lo que debería ser mientras se vive una vida maravillosa.

Reinder Schonewille
Consultor de negocios internacionales

"Leí *Medita tu negocio* dos veces, y no porque no lo entendí, ¡Sino porque es así de bueno! Me encanta cualquier cosa que nos devuelva a nuestra naturaleza básica, y eso es exactamente lo que Toine nos muestra en el libro."

Jorge Carneiro
Emprendedor portugués y director ejecutivo de Sage Inc. en Portugal y Brasil

Medita tu Negocio

Ideas para empresarios

Toine Knipping

Medita tu negocio

Copyright © 2018 por Toine Knipping

Todos los derechos reservados. Ninguna parte de este libro puede ser utilizada o reproducida por ningún medio, ya sea gráfico, electrónico o mecánico, incluyendo fotocopias, grabaciones de voz o video, o mediante el uso de cualquier sistema de extracción de información sin la autorización escrita de la editorial, excepto en el caso de breves acotaciones incorporadas en artículos críticos o de análisis.

Debido a la naturaleza dinámica del internet, cualquier dirección web o enlace contenido en este libro puede haber cambiado desde su publicación y puede que no sea válido, las opiniones expresadas en este libro son únicamente del autor y no reflejan necesariamente la opinión de la editorial, por lo que la editorial por medio de la presente rechaza cualquier responsabilidad por dichas opiniones.

El autor de este libro no dispensa consejos médicos o recomienda el uso de cualquier técnica como forma de tratamiento de problemas físicos, emocionales o médicos sin el consejo de un médico, ya sea directa o indirectamente. La intención del autor es únicamente proveer información de carácter general para ayudarle en su búsqueda de bienestar espiritual y emocional. En el supuesto de que usted use cualquier información contenida en este libro para sí mismo, lo que constituye su derecho constitucional, el autor y la editorial no asumen la responsabilidad de sus acciones.

Foto de portada ha sido suministrada por: Florence Knipping

978-0990418313 (p)
978-0-9904183-2-0 (e)

Toine Knipping

Para Kevin Grace, uno de mis co-estudiantes en INSEAD, ya que me retó a finalmente escribir este libro.

Para Fran Aldrich, el más grandioso comunicador que he conocido, ya que él me enseñó los principios básicos de hacer y vivir los negocios.

Para mi esposa Paula, quién no siempre está de acuerdo conmigo pero siempre me apoya.
Y para mis hijos, Quinten y Florence, espero que ellos lean este libro y quizá incluso piensen sobre alguna de las ideas que contiene.

Medita tu negocio

Contenido

Epígrafe 9
Aviso Legal 11
Prefacio 13
Agradecimientos 22
Capítulo 1: ¿Que hace que tu corazón cante? 24
Capítulo2: ¿Soy capaz de comenzar y manejar un negocio? 34
Capítulo 3: ¿Dónde encontrar la idea brillante y correcta? 45
Capítulo 4: ¿Cuándo es el mejor momento de comenzar un negocio? 51
Capítulo 5: ¿Realmente necesitamos un plan de negocios? 55
Capítulo 6: ¿Dónde puedo incorporarme a una escuela de empresarios? 60
Capítulo 7: ¿Cuál es la importancia de tener excelente calidad? 69
Capítulo 8; ¿Cómo se define la misión, visión y valores corporativos? 76
Capítulo 9: ¿Dónde se encuentra usted? 83
Capítulo 10: ¿Cómo puede ser un líder y ser seguido? 92
Capítulo 11: ¿Cómo gestiona y motiva? 101
Capítulo 12: ¿Funcionan los equipos? 107
Capítulo 13: ¿Qué es lo esencial en el marketing y las ventas? 118
Capítulo 14: ¿Cómo maneja el riesgo y el fracaso? 122
Capítulo 15: ¿Cuál es el valor del tiempo? 126
Capítulo 16: ¿Qué uso tenemos para los gurús y los consultores? 130
Capítulo 17: ¿Son los empleados el activo más valioso de su compañía? 136
Capítulo 18: ¿Quién paga los salarios y quién toma las decisiones? 153
Capítulo 19: ¿Es importante tener a sus proveedores como sus socios en el negocio? 158
Capítulo 20: ¿Con quién compite usted? 161
Capítulo 21: ¿Cómo se financia una compañía? 165

Capítulo 22: ¿Cómo combinar los amigos y la familia con los negocios?...171

Capítulo 23: ¿Qué es la Responsabilidad Corporativa Social? 176

Capítulo 24: ¿Cómo se crea la conciencia ambiental? 184

Capítulo 25: ¿Por qué es importante la transparencia? 191

Capítulo 26: ¿Por qué es necesario un buen gobierno corporativo? 197

Capítulo 27: ¿Qué causa felicidad y dónde lo podemos encontrar? 203

Capítulo 28: ¿Y qué hay sobre al amor, el deseo y el sexo en el lugar de trabajo? 211

Capítulo 29: ¿Puede su negocio convertirse en una adicción? 221

Capítulo 30: ¿Qué tiene que ver la religión con esto?...............................226

Capítulo 31: ¿Dónde terminará esto?...234

Capítulo 32: ¿Cuánto dinero es suficiente? 239

Capítulo 33: ¿Es la muerte el final que se tiene en mente? 245

Capítulo 34: ¿Esto es todo?..251

Epílogo..256

Sobre el Autor 258

Lectura recomendada 260

Epígrafe

"No es el crítico el que cuenta, ni el hombre que señala cómo el hombre fuerte dio un traspié, ni qué hubiera hecho mejor el que realizaba el acto. El crédito es del hombre que se encuentra en la arena, cuya cara está estropeada por el polvo, el sudor, y la sangre; el que lucha esforzadamente; el que se equivoca y se queda corto una y otra vez; el que conoce los grandes entusiasmos, las grandes devociones, y se dedica a una buena causa; el que en el mejor de los casos, conoce al final el triunfo de una gran actuación; y que en el peor, si falla, ha hecho al menos un intento extraordinario, de modo que su lugar nunca estará cerca de aquellas almas frías y tímidas que no conocen ni la victoria ni la derrota".

—Theodore Roosevelt

Medita tu negocio

Aviso Legal

Mi vida es mi historia, como su vida es su historia. Este libro tiene el objetivo de compartir con usted mis ideas sobre cómo ocuparse de su negocio y como nuestra mente puede construir un negocio significativo y ayudar a darle algún sentido a nuestras vidas en este proceso. Es vendido bajo el entendido que el autor no tiene como fin ofrecer asesoría legal, fiscal, contable, gerencial, psicológica, espiritual u otro consejo profesional. Si alguien requiere asistencia de un experto, debe solicitar los servicios de un profesional competente.

No es propósito de este libro reproducir información asequible a los lectores, sino complementar otros textos y reflexiones. Para más información, vea la sección de *"Referencias"*. El libro está disponible también en formato digital, de manera de contribuir mínimamente al agotamiento de recursos escasos (imprimir un libro requiere el uso de árboles, tinta y miles de litros de agua). Usted puede también tener el deseo de compartir su ejemplar con otros que se pudieran beneficiar del mismo. Los resultados netos de la venta de este libro se destinarán a un proyecto para ayudar a jóvenes emprendedores de India a iniciar sus proyectos.

Este no es otro libro de cómo hacer las cosas. Ya hay suficiente de esos. Tampoco es una autobiografía, aunque, por definición, todo libro tiene aspectos autobiográficos.

Me gustaría que usted, el lector, piense sobre los negocios de una forma más integral ya que no están separados de la vida. La persona que va a trabajar como "profesional" es la misma que hace el amor en la mañana, sale a trotar en la noche y se espera que haga las tres cosas con la misma pasión. Quisiera ilustrar que nuestras mentes están en este mundo para hacer cosas más importantes que únicamente ganar dinero, o vender bizcochos; y que todos tenemos la oportunidad de mejorar nuestras vidas y el mundo.

Quisiera retar a los lectores a ensanchar sus mentes, a tomar nuevos riesgos, a liberarse de convencionalismos que han estado ocupando su mente silenciosamente a través de los años; y pensar con frescura y hacer algo nuevo. Esto no debe basarse en cuán grande soy o en el hecho de que yo tengo todas las respuestas, porque no las tengo. Yo solamente espero ayudarlos a que vean lo potencialmente grandes que *todos* somos y que todos podemos hacer mucho más con nuestras vidas que lo que jamás hemos imaginado. Ninguno de nosotros, afortunadamente, ha llegado a su potencial máximo todavía.

Seguir los consejos de este libro le demostrará que literalmente cualquiera puede ser exitoso como emprendedor, pero que esto no lo hará necesariamente rico de la noche a la mañana, ni resolverá todas las preguntas en su vida. Cualquiera que quiera ser exitoso en la vida puede serlo; realmente no hay nada mágico en esa afirmación, pero usted debe estar dispuesto a invertir una gran cantidad de pensamientos, pasión, amor, energía, tiempo y esfuerzo sin la garantía de un rápido éxito económico. Tener éxito en los negocios no lo hará feliz; es exactamente lo contrario; usted necesita primero ser feliz con usted mismo a fin de ser exitoso en los negocios. Los negocios no florecen de manera espontánea. Son las personas -como usted y como yo- quienes los construimos, les damos vida y los hacemos prosperar.

Se han hecho todos los esfuerzos para que la información que aparece en este libro sea lo más exacta y completa posible. Sin embargo, seguramente habrán errores, tanto tipográficos como de contenido. Por tanto, este libro debe ser visto solamente como una guía general y no como una fuente infalible para alcanzar las metas de su vida.

El propósito de este libro es educar y entretener. El autor y la editorial no tienen ni obligaciones ni responsabilidad ante cualquier persona o entidad con respecto a daños o pérdidas causados o que se alegue han sido causados directa e indirectamente por la información contenida en este libro.

Si usted no desea aceptar las condiciones anteriormente mencionadas, puede devolver este libro al autor para un reembolso total.

Prefacio

Yo crecí en una pequeña granja de frutas y ganado en Holanda. Mi madre y mi padre procedían de familias muy numerosas, por lo que yo tenía muchos tíos, tías y primos. Los domingos, después de la iglesia, algunos o muchos de ellos se reunían en nuestra granja para pasar un buen rato y jugar cartas. Después de hacer lo mismo durante tantos años, sus formas de interacción se habían convertido en un tipo de ritual y repetían las mismas bromas semana tras semana. La mayoría de mis tíos, que vivían en la misma área, eran granjeros muy trabajadores o tenían otro pequeño negocio. Ellos se enfrentaban constantemente a los diversos desafíos característicos de cualquier pequeño negocio, pero estaban extremadamente orgullosos de lo que hacían y no habrían querido cambiar sus vidas por ninguna otra cosa.

Solo un tío no era un *"emprendedor"* (Aunque esa palabra no existía aún por esa época) sino que era el director de una escuela (y posiblemente tenía un ingreso más estable que todos ellos) y en todas las reuniones de la familia era siempre el blanco de las bromas. Se me hizo entonces muy obvio que si quería ganarme el respeto de mis padres y del resto de la familia, necesitaba convertirme en un emprendedor y no en un asalariado.

Mi oportunidad surgió cuando quise incorporarme por una semana a un campamento de niños exploradores, pero mis padres decidieron que eso era muy costoso. Empecé a cultivar perejil y otras hierbas y las vendía puerta a puerta en nuestro pueblo, hasta que reuní suficiente dinero para asistir al campamento por mi cuenta. Desde entonces nunca he estado sin un 'empleo' o sin un 'negocio', y aprendí que tomar la iniciativa te lleva a muchas cosas. Por supuesto usted puede ganar dinero que le sirve para comprar lo que quiera, pero más importante, cada empleo conduce a nuevas oportunidades. Cada 'negocio' conduce a nuevas posibilidades que, si usted las toma, lo llevará de un nivel al próximo hasta que alcance el cielo.

Como estudiante aprendí que en vez de hacerlo todo por mí mismo, subcontratar era una manera de aprovechar mi tiempo y esfuerzo. Comencé rentando dos camionetas muy viejas a estudiantes que lo necesitaban para viajar por carretera, vacaciones o para mudanzas. Después de organizar el sistema, dejé que otra persona condujera el negocio por un honorario y me dediqué a hacer algo nuevo.

Para mí ese algo nuevo fue viajar alrededor del mundo. Tuve mucha suerte de viajar por casi un año de Europa a Indonesia, y pasando meses en Irán, Pakistán, India, Nepal, Myanmar, Tailandia e Indonesia. También pasé un tiempo considerable viajando por el Medio Oriente, trabajando en un *kibutz* en Israel y visitando Egipto en el periodo del asesinato del Presidente Sadat. Adicionalmente, hice otro memorable viaje por vía terrestre de Nueva York a Tierra del Fuego y de regreso a Brasil, visitando casi todos los países de las Américas.

En el kibutz en 1978, compartí habitaciones con un estudiante japonés, Toshikuni Doi, una persona entusiasta y disciplinada que aspiraba a ser periodista y había pasado un año en Israel sin haber visitado los territorios ocupados. Lo llevé en un recorrido a Cisjordania y la Franja de Gaza, donde visitamos varios campos de refugiados y conocimos la otra cara del éxito económico y diplomático de Israel. Toshikuni, como yo, estaba fuertemente impactado por lo que vio en los campos de refugiados, y durante muchos años regresó a Israel para reportar a los periódicos japoneses sobre la situación en los territorios ocupados. Por cierto tiempo nos mantuvimos en contacto, pero después de algunos años las cartas dejaron de llegar. Él fue el primero que me inspiro a estudiar las filosofías asiáticas, lo cual se constituyó en la base de mi ulterior amor por Asia. Mi amigo japonés se convirtió en un famoso autor y director de cine en Japón, de manera que cuando treinta y cinco años después mi familia y yo planificamos unas vacaciones en Japón, su nombre surgió nuevamente. Me tomó menos de cinco segundos encontrarlo en Google. Sucedió que el día que me comuniqué con él, estaba ofreciendo una entrevista por televisión en relación con su más reciente película sobre las atrocidades de guerra en Faluya, Irak. El presentador le peguntó que lo había inspirado a escoger la ruta que él había seguido y a hacer documentales sobre temas políticos. Su respuesta fue que treinta años antes él había hechos esos viajes conmigo en Israel. ¡Eso fue una gran coincidencia! Fue también un gran placer encontrarnos otra vez. Recordamos viejas conversaciones que tuvimos en nuestros jóvenes y más idealistas días. Hablamos sobre como uno se convierte en cómplice de la explotación y la represión si no protesta contra la maldad del mundo. Él había escogido denunciar el mal mediante el trabajo periodístico, mientras que yo había escogido crear empleo, haciendo frente a la pobreza que está en la base de toda la miseria en los mercados emergentes.

Terminé mis estudios de derecho con una tesis sobre cómo desglosar compañías inviables financieramente en partes que fuesen aun saludables y partes que fuesen demasiado ineficientes o de baja calidad para ser salvadas.

Un asunto que he tenido que tratar muchas veces durante mi carrera profesional y que se ha hecho presente en cada momento de baja del mercado.

Cuando comencé mi primer empleo 'real' trabajando como abogado en un banco, muy pronto me sentí ansioso al usar solamente una pequeña parte de mi talento en una descripción de funciones que básicamente me indicaba dejar mi cerebro en casa y hacer solamente aquello que se me instruía. En esencia debía vender inversiones seleccionadas y productos de seguros del banco a inversores ingenuos. Esto también se le conoce como *"banca privada"*. Afortunadamente, después de un tiempo fui transferido a una clase de alto potencial y me convertí en instructor en el departamento de entrenamiento sobre crédito y riesgo del banco. Ésto me trajo de regreso a Nueva York. Recuerdo una noche, después de varios tragos, estaba parado en Times Square con un par de colegas, mirábamos el teletipo bursátil y acordamos que nuestra medida de éxito sería el día que viésemos nuestra propia compañía reflejada allí en luces de neón.

La sección del banco donde yo trabajaba cambió de dueño, y un día me encontré de regreso en Holanda en el departamento de *"préstamos críticos"*. *"Préstamos críticos"* en un banco significa préstamos que tienen un riesgo de no ser pagados. Se supone que el departamento debe ayudar a los clientes corporativos a reestructurarse de manera que puedan pagar, o iniciar un proceso de liquidación de sus compañías, para que el banco pueda recobrar tanto como sea posible como resultado de la venta de los activos de esas compañías.

Uno de mis clientes fue un caballero mayor que tenía una pequeña y antigua fábrica. Estaba perdiendo dinero constantemente ya que el negocio no había hecho los ajustes oportunos para adoptar nuevas tecnologías y ya no estaba en condiciones de competir con productores e importadores más nuevos e importantes. Un día tenía programado reunirme con este cliente para decirle que finalmente íbamos a cancelar nuestra facilidad de crédito y que, como resultado de esto, su compañía tendría que ir a la bancarrota. Este caballero siempre había sido bien puntual en nuestras reuniones, y fue sorprendente para mí que no se hiciera presente. Nos comunicamos con su secretaria, quien nos confirmó que él había salido de su oficina a tiempo para nuestra reunión. Sucedió que el hombre tuvo un accidente de tránsito en su camino hacia el banco y se ahogó en uno de los miles de canales de Holanda. Unos meses después, su póliza de seguro de vida produjo suficientes fondos para cubrir las sumas pendientes adeudadas al banco, y mi jefe me felicitó por haber resuelto exitosamente un caso más.

Ese fue el momento en el que decidí cambiar de carrera y finalmente comencé a trabajar en una compañía fiduciaria en el Caribe. Trabajé en esa empresa por casi cuatro años y posteriormente, conjuntamente con un colega, comenzamos un negocio 'real', lo llamamos Amicorp. *"Ami" en lengua Papiamento* significa *"mi"* y suena lo suficientemente española para crear la impresión de ser un *amigo*. *"Amigos en los que usted puede confiar"* fue nuestro primer lema.

El negocio fiduciario resultó ser muy exitoso, ya que se basa en las dos grandes certezas de la vida: la muerte y los impuestos. Las personas tienen que hacer planes para ambos, y las personas exitosas y ricas más que los demás. Cuando la economía es buena, las personas hacen planes de inversiones y necesitan estructurar nuevos negocios, cuando la economía no está tan bien, los impuestos suben y las personas tienen que tener conciencia de los costos y planificar cuidadosamente.

Los impuestos son una necesidad, ya que son el precio que pagamos por la civilización. La mayoría de los sistemas de impuestos son ineficientes y derrochadores, y conducen a los negocios y las inversiones hacia lugares que proveen los mejores servicios posibles por el dinero que se paga en concepto de impuestos.

La muerte es igualmente una necesidad, y sin la muerte no habría renovación. Ideas y estructuras de poder viejas necesitan abrir espacios para las nuevas con regularidad, de manera que el modo de pensar, la sociedad y la economía puedan seguir creciendo. La parálisis que actualmente vemos tanto al nivel económico como político en Europa Occidental, Japón y los Estados Unidos es el resultado de viejas estructuras de poder que no han muerto con suficiente rapidez. Muchas de las actuales estructuras políticas y económicas de la sociedad Occidental, la mayoría surgidas al final de la Segunda Guerra Mundial con importantes modificaciones en los sesentas, han llegado claramente a su *"fecha de caducidad"*. Se necesitarán impactos a nuestros sistemas económico y político a fin de crear la plataforma política y moral para repensar el injustificado nivel de consumo por parte de individuos y gobiernos, así como el desalentador nivel de deuda creado por ellos mismos. Tendrá que haber una reestructuración seria y consensuada de los sistemas de pensiones, de los sistemas de beneficios sociales, y del papel, responsabilidades y beneficios de las instituciones financieras. De cualquier manera, muchas personas tendrán que ceder algunos de sus derechos y ventajas, lo que no va a suceder sin una confrontación ni sufrimientos significativos.

Se requerirán nuevas personas para dejar libre el camino de aquello que ha sido creado por generaciones previas. Un sistema de impuestos paneuropeo basado sobre el modelo alemán solo emergerá una vez los europeos que recuerdan su versión de los 1940 hayan muerto. Steve Jobs expresó esta idea en su famoso discurso inaugural de Harvard de 2005 (que puede encontrar en YouTube) de la siguiente forma: *"La muerte es claramente la mejor invención de la vida. Es su propio agente de cambio. Ella quita del camino lo viejo para dar vía a lo nuevo. En este momento lo nuevo son ustedes, pero algún día, no muy lejano de hoy, se convertirán en lo viejo y serán quitados del camino"*. Cuando la generación del *baby boom* muera, veremos un importante cambio de dirección en las inversiones, al igual que el crecimiento de los mercados emergentes ha traído como resultado un gigantesco cambio en los enfoques económicos y culturales.

Trabajar en la transferencia de la riqueza de una generación a la siguiente, así como administrar importantes inversiones financieras internacionales es divertido. Hay un resultado directo de tu trabajo cuando buenos planes se convierten en inversiones productivas.

De todos lados, aparecieron los amigos para hacer las primeras introducciones, para prestar dinero, para dar consejos, para enviar clientes, etc. Después de algunos años surgió un negocio próspero y estable. Los primeros diez clientes no eran los que yo hubiese esperado como primeros clientes, pero la mayoría de ellos (o sus hijos,) están todavía con nosotros.

Uno de nuestros primeros y mejores seguidores fue Frank Aldrich, un banquero retirado que comenzó su vida como trabajador siendo piloto de un bombardero en la Segunda Guerra Mundial. Frank se convirtió en un banquero privado en Cuba bajo el gobierno de Batista, sirviendo a clientes tales como Ernest Hemingway. Posteriormente fue banquero corporativo en Brasil, bien conocido de los ricos y poderosos de Latinoamérica. Fue copropietario de un banco en Curazao y otro en Haití, y siempre me enseñó lo siguiente: *"Sé amable con las personas en tu camino hacia arriba, ya que te los vas a volver a encontrar en tu camino hacia abajo."* A sus ochenta cinco años el todavía escribe a mano alrededor de mil tarjetas de navidad cada año, cada una con un mensaje personal. Sus archivos personales incluyen miles de personas con quienes se ha relacionado a lo largo de su vida, desde seis décadas atrás. Es claramente mayor trabajador en red, y nos presentó a muchos de nuestros primeros clientes, quienes en su mayoría lo son aún en la actualidad. Aprendí que nunca se deben hacer enemigos, ya que toda persona que conoces permanece conectado a ti, y de alguna manera, en algún lugar, volverán a encontrarse. Pequeños favores que tú haces hoy serán pagados muchas veces en el futuro. Mientras más des, más recibirás a cambio.

Estuvo también Hans Crooij. Hans era un vendedor de seguros que se retiró en el Caribe y se convirtió en un gurú para los empleados de nuestra compañía. No entendía nuestro negocio pero tenía una gran experiencia empresarial, de manera que sus profundas y razonables formas de abordar los temas siempre hacían que las personas rieran o pensaran. Su constante apoyo nos dio coraje para emprender y desarrollar algunos de nuestros proyectos más ambiciosos.

Y nunca olvidaremos al administrador de activos que un día bajó de un crucero y entró en nuestra oficina. Nosotros creamos algunos fondos de cobertura para él y en pocos años los fondos tuvieron mucho éxito y él se hizo seriamente rico, invitándonos a unas vacaciones para esquiar en Colorado. Una vez, quisimos hacer una inversión bastante grande, y fue esta persona quien nos prestó el dinero de su *"caja chica"*. Un tiempo después, durante el auge de dot.com, su negocio se colapsó, y necesitó su dinero con muy poco pre-aviso, creando presiones de liquidez a nuestra compañía, y no es necesario decir que se acabaron las invitaciones para esquiar en vacaciones.

Por supuesto, hubo una gran cantidad de grandes y pequeños lamentos y contratiempos, pero a pesar de ellos, logramos poner en marcha un plan de expansión internacional. Los viajes de vacaciones que hice como estudiante a Latinoamérica, el Lejano Oriente e India se convirtieron en el anteproyecto de nuestra expansión corporativa. Nuestra compañía se convirtió, casi por omisión en una experta en mercados emergentes, estructurando inversiones internacionales directas. Haber vivido entre los indios por medio año me hizo mucho más fácil pasar por encima la división cultural y celebrar las diferencias en vez de sentirme frustrado por estas. Haber participado en fiestas en Rio y Sao Paulo me facilitó abrir una oficina allí y comenzar a buscar clientes. La viejas anécdotas ayudaron a romper el hielo y nos hizo diferente de los competidores que llegan y se van, que no hablan el idioma, ni aprecian la comida en las calles o disfrutan de las costumbres locales. Haber estado en Colombia, Rusia, Pakistán y Myanmar hacían estos lugares mucho menos aterradores que lo que las noticias te hacen querer creer.

Unos años atrás, decidí participar en un curso de administración en la INSEAD, una de las mejores decisiones que he tomado en mi vida. El Curso de Desafío de Liderazgo *(Challenge of Leadership – COL)* como se le llamó, presentado por Manfred Kets de Vries y Sudhir Kakar, me proporcionó grandes reflexiones sobre mí mismo, algunas buenas ideas para los negocios, y un sin número de maravillosos nuevos amigos. Manfred Kets de Vries explicó después el contenido de este curso de la manera siguiente: Sudhir y yo continuamos nuestra *"lucha"* para crear un mundo mejor facilitando COL. Sus observaciones sobre una *"niñez terrible"*, horribles acciones legales a enfrentar, un matrimonio deprimido, sueños ocultos, jefes listos para atacar, promociones fallidas y una desordenada vida sexual, resume muy bien la condición humana o cómo lidiar con *"la tragedia humana"*. Hacia el final del curso, me encontraba sentado junto a otros participantes reflexionando en la gran experiencia que este había significado. Estábamos buscando una fórmula para continuar con esos sentimientos y mantener nuestro contacto mediante la creación de un nuevo proyecto conjunto. Después de una larga y ruidosa noche propusimos el proyecto más obvio y una fantasía común entre nosotros, los amantes del vino.

¿No sería grandioso ser propietarios de una bodega de vinos? Al tener tanto talento en nuestra 'clase', pensamos que deberíamos ser capaces de fabricar un gran vino también. Siempre resulta tentador mirar al negocio de alguien más y concluir que tú sabes más y mejor que ese alguien. Sabiendo esto, acordamos los puntos iniciales de lo que queríamos hacer con nuestra bodega.

Primeramente, queríamos hacer un vino bueno y honesto. Hacer que la etiqueta dijera exactamente como lo hacíamos, y explicar en detalle que partes del proceso y del vino eran orgánicas y que partes no.

En segundo lugar, crear una imagen que pudiera hacer nuestros vinos sobresalir de otros en la multitud. El nombre que escogimos *Alpasión* podría ser conceptualizado fácilmente entre un rango de nuestras huellas digitales y firmas en una botella. En español *Alpasión* es una combinación de *Alma* y *Pasión* y en inglés 'Soul' (alma) y 'Passion' (pasión). La estrategia de ventas debía concentrarse en la naturaleza pura, productos orgánicos, amistad en la producción, disfrute del vino y honestidad tanto en el producto como en su precio.

Ninguno de nosotros sabía nada de vinos (excepto escoger magníficas botellas de vinos de la lista de un restaurante) de manera que decidimos contratar a los mejores jóvenes e innovadores expertos que pudiéramos encontrar. Contratamos a un gran productor de vinos, Karim Mussi, y a un gran agrónomo, Guillermo Cacciaguera, y visitamos muchas casas de vinos, incluyendo las de nuestros vecinos viñateros en el valle (lo que no fue una tarea desagradable) y tomamos muchas sugerencias dondequiera que pudimos encontrarlas.

Decidimos aplicar todas las mejores prácticas agrícolas y de producción posibles, que sentaran las bases para producir un buen vino. Buscamos el mejor lugar, nos concentramos en viñedos densamente sembrados, podados para bajo rendimiento, cuidadosamente irrigados de manera que la cantidad exactamente correcta de nutrientes y agua pudiera llegar a cada vid individualmente y prudentemente cosechamos todo de forma manual. El auto-mejoramiento constante haría el resto. Como Hellen Keller dijo: *"Ningún pesimista jamás descubrió los secretos de las estrellas, o navegó hacia tierras que no estaban en el mapa, o abrió un nuevo paraíso al espíritu humano."* Una vez que los viñedos sean más maduros, también aplicaremos los métodos de Masaru Emoto, para armonizar los cristales del vino con tipos específicos de música. Estábamos convencidos que el proyecto sería un gran éxito porque *habíamos decidido* que sería un éxito. Y en gran medida ya es un éxito, pues experimentamos mucha satisfacción y placer llevándolo adelante.

En la etapa actual de mi vida, miro hacia atrás con una sonrisa y puedo ver que *todos* los eventos de mi vida, los grandes y los pequeños, los buenos y los malos, los que fueron cuidadosamente planificados y los que sucedieron al azar, me han traído exactamente a donde estoy ahora. Han creado un grupo perfecto de circunstancias para mí, para mi familia y para mi negocio. Si solo un pequeño detalle hubiera sido diferente, un simple hecho hubiera sido distinto, yo habría terminado en un lugar totalmente diferente, y ese lugar totalmente diferente podría haber sido tan bueno y perfecto como el lugar donde hoy estoy. Pero fue necesario que todo el universo se alineara para traerme exactamente donde estoy ahora.

Ahora me encuentro escribiendo algunas de mis experiencias y pequeños consejos, ya que creo que estos pueden ayudar a otros, tal vez incluso a usted, a salvar la brecha entre sus ideas sobre los negocios y como ser un emprendedor con pensamientos que ayuden a darle sentido a su vida y estar satisfecho, pero no complacido con la misma. Cualquiera que quiera ser un emprendedor exitoso puede hacerlo; y ser un emprendedor exitoso es un componente básico sobre el cual usted puede construir una vida significativa.

"Cuando yo era un niño de 14 años, mi padre era tan ignorante que apenas podía soportar tenerlo a mí alrededor. Pero cuando llegué a los 21, estaba sorprendido de ver cuanto el viejo había aprendido en siete años"

–Mark Twain

Medita tu negocio

Agradecimientos

Según Nassim Nicholas Taled, el libanés autor de *"El cisne negro"*, los libros sobre negocios son inventados como una categoría por las librerías para las obras que no tienen profundidad, ni estilo, ni rigor empírico ni sofisticación lingüística. Con esto en mente he tratado de abarcar más categorías que simplemente *"negocios"* e incluir mi enfoque personal sobre ser un emprendedor con una luz ligeramente más integral.

Hay muchas personas a quienes quisiera agradecer por haberme ayudado a organizarme y producir estas noventa mil palabras. Las ideas básicas han estado flotando alrededor en algún lugar de mi mente por años, pero fueron mis colegas de INSEAD quienes me ayudaron a combinar esas ideas de una forma más coherente, reordenaron las prioridades en mi vida, y entendiendo la importancia de emprender las acciones ahora.

Especial agradecimiento en este sentido a Bill Fisher, Jorge Carneiro, Kevin Grace, Are Kjensli, Jesper Nellemann, Henk de Jong y Kathy Byrne. Afortunadamente, también compartimos un gran proyecto de vinos que disfrutaremos en los años venideros.

Manfred Kets de Vries y Sudhir Kakar se sentaron conmigo, en el mismo hotel en Barbizon donde el proyecto de los vinos comenzó, y trataron de explicarme lo difícil y consumidor de tiempo que el proceso sería, y los pocos libros originales que se escriben, con el fin de probar la fuerza de mi decisión. Katha Kakar y Sheila Loxhman me explicaron los pasos y la disciplina que serían necesarios para completar este proyecto.

Hacer la investigación, discutir las distintas partes de esta con personas diferentes, me conectaron o re-conectaron con grandes libros sobre una variedad de temas (algunos de ellos incluidos en la bibliografía). Esto me hizo reflexionar sobre mis propios paradigmas y cambiar algunos de estos.

Jeannette Keizer leyó críticamente cada uno de los capítulos del libro y me hizo valiosos comentarios y preguntas que me ayudaron a formular ciertas ideas de una manera más clara.

Mis amigos y colegas Mik Breek, Eric Boes, Henry Burgers, Mimi Chong, Yogesh Kumar, Binu Jose, Ganesh Babu Subramanian, Claudio Lema Pose, María Gabriela Soto, y Mignon Wortelboer todos leyeron partes del libro y lo hicieron más valiosos desde sus respectivas perspectivas y áreas de experiencia. Mimi es la persona que plantó muchas de las ideas iniciales en mi mente.

Kate Ribeiro hizo la mayor parte del trabajo de edición y organizó la publicación. Una vez que el proceso de escribir ganó en seriedad, fue quien me mantuvo en el camino.

Jon Sheeser corrigió mucho del *Dunglish* en mis escritos, una tarea de casi una vida.

Mi hija Florence diseñó la portada del libro y tomo mi foto distintiva.

Mi esposa Paula ha sido muy paciente. Ella me dejó hacer todas mis cosas durante estos meses en que yo estuve trabajando para llevar este libro al papel. Sería imposible desear una compañera más comprensiva.

Capítulo 1: ¿Que hace que tu corazón cante?

"La receta para vivir una vida absolutamente plena —si tal receta existe— es reír con todo el corazón y frecuentemente, hacer las cosas con absoluta entrega, apreciar las cosas bellas, construir y mantener amistades profundas, encontrar placer en la familia, y disfrutar la tarea que se esté haciendo. Es el viaje por la vida el que cuenta, no el destino. Como manejamos los obstáculos que inevitablemente nos encontramos en este viaje determina la riqueza de nuestras vidas. Mediante una auto-exploración extensiva podemos aprender la lección del hecho de que muchos de nuestros obstáculos los creamos nosotros mismos. Si queremos, podemos removerlos o reestructurarlos. Podemos aprender de la experiencia."

–Manfred Kets de Vries

Con toda intención he decidido comenzar este libro de negocios con un capítulo sobre los propósitos de la vida. Este puede no parecer el punto más lógico para el comienzo, pero creo que antes de establecer o adquirir un negocio, es muy importante tomar conciencia de lo que estamos haciendo, porque lo hacemos, y porque queremos ser responsables de una empresa y de las muchas personas que dependen de esta para su sustento en la vida. Una vez que un negocio nace, es como su bebé. Tiene que encargarse de su cuidado y no puede hacer otra cosa que no sea quererlo. Independientemente de que sea un padre capaz o no, es responsable de ese bebé hasta que crezca, deje la casa o muere. Yo he estado al lado de la cuna de algunos negocios, y le puedo asegurar que hay muchas similitudes entre crear y conducir un negocio con criar a sus hijos; tanto si son éxitos inmediatos como si cojean, los amo igualmente. Una vez que usted decida ser un emprendedor, estoy seguro que le pasará lo mismo.

De manera que usted tendrá que pensar cuidadosamente que es lo que realmente lo motiva, es decir, qué lo impulsa a hacer las cosas que usted hace. Estas pueden ser cosas totalmente diferentes de las que usted aprendió en la escuela o en la universidad, oyó en las cenas con sus padres, compartió con sus amigos en actividades sociales, o ve como parte de las convenciones normales. Necesitará penetrar profundamente en sí mismo para descubrir lo que realmente lo impulsa, qué hace a su corazón cantar, y qué es lo que realmente le produce felicidad y sentimientos de realización. Uno de mis escritores alemanes favoritos, Rainer Maria Rilke, resumió esto de la siguiente manera: *"Hay solamente un viaje. Ir dentro de sí mismo."* Si piensa y medita larga e intensamente, descubrirá que a nivel subconsciente hay un número de creencias, ideas y valores que impulsan su vida, quizás sin darse cuenta, en una dirección determinada. Es lo que Sudhir Kakat, que es a vez descripto como el psicoanalista del mundo, llama *"el elefante"* dentro de sí. Es quién y qué es usted, cuál es su propósito en la tierra, cuál es su *dharma*. Usted puede empujar ligeramente el elefante en una u otra dirección, usted puede razonar con él, o usted puede ignorarlo, pero siempre será un elefante y siempre hace lo que se supone que ese elefante haga.

No confunda esto con el determinismo. La idea de que sus pensamientos, carácter o conducta no pueden ser cambiados, por estar determinado en su genética o por la forma en que se desarrolló su infancia, ha sido estudiada en detalle y se ha probado que es falsa. De hecho, los estudios más recientes confirman que aunque es cierto que toda la información está en su ADN, y si, todos los recuerdos de la infancia más temprana permanecen en su cerebro reptil, estos son solo parte de lo que usted es. De acuerdo con el biólogo en células madres Bruce Lipton en *"The Biology of Belief"*, menos del 10 % de cómo su vida y su salud evolucionan puede ser atribuido a la genética y al medio. Usted no padecerá necesariamente del corazón solo porque su padre padeció; usted no será necesariamente una mala persona de negocios solo porque su madre lo fue; usted no tiene que permanecer pobre y sin educación solo porque usted creció en una vecindad de personas pobres y sin educación. Es sorprendente el número de personas que dejan que su vida sea influenciada y limitada en creatividad y oportunidad por las ideas deterministas. Hay, sin embargo, millones de historias de personas que no evolucionaron de la forma en que sus padres lo hicieron o que no se adaptaron cómodamente a la mentalidad y el medio en que ellos crecieron. Realmente, pienso que creer en el determinismo es una excusa poco válida para no tomar el mando de tu propia vida o asumir la responsabilidad por tus propias decisiones.

También se ha probado en diversos estudios científicos, que todas las personas tienen más o menos la misma cantidad de masa cerebral y aunque algunas personas son más atraídas naturalmente por materias tales como las matemáticas o las ciencias, y los asiáticos son usualmente mejores en matemáticas que los europeos (Como ha descrito muy lucidamente Malcolm Gladwell en su libro *Outliers*). Todas las personas tienen la capacidad de aprender matemáticas si realmente *quieren* aprenderlas. Algunas personas tienen un cociente intelectual más alto que otras, de manera que no todos nosotros aprenderemos a pensar como Einstein (cuyo cerebro ha sido investigado en detalle) pero todos nosotros podemos pensar y tenemos la habilidad de aprender y dominar aquello en los que empleemos nuestro cerebro y nuestro tiempo. Cuando se analizan, la mayoría de las historias de éxito lo primero que revelan son resultados normales por personas normales. Entonces, después de un estudio adicional, demuestran una persistente dedicación por personas o equipos de un fuerte carácter. Los desfavorecidos se vuelven mejores y mejores, y lentamente, pero con determinación, se levantan sobre lo ordinario.

Creo que es importante reflexionar sobre esto. En gran medida, somos completamente libres de desarrollar nuestras vidas en la dirección que escojamos –la dirección que haga nuestro corazón cantar. Si usted siente una profunda pasión dentro de usted para ser artista o panadero, usted debe ir tras ese sueño por todos los medios y convertirse en un artista realmente bueno o en un grandioso panadero. Ignore los consejos de su padre sobre ir a la universidad y estudiar derecho como él lo hizo, porque eso no lo hará feliz ni lo hará un buen abogado. Es lo mismo que si usted hubiera nacido gay; usted puede tratar de hacer lo que quiera, pero más tarde o más temprano lo mejor es salir del closet y ser lo que usted es.

Como vengo de una familia de granjeros, la actividad empresarial estaba en mi sangre. Desde el momento que dejé la universidad, estaba básicamente buscando la idea correcta, la oportunidad y el momento de dar el primer paso. Solo después comprendí las muchas formas de satisfacción que proporciona ser un empresario. Ahora me es difícil imaginar vivir mi vida de otra manera.

Stephen Covey identificó algunos de los grandes factores de motivación de la vida como vivir, aprender, amar y dejar un legado. Esto es lo que significan para mí en mi vida.

- *Vivir* significa que cualquier negocio en que estemos debe al menos proveernos con un ingreso: un medio de vida y de sustento para nosotros y nuestra familia. También debe ser un empleo que nos dé satisfacción, placer en lo que estamos tratando de hacer y nos haga sentir realizados. Debe proveernos con buenas metas, sueños y visión de manera que le dé una dirección a nuestras vidas. Una vida sin trabajo es como una vida sin sexo. No está completa y no se siente bien.

- *Aprender* significa que el negocio en que estemos debe representar un desafío intelectual. Debe mantenernos desafiados y ocupados, debe proporcionarnos una sensación de propósito. Ya sea cocinar grandes manjares, construir edificios maravillosos, crear grandes soluciones de planificación de impuestos, o brindar un buen servicio a los clientes, siempre habrá un desafío, una posibilidad de mejorar, el perfeccionamiento de una habilidad, y un crecimiento de los conocimientos y de la experiencia. Si tenemos la sensación de que estamos volviendo a vivir el día anterior – día tras día- es tiempo de cambiar lo que hacemos. He estado en el negocio fiduciario por casi veinticinco años, y aún disfruto plenamente lo que hago. Pero he organizado mi negocio y mi vida de manera que se ajuste a mis sueños, mis ideas, mis sentimientos y mis deseos.
- *Amar* significa que debemos amar lo que hacemos y compartirlo con las personas que estén alrededor de nosotros. Como seres sociales, disfrutamos, nos desarrollamos y nos realizamos mayormente mediante la interacción con otros; todos necesitamos relaciones cercanas, asociados, amigos y colegas. Compartir nuestros éxitos y logros resulta una gran fuente de satisfacción. Yo considero a muchas de las personas con quien trabajo diariamente como mis amigos personales. Nuestra relación va más allá de una relación de trabajo. Compartimos más preocupaciones y más alegrías que las necesarias, pero esto enriquece todo en nuestras vidas.
- *Dejar un legado* se refiere a la necesidad que tienen las personas de hacer algo significativo. Crear algo que vivirá o se extenderá más allá de nuestras vidas le suma valor a la sociedad en general. Para muchos, sino para la mayoría de las personas, los beneficiarios de su legado son sus hijos; para otros es contribuir con algo nuevo para la sociedad: una invención, un servicio, una idea, etc. Yo quisiera dejar el negocio en cuya construcción estuve involucrado de una manera tal que sea disfrutado por nuestros clientes y empleados y que sea un ejemplo para otros en la misma industria.

Dependiendo de su carácter, se puede encontrar gravitando hacia uno u otro, pero todas estas cuatro fuerzas motoras desempeñan un papel de gran importancia en nuestras vidas, y si uno está fuera de equilibrio, sentirá un vacío en su vida. Cuando seleccione el negocio que mejor se ajuste a su personalidad, es necesario que piense en estas motivaciones. Si, por ejemplo, dejar un legado es realmente importante para usted, le será mejor escribir un libro de cocina que abrir un restaurante. Si su necesidad de amor, compañía, e interacción positiva es grande, puede que no quiera concentrarse en una actividad solitaria que le separe de las demás personas, como la investigación científica o escribir un libro. Si, no obstante, usted escoge un negocio que requiere muchas horas (como es el caso de los negocios empresariales) debe asegurarse que los aspectos sociales, desafíos intelectuales y posibilidades de crecimiento estén presentes en suficiente cantidad dentro de su negocio. Si usted tiene que satisfacer esas necesidades básicas fuera de su negocio, usted se sobrecargará y creará una vida muy tensa para usted, su familia y sus amigos.

Manfred Kets de Vries, un famoso psicoanalista holandés que es considerado uno de los cincuenta más grandes pensadores de esta era, describe las principales fuerzas impulsoras de la vida como sexo, dinero/poder, felicidad y muerte.

- *El deseo sexual* es la fuerza impulsora clave de la humanidad. Obviamente existimos con el fin de perpetuar nuestra especie. El deseo del sexo determina en gran medida lo que hacemos, quien nos atrae, como nos involucramos, porque luchamos por metas distantes y porque movemos montañas si estamos lo suficientemente motivados.
- *Dinero y poder,* en la medida en que se obtienen, crean la posibilidad de adquirir riqueza material, impresionar a las personas que nos rodean, y construir independencia, control, autoestima e incluso amor.
- *Felicidad,* el estado de bienestar subjetivo, es lo que buscamos la mayor parte de nuestras vidas. Debemos recordar que hay que disfrutar la jornada mientras nos apresuramos en alcanzar nuestras metas y agradecer que ya estamos en el paraíso.
- *Muerte* es lo que da fin a nuestras vidas, crea un sentido de urgencia así como de insignificancia.

En el Budismo, el sentido de la vida es hacer a otros felices a fin de serlo nosotros mismos. Los budistas están menos orientados hacia metas que otros muchos; ellos aceptan que las cosas son como son. Nuestro papel en la vida se resume en lo que somos, simplemente como hojas en el árbol de la vida. Brotamos, crecemos, nos marchitamos y nos descomponemos y la vida continúa. Nuestros hijos toman nuestro lugar, el árbol continúa viviendo y las hojas se reciclan.

En el Zen, la vida misma es lo único por lo que vale la pena vivir. Como un famoso Zen köan dice: antes de la iluminación usted trae agua y corta madera, y después de la iluminación aún trae agua y corta madera. Nada cambia excepto la intensidad de sus conocimientos y su conciencia del momento presente. El propósito de la vida se revela por sí mismo en la medida en que avanza: *muévase y el camino se abrirá*.

Los hindúes llegan a un estado similar practicando *Vipassana* o, en su total, *Anapanavipassana: total conciencia de la respiración* mediante la observación del testigo que está dentro de usted. El mero acto de evaluar cada momento de su vida lo desconectará del pasado y el futuro, rompiendo la continuidad, y lo hará a usted consciente de lo que es real y lo que no lo es.

En la filosofía hindú, existen cuatro propósitos *(artha)* de la vida de un hombre *(purusha)*, se los llama los cuatro Purushartas. Y la vida no está completa hasta que los cuatro propósitos han sido alcanzados. Si se ignora alguno de ellos, la realización no es posible, y la vida no es plena o satisfactoria. Los resultados de sus acciones, lo que usted ha hecho (karma), en el pasado y en las vidas anteriores define lo que usted enfrenta hoy. Igualmente sus acciones presentes construyen *karma*, que usted enfrentará más adelante en esta vida y en vidas futuras. Conducir sus acciones en la dirección correcta y construir buen karma mejorará gradualmente su vida.

Los cuatro propósitos son los siguientes:

- *Dharma* es deber, virtud, y el impulso del hombre a ser perfecto en lo que él es. Es *ser el "elefante"* que está dentro de usted y desarrollar lo que usted sea capaz de ser. Se trata de la auto-realización al nivel moral, que incluye coraje, honestidad, confiabilidad, tolerancia y caridad.
- *Artha* es riqueza, éxito, medios, familia, y la adquisición de bienes materiales. Es auto-realización al nivel social y activo.
- *Kama* es placer, sexualidad y disfrute en todas sus formas. Esto es auto-realización al nivel sensual y corporal. Lea el Kama Sutra para que tenga idea de una inspiración de tres mil años de antigüedad en esta esfera.
- *Moksha* es la liberación completa y final de la parte material y emocional de la existencia. Es auto-realización al nivel espiritual.

Hay claras coincidencias entre los propósitos occidentales y orientales en la vida. Hay también claras diferencias. Los asiáticos son menos egocéntricos y más centrados en la comunidad y tienen menos necesidad de dejar un legado. Después de todo, ellos creen que muchos regresaran a una vida futura a trabajar en otros aspectos de sus almas en su camino a la iluminación. Esto es magnífico, pero no es válido para todos. Yo trato de no correr ningún riesgo, y por eso trato de alcanzar todo lo que pueda en esta vida. Pero siempre trato de imaginar, cuando me encuentro con alguien, cuál es su origen cultural, pues eso influencia mucho la forma en que el pensará, sentirá y reaccionará. Cuando usted quiere hacer negocios, no irá muy lejos si no se pone en la piel de la persona con quien está tratando.

Pienso que es importante conocer y entender bien, que es lo que lo motiva. Si quiere una vida confortable y no quiere dedicar mucho tiempo a alcanzar seguridad financiera, el empresariado puede no ser su mejor opción. Puede que usted no quiera hacer *"lo que sea necesario"* para tener éxito. Si usted es una persona nerviosa que entra en pánico o se preocupa sobre el futuro, puede sentirse más atraído por la falsa seguridad de trabajar en una multinacional o en un departamento gubernamental donde otros toman las grandes decisiones, y la continuidad de su existencia parece asegurada para siempre. Si usted es realmente tímido o prefiere trabajar solo, usted tampoco debe ser empresario. Como empresario tendrá que ser una persona social. No podrá alcanzar grandes logros sin comunicarse constantemente con otros alrededor. No existe tal cosa como un empresario a *"tiempo parcial"*.

En nuestro caso, cuando comenzamos el negocio en Amicorp, éramos tres socios: dos en Curazao y un tercero en Aruba. Nosotros discutíamos que lo que queríamos era proveer servicios perfectos a un número limitado de clientes, en los países cercanos, con quienes debíamos desarrollar relaciones estrechas y dejar suficiente tiempo disponible para disfrutar la vida fuera del trabajo. Con el paso de los años, dos de nosotros fuimos cautivados por el disfrute y la satisfacción de construir algo mayor que nosotros mismos. Contratamos colegas jóvenes brillantes con buenas ideas y más conocimientos y empuje del que estábamos acostumbrados. Se incrementaron nuestros ingresos, creció la variedad de nuestra oferta de servicios, conquistamos nuevos mercados y clientes e intermediarios más grandes y más interesantes. Nuestro tercer socio se adhirió al concepto original, de manera que en un par de años nos separamos. El siguió con su oficina en Aruba hasta que murió, con ambiciones de negocios limitadas y mucho tiempo para el entretenimiento y el placer. Fue lo que escogió y el cumplimiento de sus objetivos en la vida.

Los dos socios restantes, cambiamos nuestras prioridades y objetivos varias veces durante el curso de los años y también cuando se añadieron otros socios o accionistas a la compañía. Dedicamos muchas noches divertidas decidiendo que nueva plaza queríamos agregar a nuestra red. ¿Es más desafiante instalar un negocio en Moscú o en Beijing? ¿Podremos encontrar más clientes en Sao Paulo, en Yakarta o Bombay? ¿Podemos usar en los mercados venezolanos y peruanos las soluciones para los negocios en México? ¿Cómo manejaremos la legislación cambiante en el país A, y podremos encontrar las personas adecuadas en el país B? En la medida en que fuimos más viejos y las necesidades básicas estuvieron cubiertas, surgieron metas que estaban menos concentradas en sobrevivir y más enfocadas en el desarrollo (desarrollo de productos, educación y conciencia social y medio-ambiental) dejando así un legado y creando estructuras que sobrevivirían y florecerían mucho después de que nosotros no estemos ya involucrados. Creamos una guardería infantil para celebrar el decimoquinto aniversario de nuestra oficina en Curazao y desarrollamos numerosas actividades de diversión, actividades recurrentes de recaudación de fondos para financiarlo. Creamos actividades para apoyar un orfanato en Bangalore, y realmente disfrutamos estimular a nuestros empleados a dedicar su tiempo a actividades sociales responsables.

Entonces está también la lucha para delegar el control sobre aspectos específicos del negocio, departamentos completos, y, en última instancia la compañía completa. Este no es un proceso fácil. Yo tiendo a comparar este proceso con un hombre acompañando a su hija en la entrada de la iglesia el día de su boda. Como su padre, sabe que debe dejarla ir y que ella será feliz con la ruta que eligió, pero le duele perder el control, y le duele más verla feliz sin que usted sea la fuente de su felicidad.

Una de las características fundamentales de los empresarios, es que son eternamente optimistas y concentran su atención en el lado positivo de la vida y los negocios - el vaso esta siempre medio lleno; y en tiempos malos al menos un cuatro lleno. Nunca está medio vacío o casi vacío. Los empresarios raramente están temerosos: ellos no se ven como víctimas de la sociedad sino que más bien ayudan a crearla. El enfoque está siempre dirigido a lo que quieren lograr y no a los problemas que constantemente están presentes en sus vidas. Ellos no temen las situaciones que los llevan a pelear, escapar ni tampoco reacciones que los paralicen.

Los empresarios se concentran en lo que quieren y no en lo que temen. Haciendo esto, ellos igualmente enfrentan y resuelven problemas en el transcurso de la creación de los resultados que ellos desean, pero su atención permanece concentrada en su visión fundamental.

La manera en la que habla de sí mismo y de su vida -su historia- tiene mucho que ver con lo que se muestra en su experiencia de cada día. Sus ideas crean filtros a través de los cuales usted ve su vida. Si piensa sobre sí mismo como una víctima de la vida, filtrará todo lo que le pasa a través de lentes de autocompasión, y encontrará mucha evidencia para sustentar ese punto de vista. Esa es la razón por la que la orientación que usted adopte es tan importante, esta ejerce una influencia poderosa en la dirección de su vida.

Considere el punto de vista de un águila y mire su vida, su medio ambiente, sus metas, y aquello que lo ocupa. Todos tendemos a gastar una gran cantidad de nuestro tiempo en asuntos que si miramos con objetividad no son relevantes ni importantes pero nos toman una gran cantidad de tiempo y nos originan grandes preocupaciones. Si se eleva con las águilas, no podrá siquiera escuchar lo que los pollos dicen mientras escarban debajo. Y, ¿por qué a un águila, debería siquiera importarle? Yo pensaba sobre esto cuando recientemente, hicimos un magnífico paseo a caballo hacia las partes más altas de los Andes. Nos vestimos como gauchos, montamos los pequeños pero robustos caballos de la región de Mendoza, y lentamente ascendimos por las laderas del Aconcagua a más de cuatro mil metros. Afortunadamente, los caballos eran de pie firme y nunca dieron un paso en falso en el camino hacia las vertiginosas alturas. Una vez que acordamos escalar tan alto como vuelan las águilas, y parecía no haber límites al cielo, armamos nuestro campamento para pasar la noche, usamos nuestras olorosas monturas como colchones y nos recostamos silenciosamente sobre nuestras espaldas mirando las estrellas. Todos nosotros hemos estado alguna vez en hoteles cinco estrellas, pero por una vez estábamos ahora pernoctando en un hotel de diez mil estrellas. Es sorprendente cuantas más estrellas son visibles cuando se elimina la contaminación de luz del cielo de la ciudad.

No pierda su concentración gastando mucho tiempo en las irritaciones, problemas y fricciones personales cotidianas. Manténgase firmemente enfocado en la misión y la visión mientras cuida de los valores. Muévase audazmente hacia adelante y cree el impulso. La perspectiva cambiará y tanto usted como su equipo se alzarán rápidamente como corrientes termales, por encima de los gastadores de tiempo mundanos y lograrán cosas mucho más interesantes. Todo aquello a lo que se dedica la atención crece en importancia, todo a lo que no se hace caso pierde en importancia. *Úsalo o déjalo ir* también puede aplicarse a las irritaciones y menores problemas cotidianos.

En tanto usted piense que la causa de sus retos está *"allá afuera"* o en tanto usted piense que *alguien* o *algo* es responsable de *sus* problemas o sufrimientos, o de *su* éxito, su situación se mantendrá sin esperanzas. Eso significa que se encuentra atascado en verse en el papel de víctima, que usted se está haciendo sufrir en nuestro paraíso. Puede detener su sufrimiento cuando comprenda que es usted mismo el que lo fabrica. Solo toma un segundo encender un simple interruptor en su mente, y liberarse. Siéntese por un momento, reflexione seriamente sobre esto. Si usted escoge una sola idea de este libro, es ésta. Como usted conduce y le da forma a *su vida* es *su elección*; como usted aprecia e interpreta las cosas que le pasan ¡es también *su* elección! Puede, por supuesto, decidir gastar una fortuna en psicoterapia para llegar a la misma conclusión.

Vladimir Putin reflexionaba en el propósito de su vida cuando dijo: *"Nuestra tarea ahora no es concentrarnos en poner las culpas en el pasado, sino fijar el curso para el futuro… ¡Llegar a ser lo que somos capaces de ser, es el único propósito de nuestra vida! De manera que mis deseos (para el próximo año) es que nosotros no debemos tener: ¡Riqueza sin trabajo, placer sin conciencia, conocimientos sin carácter, comercio sin moral, ciencia sin humanismo, religión sin sacrificio y política sin principios!"*

Para mí (y no necesariamente para usted) es importante sentirme como si estuviera construyendo algo útil y contribuyendo positivamente a la vida de al menos algunas de las personas de mí alrededor. Yo no quisiera contribuir solamente a la vida de nuestros clientes, suministradores y empleados, sino también a la de aquellos en mi medio social. Nunca quisiera que el propósito de mi vida fuese solamente un alerta para otros, no adicionar ningún valor, solo vegetar, sentarme en un sofá y consumirme. Una vez que aprendí que soy completamente libre de escoger como miro mi entorno (y que no necesariamente importa como otros lo miran), escoger mis propias metas en la vida, juzgar mi propio progreso y disfrutar mi propia elección de éxitos, mi efectividad creció tremendamente. Me comencé a sentir en control de mi vida, me comencé a sentir retado y realizado.

No soy privilegiado, porque elegí mi propio camino en vez del de otro. No soy afortunado, porque creé mi propia suerte. No soy diferente, porque cualquiera puede hacer lo que yo hago. No soy una excepción, porque usted también puede hacer cualquiera de las cosas que yo he hecho, y para usted es lo mismo. Usted no necesita ser privilegiado, afortunado, diferente o excepcional para ser exitoso. Es su elección, la de nadie más. Yo escogí mi propio destino y usted puede hacer lo mismo. Llegar a sentirse realizado y encontrar el sentido de su vida. Convertirse en empresario puede ser una de las vías para lograr esto.

"En última instancia, el hombre no debe preguntarse cuál es el sentido de su vida, sino que debe más bien reconocer que es a él a quien se le pregunta."

—Viktor Frankl

Capítulo 2: ¿Soy capaz de comenzar y manejar un negocio?

"Nuestro miedo más profundo no es creer que somos inadecuados. Nuestro miedo más profundo es que somos demasiado poderosos. Es nuestra luz, no nuestra oscuridad, lo que más nos asusta. Nos preguntamos ¿Quién soy yo para sentirme brillante, atractivo, talentoso, fabuloso? Pero en realidad, ¿quién eres tú para no serlo? Tú eres una criatura de Dios. Jugar a ser insignificante no sirve al mundo. No hay nada de iluminación en hacerte menos, con el fin de que otras personas no se sientan inseguras a tu alrededor. Todos nacimos para manifestar la Gloria de Dios que se encuentra en nuestro interior. Esta gloria no está dentro de unos cuantos, está dentro de todos nosotros; y cuando permitimos que nuestra propia luz brille, inconscientemente damos la oportunidad a otras personas de hacer lo mismo. En la medida que nos vamos liberando de nuestros temores, nuestra presencia libera a otros automáticamente."

–Nelson Mandela

Cuando se piensa en comenzar un negocio propio, una de las primeras preguntas que viene a la mente es, ¿Soy yo capaz de lograrlo? Por supuesto esta es una pregunta válida. Es también una pregunta difícil de contestar.

Es fácil perderse en una gran cantidad de cuestiones prácticas tales como: ¿Tengo las habilidades requeridas? ¿Tengo suficiente dinero disponible para invertir y transitar por el periodo de comienzo? ¿Es mi producto o servicio realmente bueno? Querrá la gente comprarlo, seré capaz de inspirar a mis empleados, son toda preguntas importantes de hacerse. Muchas de esas cuestiones no pueden ser contestadas adecuadamente excepto poniéndolas en práctica y demostrando que las respuestas son positivas. No se trata de pensar sobre estas; se trata de hacerlas. Recuerde, usted tiene en última instancia el control de las decisiones que adopta para su vida. Maharishi Mahesh Yogi, el gurú indio que a principio de la década de los sesentas inspiró, entre muchos otros, a los Beatles a cambiar el mundo con sus canciones de amor y baladas, lo expresó de la manera siguiente: *"Cuando pensamos en el fracaso, el fracaso será nuestro. Si permanecemos indecisos, nada cambiará nunca. Todo lo que necesitamos es querer lograr algo grandioso y entonces simplemente hacerlo. Nunca piense en el fracaso, porque lo que pensamos ocurrirá"*. Más recientemente Sir Richard Branson resumió una idea similar en seis palabras in idioma inglés: *Screw it. Lets do it,* cuyo significado en idioma español es: Al diablo, Hagámoslo. A veces solo se necesita un salto de fe, olvidar los razonamientos y simplemente hacerlo.

Cuando estaba creciendo, tenía la idea de que estaba solo en un mundo cruel. Me sentía como si tuviera miles de millones de competidores, todos rivalizando por las mismas cosas. Tendría que competir con todos ellos a fin de obtener mi parte del pastel, y no había suficiente pastel para todos. Mis padres aunque cuidaban muy bien de nosotros, no eran necesariamente padres cariñosos. Por supuesto, ellos satisfacían las necesidades cotidianas mías y de mis hermanos, pero nunca crearon un ambiente íntimo donde nos sintiéramos amados, seguros y protegidos. Ellos habían vivido durante la Depresión de 1930 así como la posterior guerra. Pero estos eventos los dejaron a ellos, y a muchos otros de su generación, constantemente preocupados sobre amenazas externas y suficientes suministros. Nosotros constantemente ahorrábamos electricidad y calefacción, guardábamos tapas de botella para *"la misión"*, orábamos por la comida, nos preparábamos para la *"invasión rusa"* y esperábamos que sucediera un desastre. Con los años he aprendido a mirar las situaciones desde una perspectiva diferente, y eso ha hecho mi vida mucho más simple.

Desde hace muchos años me sumé a la mentalidad de la abundancia. Mohandas Gandhi lo describió como, "Hay suficiente de todo en el mundo para satisfacer la necesidad de todos, pero no suficiente para satisfacer la avaricia de todos". La mentalidad de la abundancia asume que siempre hay suficiente para usted, y que cualquier cosa que da (conocimientos, consejos, amor, gratitud, aprecio, etc.) se multiplicará, y traerá como resultado que recibirá mucho más de lo que ha dado en la que ha dado.

Una vez que pude deshacerme de la idea de que no había suficiente *"pastel"* en el mundo, se fortaleció mi segunda conclusión, *"es mejor dar que recibir"* Esta es una noción de la tradición cristiana que yo había oído frecuentemente en la iglesia, pero que nunca había entendido completamente hasta que decidí experimentarla. Al principio, buscar un resultado ganar-ganar en cada relación, parece algo contrario a los instintos. Dejar pasar oportunidades de ganar dinero con clientes y proveedores o dar asesoramiento gratuito con la esperanza de que los prospectos se conviertan en clientes, parece un gran esfuerzo a realizar con el fin de tratar de probar una teoría.

Entonces, en algún momento en 1993 se me pidió que impartiera clases sobre análisis de crédito a algunos de los dirigentes del Banco Central en la Habana, Cuba. En esos momentos nuestra compañía era muy pequeña y luchaba por abrirse camino. Yo enseñaba en un aula dedicada a Ernesto Guevara, explicando los conceptos "americanos" de análisis de crédito y como analizar los estados financieros a una audiencia de personas más bien escépticas. Después de todo, ellos se habían convertido en banqueros sobre la base de la corrección política de sus ideas, más que por sus habilidades financieras. Me tomó varios días vencer su resistencia a lo desconocido, su aversión al enfoque extranjero, y su temor del conocimiento. Pero, pasando humildemente largas horas para examinar los mismos conceptos y escuchando atentamente los argumentos contrarios, lentamente construimos confianza mutua. Terminé haciendo grandes amigos, llegué a conocer todas las cosas maravillosas sobre Cuba, y aún mantengo algunos contactos de negocios allí. Al final es realmente sencillo, tiene que creer en el poder de los propósitos, la importancia de la acción, y la capacidad de superar todos los obstáculos: mientras más da, más recibe.

Yo crecí con valores cristianos, y por supuesto, estos tienen un impacto en mi forma de pensar y en mis creencias. No creo que la sabiduría tradicional de cada cual en sí mismo determine quién será o no será un empresario exitoso. Un estudio reciente indica que la mayor cantidad de empresarios *per cápita* vive en la India; algunos de ellos son hindúes, musulmanes, otros sikh, otros jain y otros cristianos. Aparentemente hay menos negocios comenzados por budistas-taoístas. (Steve Jobs no era aún budista cuando comenzó Apple.) Hay muchísimos empresarios musulmanes exitosos en el Medio Oriente, Norte de África y en Indonesia y Malasia; judíos en Israel y los Estados Unidos y taoístas en Japón. Creo que es el conjunto de valores y la orientación moral que cada cual tiene, lo que determina sus posibilidades de establecer un negocio exitoso o no.

Al nivel del alma no hay escasez. Cuanto más sirve a otros y comparte su conocimiento, experiencia y contactos, más recibe a cambio. No existe mi negocio o tu negocio, solo existe nuestro negocio. Trabajando conjuntamente, añadimos más valor que el que nunca pudiéramos añadir solos. Clientes, proveedores y empleados que se sienten valorados y bien tratados, harán su compañía más exitosa y su vida más plena. Ganar-ganar producirá invariablemente mejores resultados que *"exprimir la última gota del limón"*.

Al igual que los panes y los peces se multiplicaron cuando se compartieron hace alrededor de dos mil años, (Juan 6:1-14), una mentalidad de abundancia, descrita en *Seven Habits of Highly Effective People* de Covey, le harán crecer. Entender esto, es solo un pequeño paso para darse cuenta que puede crear su propio éxito ayudando a otros a triunfar. Steven R. Covey le llama a esto, ir en busca del 'ganar-ganar'. Este concepto aplica a cualquier y todas las situaciones. Si encuentra en cualquier situación una solución que hace que las dos partes ganen, usted hizo un amigo, creó un aliado y obtuvo un empleado leal o un cliente satisfecho. Obtener lo máximo de cada negocio no creará empleados leales, clientes satisfechos, etc. Y por tanto no conduce al éxito en los negocios.

No todos están de acuerdo con estos conceptos.

Albert J. Dunlap (También conocido como Motosierra Al) considera que el primer objetivo de los negocios –o tal vez su único objetivo- es hacer dinero para los accionistas. Considera que *"El propósito de un negocio es ganar. El que llega en segundo lugar es el primer perdedor. Si quiere amistad, cómprese un perro. Yo no tomo ningún riesgo, tengo dos perros."* Por supuesto, este enfoque es tan válido como cualquier otro y ayudará a crear un negocio exitoso pequeño (de un gran negocio fracasado) pero no necesariamente contribuirá mucho a su paz mental y satisfacción laboral.

Una vez que dominé la mentalidad de la abundancia, y la teoría de ganar-ganar, mi siguiente gran epifanía vino cuando me di cuenta que yo soy el dueño de mi propio destino. No soy un ser indefenso, que es administrado o controlado por una tercera parte o un Dios. Al contrario, yo estoy a cargo de mi futuro.

Habiendo crecido como un católico, en la tradición cristiana, me tomó un tiempo entenderlo. Se me había enseñado que el universo fue creado, poseído, controlado y administrado por Dios (con un estilo más bien autocrático de administración). Él toma las grandes decisiones y se espera que nosotros como personas, hagamos su voluntad. Si hacemos esto concienzudamente, trabajamos duro, seguimos un conjunto de valores o mandamientos y nos suscribimos a un manual de operaciones, la Biblia, eventualmente iremos al cielo, y allí viviremos eternamente en una placentera felicidad. Para mí, este no era exactamente un plan de vida atractivo.

Las tradiciones judías y musulmanas son similares en sus conceptos; Jehová y Mahoma tienen el mando mientras que los humanos deben seguir la ruta decidida por ellos. Los valores en el Tora, la Biblia y el Corán varían en algo, como varían también las recompensas en la vida después de la muerte.

En el hinduismo, el individuo tiene más opinión. Construyendo *Karma* cuidadosamente, uno puede, al final de esta vida, crear un trampolín hacia el próximo giro de timón de Samsara y reencarnar en el próximo episodio como un ser mejor preparado, afrontando nuevos retos determinados por todo un panteón de dioses. Esto, por supuesto, continuará hasta que, al final de incontables reencarnaciones, hayamos entendido todas las cuestiones, renunciado a todas las posibles tentaciones, y nos hayamos preparado para la iluminación. Los hindúes creen que solamente en este momento entraremos en un estado donde no serán necesarias más reencarnaciones.

En el budismo no hay Dios. Y, por tanto, no hay religión. Todo tiene lugar en su propia mente. *Tat Tvam Asi*, que significa *"Usted es eso"* es uno de los Mahävākyas (Grandes Pronunciamientos) en *Vedantic Sanatana Dharma*. El significado de este dicho, de tres mil años de antigüedad, es que el ser, en su estado original, puro y primordial, es total o parcialmente identificable o idéntico a la realidad definitiva que es la base y el origen de todos los fenómenos. Desde ahí hay solo un pequeño paso a la noción del Campo Unificado, que establece que, *"Pensar es afectar"*.

Lynne McTaggart, una autora americana conocida por conducir los mayores experimentos sobre la mente dijo: *"La teoría del Campo Unificado asume que la comunicación del mundo no ocurre en el dominio visible de Newton, sino en el mundo subatómico de Werner Heisenberg."* Werner Heisenberg, (Laureado con el Premio Nobel en Física) dijo a su vez: "las partículas más pequeñas de la materia, no son de hecho objetos físicos en el sentido ordinario de la palabra, estas son –en el sentido de Platón- Ideas. La realidad es tan delicada como un pensamiento, la existencia está más cerca de ser una asociación de ideas que un conglomerado de átomos. George Wald (Laureado con el Premio Nobel de Biología) añadió: *"La materia de que la realidad física está compuesta es materia mental. Es la mente la que ha compuesto el universo físico"*

Puede no estar buscando un discurso sobre ciencias en un libro de negocios, pero pienso que esta porción de teoría es importante. Nuestras células y ADN se comunican mediante frecuencias. El cerebro percibe y hace sus propios registros del mundo en ondas pulsantes. Una subestructura apuntala el universo que es esencialmente un medio de registrarlo todo. Esto proporciona medios para que todo se comunique con todo. Las personas son indivisibles de su medio. La consciencia viviente no es una entidad aislada. Esta aumenta el orden en el resto del mundo. La conciencia de los seres humanos tiene poderes increíbles para sanarnos y sanar el mundo. En cierto sentido, hacer las cosas como queremos que sean.

La mayoría de la teoría científica está basada en los conceptos de la física Newtoniana, que tiene más de 300 años de antigüedad. Newton describe un universo muy bien organizado de objetos separados operando de acuerdo a leyes fijas de tiempo y espacio. Mientras las físicas Newtonianas funcionan muy bien en un nivel, no abarcan todo.

Carl Jung, Albert Einstein y Wolfgang Pauli han razonado que existen paralelismos entre la sincronización y aspectos de la teoría de la relatividad y la mecánica cuántica. Carl Jung estaba convencido de que la vida no es una serie de eventos aleatorios, sino más bien una expresión de un orden más profundo. Este orden más profundo conduce a la idea que una persona estaba fijada en un marco ordenado y era también el foco de ese marco ordenado, y que la comprensión de esto no era solo un ejercicio intelectual sino también una experiencia espiritual.

Descubrimientos más recientes en física cuántica, indican que todo está conectado. Nosotros ahora entendemos que hay una física, que las leyes del mundo cuántico son aplicables al mundo de la materia visible. Estas leyes sugieren que el observador tiene un efecto en la realidad. Y existe amplia evidencia que nuestros pensamientos tienen la capacidad de cambiar la materia física. Siendo este el caso, tenemos que repensar sobre casi todo, porque durante cientos de años hemos percibido el mundo basados en la separación, pero el mundo que los científicos están descubriendo ahora es un mundo de unidad, donde todas las cosas están fundamentalmente conectadas a nivel subatómico. Una mente concentrada puede efectivamente cambiar las intenciones. Hay personas que pueden manifestar cosas solamente con sus pensamientos, porque son capaces de usar el poder de la intención de una manera muy sofisticada. Hay también quienes entrenan para ser maestros de las intenciones, tales como maestros figón, maestros sanadores y monjes budistas. Todos los grandes pensadores, todos los grandes estrategas, y todos los que desarrollan ideas, hacen exactamente lo mismo. Todo lo que vemos en el mundo físico alrededor de nosotros fue una idea antes de convertirse en una invención. Este concepto también aplica al mundo de los negocios.

El mundo ha sido cambiado por Facebook, exactamente como previamente fue cambiado por el Internet, la invención del teléfono, el tren, la cerveza y el pan, recorriendo todo el camino hacia atrás hasta llegar a las primeras invenciones de la humanidad. Todos esos inventores tuvieron un gran impacto en la sociedad. Ellos cambiaron la sociedad y nuestro mundo para siempre con lo que inicialmente fue solo una idea. Además, la naturaleza que nos rodea, los pájaros y las abejas, las flores y los árboles, la luna y las estrellas, tienen que haber sido primero un concepto, una idea, un diseño antes de que se convirtieran en realidad. Este diseño, sin embargo, no viene de un Dios como una tercera persona por separado. Viene de una conciencia universal, de la cual somos una parte integrante y al mismo tiempo somos el todo.

La interpretación se da al nivel de la mente, pero nuestras almas individuales están condicionadas por la experiencia, y a través de esa memoria de las experiencias pasadas el alma influye en nuestras selecciones e interpretaciones en la vida. Deepak Chopra lo ha descripto de la siguiente forma: *"Las personas que entienden la verdadera naturaleza de la realidad, aquellos a que algunas tradiciones llaman iluminados, pierden todo temor a la aflicción. Las preocupaciones desaparecen. Una vez que comprendemos cómo funciona la vida —el flujo de energía, información e inteligencia que dirige cada momento- empezamos a percatarnos del increíble potencial en ese momento. Las cosas mundanas simplemente dejan de molestarnos. Nos volvemos alegres y nos sentimos llenos de dicha. Además, encontramos coincidencias en nuestra vida. Cuando vivimos valorando las coincidencias y su significado, nos conectamos con el campo subyacente de posibilidades infinitas. Aquí empieza la magia. Este es un estado que llamo sincrodestino, en el que es posible alcanzar el cumplimiento espontáneo de todos nuestros deseos. El sincrodestino requiere que ingresemos en la profundidad de nuestro interior, y, al mismo tiempo, que tomemos conciencia del intrincado baile de coincidencias que hay afuera, en el mundo físico."*

Una vez que pensamos en la posibilidad de que todo esté relacionado y nos percatamos de que estamos directamente conectados a todas las posibilidades y poder del universo, se vuelve comprensible que podamos influenciar directamente todo en nuestro alrededor, porque somos parte y todo de este universo.

Cuando nos despertamos por la mañana tenemos la absoluta libertad de escoger si nos levantamos con buen carácter o con mal carácter. La decisión de mirar el tiempo como lúgubre o glorioso, o saludar a su pareja con alegría o desdén, nos corresponde enteramente. Cuando llegamos al trabajo podemos ver a nuestros colegas como competidores o como aliados. Nuestros clientes como tontos que deben ser despojados de su dinero o como valiosos asociados. Nuestro trabajo como inspirador o como muy poco interesante. Y cuando empezamos nuestro propio negocio, podemos verlo como una apuesta o como un reto.

Victor Frankl, un famoso psicoanalista austriaco que sobrevivió tres años en un campo de concentración nazi, escribió en su libro *Man's Search for Meaning* "*Nuestra actitud con respecto a lo que ha pasado en nuestra vida, es la cuestión importante a reconocer. Alguna vez estuve sin esperanzas, mi vida está ahora llena de ella, pero eso no sucedió de la noche a la mañana. La última de las libertades humanas, es escoger nuestra actitud en cualquier conjunto de circunstancias que se presenten, es escoger nuestro propio camino.*"

Frankl también concluía que concentrándose en su vida espiritual, podía mantener su salud mental y retirarse a un lugar donde los SS no podían tocarlo. Concluía que un hombre a quien ya no le queda nada en este mundo aún puede conocer la felicidad, aunque sea por un breve momento pensando en sus seres queridos. En una situación de completa desolación, cuando un hombre no puede expresarse positivamente, cuando su único logro es soportar su sufrimiento de una manera honorable, en tal situación, el hombre puede aún sentirse realizado, mediante la contemplación de la imagen que tiene de sus seres queridos.

Al final, todos somos almas, todos en última instancia e intrínsecamente conectados. Somos al mismo tiempo parte del todo y también el todo. Para mí es esencial entender esto, ya que sirve de base a la mayor parte, o tal vez a toda la teoría relevante y los enfoques en este libro. En India la mente pensante es *manas*. El intelecto instintivo y la facultad de discriminar es *buddhi*. La toma de conciencia individual, el puro sentido del yo, es *ahamkara*, que es el corazón-mente y el testigo, la pequeña voz o idea que está de formar permanente en su mente. Todos estos niveles emanan del alma individual de *jivatman*, que es nuestra conexión con el alma universal omnipresente, el *atman*.

Somos totalmente responsables por la manera en que conducimos nuestras vidas. Podemos cambiar el curso que está tomando. Esto se podría comparar con la huella que dejamos en la nieve fresca cuando esquiamos. Podemos mirar hacia atrás y tratar de sacar conclusiones de la forma y la dirección general de la huella. Pero la huella no es lo que nos mueve hacia adelante, ni nos da una garantía de hacia dónde iremos a partir de ese momento. Es el esquiador, nosotros, quienes dejamos la huella, y podemos cambiar nuestro curso en cualquier momento. Igualmente, nuestra historia no determina hacia dónde vamos, solamente muestra de dónde venimos. Nuestra acción y nuestra mente determinan hacia dónde vamos, con independencia tanto del pasado como del medio.

Deepak Chopra dice: *"No importa cuánto hayamos complicado nuestras vidas, siempre es posible recurrir a la parte universal del alma, al campo infinito de potencial puro, y modificar el curso de nuestro destino."* Somos uno con el universo, pero al mismo tiempo, somos nuestro propio universo. Y esto hace que nos percatemos que el amor es la única emoción importante. La única emoción que surge de nuestra mente y nos vincula a todas las partes de nuestro universo. Nosotros podemos desprendernos de las emociones al nivel bajo de nuestro ego, donde estábamos acostumbrados a vernos como separados del universo. Furia, temor, celos, arrogancia y codicia, están todos basados en una escasez y en una mentalidad de *Yo gano, así que tu pierdes.* Debemos entender esto a fin de llegar a ser empresarios exitosos.

Una vez que aceptamos la idea de que nosotros escogemos nuestra actitud, podemos entonces escoger también nuestro nivel de poder. Somos libres de elegir entre no tener influencia en las cosas que pasan alrededor de nosotros o tener una influencia absoluta. Es nuestra elección hacer que todo suceda.

Constantemente recuerdo que soy parte del universo y el creador de mi universo. Tengo el poder de mirarlo todo como consecuencia de mis actos, y cualquier cosa que esto resulte ser, es tanto mi responsabilidad como mi logro.

Deepak Chopra también señala: *"La parte universal y no circunscripta del alma no es afectada por nuestros actos, pero está conectada con un espíritu puro e inmutable. De hecho, la definición de iluminación, es el reconocimiento de que soy un ser infinito, que ve y es visto, que observa y es observado desde un punto de vista específico y localizado."*

"No importa cuánto hayamos complicado nuestras vidas, siempre es posible recurrir a la parte universal del alma, al campo infinito de potencial puro, y modificar el curso de nuestro destino."

Cuando se acepta la idea de que todo aquello se percibe, pasa en última instancia en su propia mente, que la única persona que ve las cosas de la manera que las ve es usted mismo, y que es la única persona que controla lo qué es importante para usted, entonces creará el cambio en este mundo. Es la única persona que determina que es un problema y que no lo es, al igual que es la única persona que puede generar su éxito.

Constantemente me recuerdo a mí mismo, que soy parte del universo y el creador de mi universo, y que tengo tanto el poder como la obligación de mirarlo todo como consecuencia de mis actos. Cualquier cosa que esto resulte ser, es mi responsabilidad, mi 'error' o mi obligación de afrontarlo.

Cuando acepté la noción de que todo aquello de lo yo me percataba pasaba en última instancia en mi propia mente, y que la única persona que veía las cosas de la manera que yo las veía era yo mismo, mi negocio despegó. Pero antes que despegara, también tuve que ver que soy la persona que controla lo que es importante y lo que no lo es, lo que es un problema y lo que no lo es, y lo que es exitoso y lo que no lo es. Fue solamente después de todo esto que el negocio creció.

Y para usted es exactamente lo mismo; es responsable de su vida, y *usted* es quien hará que *todo* suceda en ella.

Shakespeare sentenció: *"El mundo entero es un escenario; y todos los hombres y mujeres meros actores; tienen sus salidas y entradas; y un hombre en su vida interpreta muchos roles."*

Y cuando se percata que está conectado a todo el universo y puede influenciarlo, usted se vuelve poderoso más allá de lo que pueda creer. El mundo está a su alcance. Moldéelo. Haga de él lo que quiera. Imagínese nadando en el mar. Aprecie su poder infinito e inmenso. Sienta que las olas lo transportan, y experimente lo optimista que está en ese medio. Las olas se moverán de un lado a otro, pero es usted quien sabrá como nadar, donde pescar o en qué dirección navegar.

Una vez que se vea en el mar, puede tratar de verse como el mar. Usted tiene la capacidad de volverse las olas, el movimiento, la inmensidad, la humedad, y la eternidad del mismo. Estire su mente. Estire su imaginación. Como un músculo, solo crecerá cuando se estira.

Lo mismo es válido para cualquier otro aspecto del universo. Una montaña puede parecer eterna y poderosa, pero si se toma su tiempo y tiene el equipo de movimiento de tierra correcto, puede moverla de cualquier manera y a cualquier lugar que usted quiera, aun cuando haya estado en su lugar por cientos de miles o millones de años. Desaparecerá como montaña, pero permanecerá como materia, como energía, solo que con una configuración y una forma diferentes, y con una utilidad diferente. Mover montañas no es imposible; si pone su mente en eso, lo logrará. Si pone su mente en eso puede lograr casi cualquier cosa. El triunfo de la voluntad fue filmado de una manera magistral en 1935 por Leni Riefenstahl (en *Triumpf des Willens*). Esta película le enseñará que el poder de su voluntad debe en todo momento ser dirigido por su brújula moral, de manera que no traiga como resultado una lucha criminal contra todos y a costa de todos excepto de los más fuertes.

Bill Gates cambió la forma en que el mundo opera inventando un sistema operativo para las computadoras. Steve Jobs nos trajo el iPod, iPhone e iPad, cada uno fue un cambio revolucionario en la forma en que millones de personas trabajan, juegan y disfrutan de la vida. No hay razón por la que usted no pueda hacer lo mismo; tiene el mismo poder que ellos tienen y tuvieron de cambiar para mejor el universo y lograr un impacto positivo en la vida de muchas personas.

¿Tienes que ser excepcionalmente talentoso o favorecido por la naturaleza para hacer eso? No lo creo. Lo que se requiere es una idea sólida y novedosa, concentración, una gran práctica y perseverancia, y creer en usted mismo.

Cuando comenzamos Amicorp, teníamos 36.000 dólares de capital, una computadora personal compartida, una oficina de dieciséis metros cuadrados, sin clientes, pocos prospectos y solo una vaga idea de cómo hacer dinero. Yo tenía una hipoteca nueva, mi esposa había tenido un bebé y el segundo estaba en camino. Mi colega Margaret Sankatsing tenía un bebé en una sillita para auto *Maxi Cosy* debajo de su escritorio. No teníamos mucho para empezar, pero puede estar seguro que estábamos motivados, concentrados y con deseos de trabajar duro. Sabíamos que teníamos que encontrar grandes soluciones y clientes antes de que se nos acabara el dinero, y con confianza en nosotros mismos, hicimos justamente eso.

Bill Gates cambió la forma en que el mundo opera, inventando un novedoso sistema operativo para las computadoras. Steve Jobs nos trajo el iPod, iPhone e iPad, cada uno fue un cambio revolucionario en la forma en que millones de personas trabajan, juegan y disfrutan de la vida. No hay razón por la que usted no pueda hacer algo similar, tiene exactamente el mismo poder que ellos tienen para hacer mejor el universo y lograr un impacto en la vida de muchas personas. ¿Usted tiene que ser excepcionalmente talentoso, tener un garaje o ser un desertor académico? No lo creo. Lo que se requiere es una idea sólida y preferiblemente novedosa, concentración, práctica y perseverancia, atención a los detalles y clientes y el poder de voluntad para no rendirse nunca.

"No tienes que ser un héroe fantástico para hacer ciertas cosas, para competir. Puedes ser sólo un tipo ordinario, suficientemente motivado para alcanzar metas desafiantes"

–Sir Edmund Hillary

Capítulo 3: ¿Dónde encontrar la idea brillante y correcta?

"La oportunidad es perdida por la mayoría de las personas, porque esta se viste con ropa de obrero y se parece al trabajo."

–Thomas Jefferson

Todo negocio exitoso comienza con la idea correcta. Esta idea tiene que hacer algo más que sólo generar trabajo e ingresos. La idea tiene que estimular la mente y complementar una necesidad de una manera que no había sido nunca complementada. Un negocio que solo imita la idea exitosa de otro, nunca será un negocio exitoso y nunca tendrá el mismo impacto que una novedosa idea de negocios. Las varias copias de *Starbucks* nunca serán tan *exitosas* como el original, a menos que las personas detrás de esos negocios sean capaces de añadirle una nueva dimensión o llevar la idea a un nivel superior. Desarrollar una cafetería similar, puede crear ingresos y trabajo, pero no añadirá nada único y por tanto no *moverá* a las personas de la misma manera.

Si quiere comenzar una nueva empresa fiduciaria, debe ser capaz de proveer servicios más rápidos o económicos, ser más personal en el enfoque, o tener soluciones novedosas, mejores empleados o ir dónde nadie más ha ido antes. Preferiblemente, debe hacer todo esto al mismo tiempo. En Amicorp siempre hemos tratado de mantenernos al margen de lo que han hecho nuestros competidores. Hemos ido a lugares nuevos, mercados emergentes y hemos ofrecido diferentes soluciones. Siempre hemos tratado de anticipar hacia donde se moverán los mercados o los marcos regulatorios, y actuar como si ese desarrollo ya hubiese tenido lugar. Las pocas veces que hemos estado tentados de asumir una *"actitud de yo también"* y copiar a la manada, abriendo oficinas en mercados sobreexplotados como Nueva York, Zúrich y Londres, luchamos para ser exitosos o simplemente ni siquiera lo logramos.

En nuestro negocio de aloe vera, no producimos solamente los productos de cuidado de la piel tradicional, sino que también producimos bebidas saludables para personas con enfermedades de inmunodeficiencia como el SIDA y la diabetes. Y no solo abastecemos a los segmentos de mercado ricos y bien cuidados blancos de clase media y "diamantes negros", sino que distribuimos nuestros productos en partes del país donde los caminos ni siquiera existen, y si existen, ciertamente no aparecen en los GPS. Es en estas áreas donde viven millones de sudafricanos.

Una gran idea de negocios tiene que motivarlo; tiene que hacerlo sentir diferente. Por tanto, cualquier idea de negocios que tenga tiene que ser probada. *¿Cómo me hace sentir?* O quizás más importante: *¿Cómo quiero sentirme?* Muy simple, piense en un negocio que lo haga sentir de esa manera.

La mayor parte de los empresarios quieren sentir:

- La seguridad de crear un negocio sólido
- La fortaleza en la red social que se crea al establecer un negocio
- El orgullo de añadir a la sociedad algo que no estaba allí antes
- Sentido de realización

Éxito (ya sea en riquezas, reconocimiento o posición social).

Sorprendentemente, esto es exactamente lo que sus clientes, proveedores y empleados quieren sentir también. De manera que, cuando yo comienzo un nuevo negocio, pienso cómo quiero que un negocio o proyecto específico me haga sentir, y entonces diseño la empresa alrededor de esos sentimientos.

Ahora, ¿Dónde encontrar la gran idea? ¿Cuál ha sido la mejor idea de todas? La creación de su propia vida, correcto. ¿Cómo comenzó esto? Según Deepak Chopra: *"Tu 'alma' descansando en algún lugar del universo, cuidadosamente seleccionó una matriz aquí en la tierra. Dos amantes, tus padres biológicos, se tocaron uno al otro con amor o lujuria y concibieron las condiciones y el cuerpo que tu alma estaba esperando".* Es igual con las grandes ideas. Estas flotan alrededor del universo y necesitan la combinación correcta de amor, lujuria y condiciones físicas para nacer de nuevo.

Si la idea detrás de su negocio es simplemente sobre trabajo e ingresos, entonces su negocio será solo sobre trabajo e ingresos, y ambos, tanto usted como su negocio sufrirán. Su negocio le causará estrés; se convertirá en algo feo, aburrido y cínico. Será víctima de todos los abusos de los clientes que usted experimenta, y carecerá de imaginación, se volverá temeroso y exhausto. Debe haber una idea más grande detrás de su negocio para que pueda convertirse en un gran negocio. La idea más grande es lo que hará que vea los obstáculos como retos y le proporcionará la fuerza para efectivamente superarlos.

Muchos estudios han demostrado que los empresarios exitosos no son más inteligentes o más trabajadores que otras personas, pero lo que los diferencia es como ellos enfocan y manejan los problemas y obstáculos. No es que ellos los subestimen o ignoren, sino que los ven como retos que requieren ser afrontados, y que son inherentes a las metas que pretenden alcanzar. Ellos los tratan como obstáculo a vencer y no como algo que amenaza la vida. Igualmente, los empresarios se interesan más en quienes los rodean que la persona promedio. Michael E. Gerber, un gurú en temas de gestión escribió: *"Si le interesa, se atreverá, y lo único que se requerirá, será la voluntad."*

Pienso que algunas de las razones por las que nosotros en Amicorp, fuimos capaces de motivar a nuestros empleados a proveer servicios de calidad, fue porque dejamos claro desde el principio que nosotros *no* estábamos para nada interesados en ayudar a nuestros clientes a evadir impuestos, sino a planificar sus inversiones estrictamente dentro de la ley. Al mismo tiempo, explicábamos que nuestra compañía no trataba solamente de hacer tanto dinero como pudiéramos sino también de aprender en el proceso, disfrutar el viaje, crear buenos empleos en los mercados emergentes y añadir algo útil a la sociedad. Nosotros compartimos estas ideas y sentimientos con las personas a nuestro alrededor, y como resultado varios de los proveedores y clientes participan en nuestro proyecto para los niños en Curazao.

Tratamos de hacer lo mismo con nuestro negocio de aloe vera, African Caribbean Aloe Products. Nosotros aclaramos a todas las personas alrededor nuestro que este proyecto que no se trataba solamente de hacer dinero sino también de demostrar a los sudafricanos que personas blancas y negras pueden crear juntos un negocio nuevo que tenga sentido, añada valor a la comunidad y ofrezca en el mercado productos orgánicos, útiles y saludables. Lento pero seguro, todos comenzaron a ver que esto era verdad. En las pasadas Navidades uno de nuestros clientes en Holanda organizó un proyecto comunitario en su propia compañía y enviaron un contenedor lleno de juguetes nuevos, material de fútbol, material escolar y muebles para el nuevo complejo habitacional que construimos para cerca de sesenta trabajadores de la fábrica y la granja. Otros granjeros alrededor de nosotros también comenzaron a plantar aloe vera y ahora están mejorando sus complejos habitacionales y creando oportunidades para más personas en el corazón *Afrikaner* del *antiguo Transvaal*.

En nuestro negocio de vinos, COL Wines, fuimos capaces de obtener el capital cuando nadie estaba invirtiendo o prestando dinero, como resultado de nuestra concentración en los aspectos ecológicos, los métodos orgánicos, la pasión y la amistad en el proyecto. Nuestros proveedores y nuestros consultores contribuyeron más al proyecto de lo que estaban obligados a hacer contractualmente. El proyecto se está convirtiendo en un éxito, no solamente porque *nosotros* queremos hacerlo un éxito, sino también porque *todos* los que están involucrados en el proyecto han estado inspirados en dar lo mejor de sí.

Si usted no está motivado por su negocio, el mismo sufrirá, su gente sufrirá, y su vida sufrirá. Todos sufrirán porque usted no llegó lo suficientemente alto o lo suficientemente lejos. No es que no supiera *cómo*, sino que no se *atrevió* o no le *importó*.

¿Porque es tan importante comprender esto? Es importante porque a esto se refiere precisamente el núcleo de este libro.

Albert Einstein, uno de los más brillantes pensadores de su época, descubrió que no hay una diferencia fundamental entre materia y energía, ya que la materia es al final energía, y que por tanto, todo en el universo es energía. Sobre la base de este descubrimiento George Wald, laureado con el premio Nobel y profesor de química orgánica de la facultad de biología en la Universidad de Harvard, concibió que la mente (su mente) es la fuente de la materia.

La materia se construye de energía, y la energía se construye de información. La materia nace de la conciencia. La mente, como información, está presente en cada átomo. La mente es omnipresente en nuestro universo, de igual manera que el saber es la base de toda la existencia. En las palabras de Walt Disney, *"Si puede soñarlo, puede hacerlo."* Inclusive va más allá de eso. Si puede soñarlo, su mente lo hará. Este no es un concepto novedoso. Nos dice ya la biblia *"La palabra se hizo carne y habitó entre nosotros" (Juan, 1:14)*

Su mente crea no solamente la idea sino que también crea la energía necesaria para generar la materia. Su mente hace que sus sueños se conviertan en realidad porque convierte mente en materia. Usted no es solo parte de la creación; es también, al mismo tiempo, el creador. Es usted quien hace que las ideas cobren vida, ya que es a quién *le importa*. Es usted quien convierte la idea o sueño en energía y por lo tanto, la energía en materia.

Es usted quien hará que cientos o miles de pequeñas cosas en el universo coincidan para hacer que su sueño sea real, para hacer que el negocio que tiene en mente se convierta en realidad. Michael Gerber también dijo: *"Un negocio sin un sueño es como una vida sin un propósito."*

Se puede comparar esto de la siguiente manera. Cuando crea y envía un e-mail, convierte sus ideas y emociones en ondas de energía que son cambiadas en su laptop por pequeñas pulsaciones que viajan a través del espacio y el tiempo (Internet). Estas terminan en el BlackBerry de alguien en el otro lado del mundo. Leyendo esas palabras, el receptor reconvierte las ondas de energía en emociones e ideas. El BlackBerry y la laptop son simplemente receptores electrónicos primitivos, mucho más primitivos que su cuerpo y su mente. Muchas más ideas y emociones son transmitidas y recibidas de forma no electrónica, usando las ondas de energía en la que consistimos los humanos y que nos rodean. Nuestras ideas y creencias son como e-mails, que constantemente enviamos en todas las direcciones y que son consistentemente recibidas por todas las personas de las que nosotros nos rodeamos. Puede cambiar el carácter de su vida cambiando sus creencias. Lo que realmente cree se convertirá en realidad, sucederá exitosamente.

Si por ejemplo, abre una cafetería, esta se convierte en un éxito porque así lo cree, tiene un sueño de cómo necesita ser su atmósfera, y le pone vida a eso. Hay muchas cafeterías alrededor. Por supuesto, la ubicación es importante, así como el tipo de café que servirá, la calidad de los asientos y la amabilidad de los empleados. Sin embargo verá que muchos lugares que parecen similares pueden ser muy diferentes. Algunos son muy exitosos y otros fracasan. La diferencia está en el espíritu, la atmosfera, la sensación que usted crea. Puede notar con frecuencia que las cafeterías que son vendidas, después de cambiar de dueño se vuelven o mucho más o mucho menos exitosas. Puede haber notado también que cuando se encuentra en una ciudad extraña, y escoge un lugar para tomar un café o ir a cenar, hace la selección sobre las bases de consideraciones que tienen poco que ver con el menú, los precios o su ubicación. Escoge el lugar que le produce una *sensación* positiva. Que lo *atrae*, o que tiene un *alma.*

En mi organización puedo constatar lo mismo. Hemos establecido alrededor de cuarenta oficinas en países muy diferentes. Algunas oficinas fueron un éxito inmediato, mientras que otras tomaron incontables horas, un gran esfuerzo, inversiones y perseverancia, y aún luchaban para convertirse en un pequeño éxito. Después de tratarlo todo, a veces suceden cambios mágicos cuando se cambia la persona a cargo de la oficina. La nueva persona, haciendo las mismas cosas de una manera diferente, puede hacer toda la diferencia del mundo.

Lo mismo puede decirse cuando llegan los clientes. La mayoría de los nuevos clientes pueden escoger entre nuestro negocio y los negocios de muchos de nuestros competidores directos o indirectos. Cualquier cosa que hagamos, al final nuestro negocio no es revolucionariamente distinto que el de nuestros competidores directos: nuestros precios están en el mismo rango y la apariencia y sensación de los productos y las ideas no es tan diferente. Entonces ¿Por qué los clientes escogen nuestros servicios en vez de aquellos del proveedor más cercano? Simple. Porque *creen* en la persona que los atiende y porque los documentos y presentaciones causan una *buena impresión,* porque los medios de presentar el servicio inspira confianza. Estas son todas razones intangibles, pero terriblemente importantes.

El empresario exitoso puede convertir su sueño personal en un producto o servicio que tenga resonancia con los clientes, los empleados y el entorno. Un maravilloso sueño, personal que no logra hacer contacto con las necesidades evidentes o los sueños de los clientes no resultará en un negocio exitoso. El sueño personal necesita ser compartido con los empleados y los clientes y entonces necesita convertirse también en parte de sus vidas. Su entusiasmo, su confianza y enfoque tendrá que resonar de tal manera con los empleados y los clientes que haga surgir la sinergia, que las emociones se fortalezcan mutuamente, y nazca una experiencia compartida.

Y finalmente, no deje nunca que su ambición y entusiasmo sean disuadidos por ninguna otra persona.

"Manténgase alejado de las personas que tratan de empequeñecer sus ambiciones. Las personas pequeñas siempre hacen eso, pero el realmente grande le hace sentir que usted también puede ser grande"

–Mark Twain

Capítulo 4: ¿Cuándo es el mejor momento de comenzar un negocio?

"Nos enfrentamos ahora con el hecho de que mañana es hoy. Nos enfrentamos a la feroz urgencia del ahora. En este revelado enigma de la vida y de la historia, existe algo como estar demasiado tarde. La postergación es todavía el ladrón del tiempo. La vida a menudo nos deja de pie, desnudos, desnudos y abatidos con una oportunidad perdida. La marea en los asuntos de los hombres no se mantiene alta; tiene oscilaciones. Podemos gritar desesperadamente al tiempo que detenga su paso, pero el tiempo es inflexible a nuestras súplicas y se precipita. Sobre los huesos blanqueados y residuos confusos de numerosas civilizaciones están escritas las patéticas palabras: 'Demasiado tarde'."

–Martin Luther King Jr.

No hay un mejor momento que ahora mismo para empezar un negocio. Puede fundamentar el comienzo de un negocio una vez que haya adquirido suficiente educación, conocimiento, experiencia, una red de relaciones comerciales, dinero, haya pagado su hipoteca, enviado sus hijos a la universidad o cualquier otra cosa; pero lo más probable es que en esos momentos ya no tendrá la energía, el impulso y la pasión para comenzar un negocio.

Puede también argumentar que el mejor momento para comenzar un negocio fue diez o veinte años atrás, cuando era más joven, más enérgico, y las cosas eran más simples, cuando ciertas invenciones no habían aparecido aún y el mundo no era aún plano. Nada de eso es relevante. Solo un momento de su vida es relevante. Y ese es el momento actual. Dan Millmann, el autor de *The way of the Peacefull Warrior* escribió: *"La acción correcta en el momento equivocado no tiene ningún propósito útil. La inmovilidad puede ser la acción más poderosa de todas. De la misma manera que la acción refleja coraje, la espera puede reflejar sabiduría. Pero si esperamos hasta que tengamos permiso, hasta que nos sintamos más motivados, hasta que sea más fácil, hasta que los temores desaparezcan, hasta que el infierno se congele, podemos perder totalmente la oportunidad de actuar. Si esperamos que surja el momento perfecto, podemos descubrir que jamás vivimos."* Los momentos pasados son pasados, y puede revivirlos y cambiar su percepción sobre estos según desee. Sus recuerdos son básicamente lo que piense de su pasado hoy. Al mismo tiempo se han marchado para siempre y están al alcance de su mano en el momento en que los necesite. Estos recuerdos cambiarán con el curso del tiempo de la manera en que satisfagan sus necesidades. Usted ajustará sus recuerdos para adaptarse al modo en que mira su vida hoy.

Si se reúne con personas que no ha visto por un largo tiempo, notará que cada cual recuerda el pasado del modo que se adapta con sus situaciones actuales y aparentemente pequeños eventos se vuelven mayores que la vida. Es una defensa humana normal para ajustar sus recuerdos y memorias a la realidad de hoy. Esto explica en parte porque puede pensar que su vida es a veces ineludible, pero no es que el presente sea el resultado 'lógico' de su pasado, sino que es el pasado el que usted ajusta para que se adapte a su realidad presente, para crear una 'explicación' e incluso una 'excusa' de por qué está donde está. Si su vida no es un éxito, sus fracasos surgirán grandes en sus recuerdos; si su vida va de buena a mejor, recordará los muchos pequeños éxitos que parecen haberlo llevado inevitablemente a donde está ahora. Mis amigos que ante sus propios ojos no han triunfado, recuerdan los tiempos cuando recibían burlas o se sentían como perdedores; los amigos que han tenido éxito recuerdan sus hazañas, y cada vez que nos reunimos, nuestras anécdotas se vuelven mayores que lo que eran antes.

Sus experiencias pueden servirle bien, ya que sus anteriores vivencias son muy útiles para evitar problemas. Sin embargo, sus experiencias pueden también restringirlo, ya que sus recuerdos limitan su creatividad. Estas proveen una caja con lados cada vez más altos que limitan su pensamiento. Su educación, su formación y convenciones sociales, todos lo ayudan a pensar dentro de esa caja. Mire a su alrededor; la mayoría de los niños son muy creativos, y muchos jóvenes son rebeldes, piensan diferente y no quieren adaptarse a la sociedad, pero una vez que usted llega a sus treintas, sus gustos, aversiones, carencias, necesidades y metas, de alguna manera comenzarán a converger. Parece que todos nos volvemos más y más como los otros. Porque nos sentimos más seguros en la multitud, ser conformistas y hacer lo que los demás hacen, se convierte en nuestra red de seguridad. Como resultado, sufren nuestras habilidades creativas.

El futuro vendrá paso a paso. Nunca habrá un momento perfecto en el futuro, a menos que usted lo haga perfecto, comenzando ahora a hacer que cada paso que dé sea un paso en la dirección de sus sueños y metas. Y verá que aún si la jornada es de mil millas de distancia, los pasos que dé, hará que sus metas se acerquen, ya que todos los pasos que dé, influirán en todo lo que lo rodea. Sus esfuerzos moldearán el universo para llevarlo más cerca de sus metas. Paulo Coelho dice: *"Los dos peores errores estratégicos que se pueden cometer son, actuar prematuramente y dejar que una oportunidad se nos escape; para evitar esto, el guerrero trata cada situación como si fuera única y nunca recurre a fórmulas, recetas u opiniones de otras personas."*

Una vez que comience a formalizar sus sueños, comparta sus ideas con otros, y comience a buscar financiamiento, clientes y a evaluar las necesidades del negocio. Las soluciones se presentarán por ellas mismas mágicamente cuando las necesite porque las atraerá, y estas se sentirán atraídas por usted.

El camino se abrirá y se aclarará a medida que comience a caminar. Encontrará a las personas adecuadas cuando las necesite, encontrará las soluciones correctas para sus problemas cuando estos se vuelvan serios. Abrirá un libro y verá las respuestas a sus preguntas; se reunirá con una persona, y esa persona le facilitará el contacto o la introducción que necesita. Tendrá una idea, y pronto aparecerá alguien que necesita esa idea o el producto que puede elaborar con ella. No hay forma que pueda planificar o forzar esto. Tenga confianza, confié en el universo y esté abierto a que esto suceda. Tendrá que tener cierta confianza en sí mismo para que las cosas correctas pasen en el momento correcto. Pero como Paulo Coelho correctamente enfatiza: *"Y cuando quiere algo, todo el universo conspira para ayudarle a conseguirlo."*

Comience el viaje hoy, porque en las palabras de Yamamoto Tsunemoto, "Ciertamente no hay nada más que el simple propósito del momento presente. La vida completa de un hombre es la sucesión de momento tras momento. No habrá nada más que hacer y nada más que buscar"

En 1519, Hernán Cortés cruzó el Océano Atlántico desde España con once buques y seiscientos hombres. Partió para conquistar Ciudad México, conocida entonces como Tenochtitlán, una ciudad de alrededor de trescientos mil habitantes y la más grande fuera de China. Cuando dejó la bahía de Veracruz para ir a tierra con su pequeño ejército y una pequeña cantidad de aliados locales que acababa de encontrar, quemó sus naves como una clara señal a sus hombres de que estaba en México para quedarse y triunfar o morir allí.

Esta fue una gran manifestación de la singularidad del propósito. Cortés sabía que su equipo se concentraría mucho más en la tarea a realizar si sabían que no había retorno, que no había otra opción sino triunfar, que no había vida si fallaban. La determinación resultante les hizo realizar increíbles hazañas contra enormes adversidades. No puede tener éxito si no se concentra en su misión y visión, si tiene un ojo en el espejo retrovisor o si está pensando en la carne de cerdo de Egipto. Tiene que cruzar el Rubicón, tirar los dados, partir las aguas y cruzar entre ellas para encontrar su nuevo destino. Nunca permita que mirar hacia atrás lo convierta en una estatua de sal, le haga perder la carrera, o chocar contra una pared de ladrillos. Una vez que tome la decisión de comenzar su negocio, vaya por él con una absoluta dedicación del 100%.

Es igualmente importante, que una vez decida comenzar, ponga en marcha el espectáculo, tome acciones inmediatas. No pierda el tiempo haciendo planes, hablando de la validez de sus planes, o pensando sobre la certeza del éxito potencial de su negocio. Simplemente comience a moverse con el primer paso. Deje su empleo, imprima algunas tarjetas de presentación, y haga su primera transacción, haga algo. Los detalles vendrán después, porque el rumbo se verá más claro según vaya avanzando. Empiece a andar, y el camino se abrirá ante usted.

"Si nunca hubiera recogido a la primera persona, nunca hubiera recogido 42,000 en Calcuta."

–Madre Teresa

Capítulo 5: ¿Realmente necesitamos un plan de negocios?

"Puede trazar un plan de pelea o un plan de vida, pero cuando la acción comienza, puede que las cosas no vayan de la manera que lo planeó, y depende de los reflejos que desarrolló en el entrenamiento. Ahí es donde la obra se muestra, el entrenamiento que hizo en la oscuridad de la madrugada se mostrará cuando está bajo las luces brillantes"

–Joe Frazier

El viejo refrán dice que un negocio que falla al planear, está planeando fallar. Por supuesto esas son palabras sensatas, pero todo plan está limitado en lo que puede prever. Cuando me siento un poco desanimado, a veces reviso algunos de los planes de negocio que he escrito durante los últimos veinte años y me río mucho. Es conveniente constatar con el beneficio de la retrospectiva cuales son las limitaciones de un plan de negocio. Pocos de nosotros somos capaces de predecir con precisión el futuro y muchos menos de anticipar cómo se desarrollará nuestro entorno. Como dijo John Lennon *"La vida es lo que pasa mientras usted está ocupado haciendo otros planes."*

Durante miles de años se pensó que el mundo era plano, hasta que personas como Nicolás Copérnico y Cristóbal Colón probaron que era redondo. Thomas Friedman, en *The World is Flat*, apenas quinientos años después se hizo famoso probando de nuevo que era plano, describiendo un audaz nuevo mundo con millones de nuevas oportunidades para empresarios fuertes.

La forma en que usted mire al mundo, determina en gran parte el contenido de su plan de negocios. Elaborar un plan de negocios lo obliga a concentrarse, describiendo claramente su misión y visualizando su visión y los servicios que quiere brindar o los productos que quiere producir. Lo ayuda a priorizar sus limitados recursos hacia actividades que influirán positivamente su flujo de efectivo. No puede progresar sin un plan de negocios claro y de calidad que atraiga a los inversores, convenza a los bancos y le ayude a garantizar ciertas licencias. Muchos negocios fracasan, no porque los empresarios no estén trabajando intensamente o el producto o el servicio no sea suficientemente bueno, sino porque la liquidez se acaba, y los gastos crecen más rápido que la estructuración de un flujo de ingresos estable y suficiente.

Estados y proyecciones de flujos de caja detallados y precisos, actualizados cada trimestre e incluso mensualmente, constituyen el núcleo de cualquier plan de negocios.

Pero no se convierta jamás en esclavo de su presupuesto o su plan de negocios. Yo comparto la opinión del General George Patton cuando dijo: *"Un buen plan hoy, es mejor que un plan perfecto mañana."* Necesitará actualizar su plan constantemente o hacer cosas que el plan nunca previó o que no estaban presupuestadas. Cuando las oportunidades surgen tiene que agarrarlas estén o no en el plan.

En las grandes corporaciones, sucede siempre que cuando hay que tomar una importante decisión de negocios, algún aguafiestas lo distrae de la esencia de la discusión preguntando: *"¿Dónde está mencionado esto en el plan de negocios? O cuando encuentra un empleado con gran potencial, ¿Cuál es la suma disponible en el presupuesto?"*

Si permite que su plan de negocios se vuelva una camisa de fuerza y una restricción de su creatividad, no se mantendrá en el negocio por mucho tiempo. Las grandes oportunidades, los eventos de la vida que cambian constantemente, y las decisiones instintivas no van a ser planificados con la antelación de un año e incluso de meses, y casi por definición no van a aparecer en su plan de negocios. Y esto, yo diría, es una bendición.

En todo momento, se tiene que mantener alerta, enterado de las oportunidades que surgen. Exactamente como si estuviera sentado al lado de una corriente con una red, los peces pequeños nadando todo el tiempo, pero cada cierto tiempo uno grande pasa. Ese es el momento de lanzar la red y asegurar la comida de hoy.

La mayor parte del éxito de su negocio depende de cómo se conecte con lo que se presente por sí mismo en el campo total de todas las posibilidades. Todos los retos y todas las oportunidades que necesita (Y todos los problemas que piensa que no necesita) se presentarán por sí mismos al debido tiempo. La idea de crear un producto, un servicio o un evento, se presentarán exactamente en el momento apropiado. O quizás alguien lo llamará o le enviará un e-mail en el momento más oportuno. No importa que la fuente sea interna o externa, todas las ideas vienen de su propia alma. Conéctese con lo que venga; su mente escogerá entre el número indefinido de posibilidades, aquellas que en ese momento siente que es más capaz de manejar.

Use su intuición. Manténgase alerta y concentrado en el momento. Tenga todos sus sentidos constantemente abiertos de manera que pueda darse cuenta de lo que está sucediendo a su alrededor. Tome nota de las oportunidades y retos según se presenten por sí mismos. Conéctese con lo que venga. Puede parecer una idea que viene de su mente, un evento que procede del mundo que lo rodea, o una coincidencia en una secuencia de acontecimientos. Seleccione aquellos que parecen proporcionarle la mayor felicidad y que proporciona un mayor sentido para su negocio. La mayor parte de las oportunidades aparecerán cuando usted es entusiasta, alegre, sincero y curioso. Obtendrá cincuenta y siete por ciento más de ventas y se volverá mucho más exitoso cuando está alegre. Estimúlese a sí mismo para estar en ese estado mental la mayor parte del tiempo. Recuerde que Albert Einstein una vez dijo: *"El intelecto tiene poco que ver con el camino al descubrimiento. Se produce un instante de lucidez, llamémosle intuición o lo que usted quiera, y la solución viene, y no sabe cómo y por qué."*

Con la intuición, sabemos lo que necesitamos saber, exactamente cuándo necesitamos saberlo. Toda la información está disponible para nosotros. Puede incluso conocer el pasado y el futuro como si fueran ahora. Pero tendrá que creer en sus instintos, confíe en toda la información que tiene disponible (consciente o inconscientemente) sin descartar la información que no pueda ser probada. Existe mucho conocimiento que no está basado sobre investigaciones, exámenes, razonamiento lineal, pruebas matemáticas, hojas de análisis o presentaciones con viñetas. La mayor parte de los conocimientos viene del instinto.

Usted *sabe* que la persona que entrevistó va a ser un empleado estrella. *Sabe* que cliente va a ser un gran cliente. *Sabe* que producto va a ser un éxito de ventas, no solamente sobre la base de la información objetiva, sino basado en lo que siente en su interior. No reste importancia a este sentimiento instintivo. Mire hacia atrás y analice sus errores. En varios o tal vez en muchos casos puede señalar una advertencia previa, un evento o un presentimiento que ya le había advertido que las cosas podían ir mal. La persona no resultó ser lo que usted pensaba, y el proyecto o idea ya tenían debilidades inherentes, etc. Usted ignora esas señales de advertencia a su propio riesgo.

Además, si analiza sus mayores éxitos en retrospectiva, *sabía* que estaba en algo desde el comienzo. Había algo en su interior que le decía que debía hacer exactamente eso, seguir exactamente ese camino, y negociar con esa persona. Mientras que está procesando una o dos cosas conscientemente (Y las mujeres tal vez algunas más) su subconsciente está procesando millones o decenas de millones de pedazos de información simultáneamente. Por definición, su subconsciente tiene una *colosal* ventaja sobre su conciencia. Óigalo todo el tiempo. Y si piensa que no lo oye, genere el tiempo para eso. Limpie su mente del ruido constante, del continuo zumbido de sus pensamientos recurrentes. Haga largas caminatas en el bosque, aprenda a entrar en un estado de meditación, vaya a la iglesia y rece, practique *Yoga*, *Vipassana*, o cualquier otra cosa que lo ponga en contacto con su subconsciente. Según Sri Nisardadatta, *"La mayoría de nuestras experiencias son inconscientes. Las conscientes son muy pocas. Ignora la acción porque para usted solo las que son conscientes cuentan. Vuélvase conocedor de las inconscientes."*

El desorden en su vida, esas actividades que llenan sus días pero no lo ayudan en algún progreso real, deben ser eliminadas. Aun cuando puedan parecer *importantes,* es necesario reducirlas tanto en importancia como en consumo de tiempo.

Como empresario, ¿Por qué gastar sus días en los rituales de negocios que ocupan tanto de su tiempo? Supervisar empleados, controlar el flujo de caja elaborando los cheques por sí mismo, sentarse en reuniones en que nada se decide realmente, copiar todo lo que hacen sus colegas e involucrarse en cada pequeña decisión, no son usos efectivos de su tiempo. Confíe en sus empleados, organice el negocio de una manera tal que todo el mundo tenga suficientes retos, herramientas, libertad y autoridad. Déjelos hacer lo que a ellos aman hacer y concéntrese en seleccionar entre las muchas oportunidades, aquellas que harán su negocio crecer, crear algo que el mundo realmente necesita o añora, dar un salto adelante en tecnología; proveer servicios a clientes, diseños de productos, enfoque de ventas, visión de mercado o cualquier otra cosa creativa que posiblemente no estará escrita en el plan de negocios pero determinará la diferencia entre un negocio meramente promedio y uno muy exitoso.

Las grandes historias de éxito de nuestros tiempos, son muy pocas veces el resultado de un planeamiento estratégico detallado, sino más bien de conocer para qué está listo el mundo en cierto momento. Yo personalmente nunca pude haber pensado en Facebook como un concepto; era necesario un adolescente para trabajar en eso. A nuestra compañía una vez le ofrecieron algunos derechos de distribución de *Pokémon* como pago por servicios prestados. No pudimos ver el valor de esto y no participamos en su subsiguiente colosal éxito. Igualmente, pudimos haber sido parte de la ampliación de la *Casa del Habano* una cadena distribuidora de cigarros de Cuba muy exitosa. Como no-fumadores no pudimos comprender la envergadura de la oportunidad, pensando que solamente viejos caballeros con falta de aire fumaban aún habanos. Afortunadamente, hubo otras oportunidades que *si* reconocimos, y las tomamos en el momento en que vinieron a nosotros. Las oportunidades son como trenes que pasan, o salta a ellos cuando pasan por su lado o se van para siempre. Si necesita reflexionar o mirar nuevamente el plan de negocios, lo dejarán en la plataforma mirando a la luz que rápidamente desaparece en la noche.

"Tiene que asumir riesgos. Solamente entenderemos el milagro de la vida completamente, cuando permitimos que lo inesperado pase."

–**Paulo Coelho**

Capítulo 6: ¿Dónde puedo incorporarme a una escuela de empresarios?

"El hecho de que yo no era un banquero profesional y realmente nunca ni siquiera tomé un curso de operaciones bancarias, significó que yo tenía libertad para pensar sobre el proceso de prestar y tomar prestado sin ideas preconcebidas"

–Muhammed Yunus

Por supuesto, muchas personas que aspiran a ser empresarios quisieran ir a una escuela de empresarios. Esta es una ruta que parece segura, se adapta a nuestra cultura de comportamiento estructural, y limita el espectro de habilidades que se requieren para hacer el trabajo. Si lo pasa, está listo para esto, y será exitoso. Si no, nunca estuvo destinado a ser un empresario. No es su culpa, ¿Correcto? Puede aprender a conducir asistiendo a una escuela para conducir, a cocinar asistiendo a una escuela de cocina, ser arquitecto estudiando arquitectura. Igualmente, ¿Puede usted convertirse en empresario asistiendo a una escuela de negocios?

La respuesta a esa pregunta no es tan sencilla. Muchos de los mejores cocineros nunca fueron a una escuela de cocina sino que usaron su experiencia e intuición para elaborar sus mejores recetas. Los mejores artistas y diseñadores muchas veces tienen una limitada educación formal, pero una creatividad y experiencia sin límites. Muchos de los empresarios más exitosos abandonaron la educación secundaria o la universidad, o sufren de dislexia, desordenes de atención o varias otras diferencias de aprendizaje.

Una Maestría en Administración de Negocios es muy valiosa, da una gran impresión en cualquier *currículo* y ayuda a abrir muchas puertas que de otra forma permanecerían cerradas. Usualmente tiene solo una oportunidad para dar una buena primera impresión, y una buena educación ayuda a darle solidez a la misma. Las habilidades que le enseñan en una escuela de negocios ciertamente tienen su valor. Esas habilidades, sin embargo, son solamente una base. El éxito, es algo que tiene que crear por sí mismo una vez que egresa de la escuela de negocios. Y muchas personas que abandonaron sus estudios o nunca asistieron a una escuela de negocios han sido igualmente exitosas en la vida. No desembolse una pequeña fortuna para obtener una gran educación en negocios si piensa que esto le garantizará el éxito. Hacer esto puede ser su más grande decepción. Usted tiene que crear su propio éxito.

Además, los estudios de economía, cultura, historia, leyes, psicología, mecánica y física cuántica, mercadeo, administración, modas, artes y publicidad también demuestran ser útiles. Pero como el Fausto de Goethe acertadamente exclamó: *"Ahora ya he estudiado filosofía, medicina y leyes, y desafortunadamente teología, con enconado esfuerzo, y heme aquí, pobre tonto, sin ser más sabio de lo que era antes; me llaman Maestro e incluso Doctor, y durante los últimos diez años he llevado de la nariz a mis discípulos de arriba, abajo, transversalmente y curvo. Ahora veo que finalmente no sabemos nada."*

Es la escuela de los golpes duros, la escuela de la vida la que más enseña. Si sus ojos y su mente están abiertos, podrá analizar bien las situaciones a las que está expuesto. Maestros hay muchos y en cualquier lugar; ellos surgirán en cualquier momento en que usted, el estudiante, esté listo. Sin embargo, puede no reconocer a los maestros, aun cuando estén frente a usted. Ellos aparecen como sus amigos, sus colegas, sus clientes, sus proveedores, gente que encuentra en la calle, o libros que abre al azar. Tiene que abrir sus ojos y su mente para ser capaz de aprender. Estudie a las personas con quienes se encuentra – a todos, ellos le enseñaran más que lo que podrían todos los libros del mundo.

Cuando yo estaba enseñando en el curso de entrenamiento interno del Chase Manhattan Bank en Nueva York, tenía algunas clases de nuevos reclutas para el banco así como una clase de *"hijos de"*. Estos últimos eran un grupo mixto de personas que fueron admitidos al programa de entrenamiento del Chase, no sobre la base de sus logros intelectuales o habilidades potenciales, sino sobre la base de la relación de sus padres con el banco, uno de mis estudiantes resultó ser el 'hijo de' un ex Presidente y claramente había venido a Nueva York a divertirse y participar en fiestas. Después de fallar en un par de pruebas, me hicieron su tutor y entonces tenía la responsabilidad de enseñarle hasta que aprobara. Pasé muchas horas buscándolo, viendo varios atractivos lugares de diversión en Nueva York, pero sin poder atraparlo. El banco ya estaba nervioso, incluyendo a su presidente Bill Butcher y la presión aumentaba sobre mí para que produjera un milagro. Por cosas del destino, un día el hombre empacó y retornó a su país de origen, habiendo decidido que él ya sabía todo lo que había que saber sobre la actividad bancaria. Esto me probó el viejo refrán de que puede llevar un caballo al agua, pero no puede obligarlo a beber. Las personas aprenderán algo solamente si son receptivos. El conocimiento no puede imponerse a nadie. La experiencia sí, pero aun así, la persona involucrada necesita estar abierta a extraer las lecciones de sus experiencias.

"Estamos aquí para hacer
Y mediante la acción aprender
Y mediante el aprendizaje conocer
Y mediante el conocimiento experimentar asombro
Y mediante el asombro alcanzar la sabiduría
Y mediante la sabiduría encontrar la simplicidad
Y mediante la simplicidad estar atentos
Y mediante la atención ver lo que se necesita hacer"

–Ben Hei Hei

Por supuesto, usted puede comenzar por aprender habilidades útiles. Como empresario, ayuda tener algunos conocimientos de contabilidad, ser capaz de interpretar estados financieros, especialmente hacer su propio flujo de caja y saber cómo una decisión que considere influirá en ello. Ayuda tener algún conocimiento legal, que determinará cuando poner un acuerdo por escrito y cuando contratar un abogado. Ayuda ser un experto en el negocio que deseas desarrollar, y ayuda leer revistas de negocios, ser miembro de grupos industriales de presión y grupos de enfoque, y tener una idea de lo que está pasando en cualquier negocio que haya escogido.

Es muy importante estar constantemente en contacto con sus empleados, tener reuniones informales, y regularmente tomar una cerveza o dos el viernes por la tarde con ellos, para saber exactamente qué está pasando en sus mentes, como ven ellos el negocio y la industria. Asegúrese de conocer exactamente lo que piensan y como ellos resolverían los problemas que la compañía está afrontando.

Es también de mucha importancia estar en contacto con sus clientes y saber exactamente que percepción tienen ellos de su compañía. No haga esto creando algún formulario anónimo de retroalimentación o entrevistas impersonales por teléfono, sino visitando a los clientes regularmente. Vaya a sus lugares de negocios, hable con los grandes y los pequeños clientes, hable con quienes toman las decisiones en las oficinas de sus clientes, con la recepcionista, con el mensajero y con la persona que se relaciona con su compañía en el día a día. La gente del piso de trabajo será muchas veces menos diplomática y más extrovertida sobre la calidad de su trabajo y como se compara con sus competidores. Pienso que estas reuniones se asemejan con la forma en que una red de computación opera. Puede viajar con su laptop, acumular nuevas experiencias, enviar nuevos mensajes, y recibir nuevos impulsos, pero necesita conectarse regularmente con la red y sincronizar todos los archivos, actualizar el software y compartir las experiencias de manera que todo fluya de la misma base de datos otra vez.

Recuerde que sus empleados y clientes son por mucho sus mejores fuentes de información y aprendizaje.

Además sus errores, sus fallos, los contratos perdidos, las posibilidades desperdiciadas, y las oportunidades que no fue capaz de identificar, son grandes fuentes de aprendizaje. Analice cada cliente que perdió y cada oportunidad que dejó pasar, ya que le darán valiosas ideas sobre sus insuficiencias y valiosa información sobre cómo mejorar sus productos o servicios. Sea agradecido y muestre aprecio a los clientes que se quejan. Aparentemente, ellos se interesan lo suficiente por usted y su negocio como para hacerlo. Escuche atentamente y agradezca los comentarios, aunque sean muy desagradables o dolorosos. Estas son ocasiones poco comunes de obtener grandes ideas. Los clientes que solamente lo dejan sin quejarse y no piden la continuación de los servicios, deben ser visitados, ya que pueden darle un consejo más brutalmente honesto. Por supuesto, este puede ser un consejo que no quiere oír, pero escúchelo cuidadosamente, pues ganará un producto, un servicio o una organización mejorada. Ninguna organización es perfecta. Acepte esto y aprenda a escuchar los mensajes en los comentarios sobre los errores que ha cometido. Entonces, actúe sobre la información que ha reunido. Su negocio nunca será lo suficientemente bueno; necesitará ser mejorado constantemente. Como Paulo Coelho dijo en su manual *Guerrero de la Luz:* "*Un guerrero acepta la derrota. No la trata con indiferencia, ni intenta transformarla en victoria. El dolor de la derrota le es amargo; sufre ante la indiferencia y lo desespera la soledad. Después que todo esto ha pasado, se lame las heridas y lo comienza todo de nuevo. El guerrero sabe que la guerra está hecha de muchas batallas: él sigue adelante.*"

Muchos errores y problemas son por su naturaleza cuestiones de procedimiento. El precio es muy alto, la entrega muy lenta, el servicio muy descuidado, la calidad mediocre. Estos son problemas importantes pero relativamente fáciles de resolver. Iniciativas sobre la calidad, mejoramiento de los sistemas, un enfoque centrado y disciplina ayudarán mucho. Más complicados son los problemas con los clientes que se refieren a promesas rotas, conducta deshonesta, individuos con un trato tosco, y traición de la confianza. En estos casos, tendrá que volver a los orígenes, revisar su misión, visión y valores, evaluar nuevamente la personalidad de los empleados que ha seleccionado, sus esquemas de compensación y las metas en las que pone su énfasis. Fuertes medidas se requerirán rápidamente en estos casos. Paulo Coelho también escribió: *"Todo Guerrero de la Luz ha sentido miedo de ir a la batalla. Todo Guerrero de la Luz ha, en algún momento del pasado, mentido o traicionado a alguien. Todo Guerrero de la Luz ha recorrido un camino que no era suyo. Todo Guerrero de la Luz ha sufrido por las más triviales razones. Todo Guerrero de la Luz ha, al menos una vez, creído que no era un Guerrero de la Luz. Todo Guerrero de la Luz ha fallado en sus deberes espirituales. .Todo Guerrero de la Luz ha dicho «sí» cuando quería decir «no». Todo Guerrero de la Luz ha hecho daño a alguien a quien amaba. Por eso es un Guerrero de la Luz, porque ha pasado por todo esto y sin embargo nunca ha perdido la esperanza de ser mejor de lo que es."*

De sus errores y fallos usted aprende a ser mejor y mejor. En tanto sea receptivo al aprendizaje y este motivado a ser el mejor en lo que haga, su compañía continuará creciendo y será cada día mejor. Solo las mejores compañías en cualquier región, cualquier actividad y cualquier esfera competitiva serán, en última instancia, exitosas. Y para mantenerse exitoso, ese esfuerzo tiene que repetirse cada día. Nunca se sienta contento con el nivel de calidad alcanzado. Nunca piense que ha llegado a la cima de su negocio. Nunca piense que sus productos no necesitan innovaciones adicionales. Siempre hay niveles de calidad superiores que alcanzar, mejor desempeño que lograr o necesidad de volver a los conceptos básicos, "cortinas de ducha que tienen que ser introducidas en los tubos de baño."

Para ser exitoso es necesario tener una mentalidad concentrada en convertirse en el mejor y constantemente ser el mejor en lo que sea que haga. Con esa actitud puede lograr ser exitoso en prácticamente cualquier cosa. El ex jugador profesional de golf Ken Venturi definió perfectamente este esfuerzo: *"Creo que cualquier jugador que llega a campeón, sería campeón en cualquier época en que viviera, porque se pondría al nivel que tiene que alcanzar para triunfar."*

De manera que estudiar continuamente, constante mejoramiento de la calidad y búsqueda constante de opiniones, son algunos de los modos de aprender y salir adelante. Pero para avanzar realmente, para *"ir audazmente hasta donde ningún otro hombre fue antes"* tendrá que ser mucho más imaginativo. Cualquier estudio e investigación trata sobre lo que ya existe, cualquier comentario se refiere a lo que ya pasó. Cualquier evaluación o auditoría es como una autopsia, diseccionando lo que ya está muerto. No se le puede regresar a la vida. Con todo lo interesante que pueda ser, lo que sucedió en el pasado no es más que la huella que deja esquiando en nieve fresca o el sendero a través del cual se ha abierto paso en el bosque. Tienen muy poco significado en cuanto al futuro y no le ofrece ninguna indicación a cerca de donde está yendo. Tiene que decidir constantemente si virar sus esquíes a la izquierda o a la derecha de la roca grande, crear un camino alrededor o sobre la montaña, crear un nuevo producto o servicio, hacer o no una nueva inversión. Investigar, invertir o no en una nueva y valiente idea, o apostar su futuro y su tienda en algo nuevo o no demanda imaginación, perseverancia y coraje. Albert Einstein dijo: *"Hay solo dos formas de vivir tu vida. Una, como si nada es un milagro. La otra, como si todo es un milagro."*

Hace diez años Facebook no existía. La mayoría de los dispositivos creados por compañías como Apple y Samsung tampoco existían por esa época. Si no hubiera habido alguien decidido a arriesgarse a tomar la decisión de ir adelante y empujar los límites, muchos de los servicios y productos exitosos que han surgido todo este tiempo no hubieran sido creados nunca. Desde luego, por cada éxito hay diez fracasos. Pero esto nunca desalienta al verdadero empresario a tomar decisiones, aceptar los riesgos y valientemente mover hacia adelante.

Los grandes éxitos son para personas que han tenido la visión y la imaginación de crear algo que no estaba ahí antes, y las agallas para convertir sus ideas en productos y servicios tangibles. Según Paulo Coelho: *"Solo hay una cosa que hace un sueño imposible de alcanzar: el temor al fracaso."*

Otra vez, la dirección en que el mundo avanza, así como las necesidades que sus servicios y productos van a requerir, no se pueden estudiar en libros. Obtendrá ideas de sus empleados, de sus clientes e incluso analizando como las generaciones más jóvenes, están viviendo sus vidas de una forma totalmente diferente que la de su generación.

Rodéese de gente grandiosa cada vez que pueda. Contrate personas que sean mejores que usted en algunas cosas (o en todo). Contrátelos por su actitud y entrénelos para que adquieran las habilidades que ellos necesitan. Por último, escuche todos los comentarios e ideas que ellos generen a través del tiempo.

Verá que las personas a su alrededor, empleados y clientes, muchas veces tendrán ideas totalmente diferentes a las suyas. Es fácil descontar muchas de esas ideas como disparatadas, como no bien pensadas, como fuera de lugar. Pero en el medio de un pajar de ideas, encontrará agujas de ideas genuinamente buenas que serán las semillas de las cuales brotarán sus futuros servicios y productos. Tenga constantemente sus imanes consigo, de manera que pueda detectar esas agujas.

Para obtener estas ideas, resulta fundamental aceptar que todo el mundo es diferente, piensa diferente, y tiene diferentes metas en su vida. Todos nosotros podemos en cualquier momento hacerlo mucho mejor. Afortunadamente. ¿Se imagina que experiencia tan aleccionadora sería, si un día pudiera determinar que en ese punto está cumpliendo con el máximo de su potencial? No juzgue a las personas a su alrededor. No imponga su criterio a las personas cercanas. Acepte y valore a las personas como son y por lo que son. Juzgar a cualquiera positivamente o negativamente, repercute en usted. De nuevo, según Paulo Coelho, *"Nunca podemos juzgar las vidas de otros, porque solo cada persona conoce sus penas y sacrificios. Una cosa es creer que está en el camino correcto, pero otra es pensar que su camino es el único."*

Malcom Gladwell, en *Outliers*, señala que se necesitan al menos diez mil horas de práctica para ser excepcionalmente bueno en cualquier cosa. Fueron diez mil horas tocando juntos las que permitieron a los Beatles tocar armoniosamente e integrar la lírica y el sonido de la manera que lo hicieron. Fue el acceso a muchas computadoras desde una edad muy temprana, lo que le dio a Bill Gates una ventaja cuando comenzó en el negocio de la informática.

Nosotros, en nuestro negocio, resultamos realmente buenos en dar soluciones al cumplimiento de tasa internacional para personas en los mercados emergentes, después de viajar año tras año de ciudad en ciudad, visitando miles de asesores de impuestos, miles de gerentes de inversiones y miles de firmas internacionales de servicios legales. Combinar la experiencia ganada en las muchas visitas nos ayudó a crear soluciones cada vez mejores, construyendo experiencia sobre experiencia, haciendo los ajustes pertinentes cada vez que una ley cambiaba, una regulación se modificaba o una corriente de pensamiento se revertía. .Mucho después de haber prestado servicios a más de diez mil clientes, continuamos creando pequeños grupos de estudio, discutiendo nuevas soluciones para problemas familiares, o ajustando soluciones familiares para nuevos problemas. La muerte y los impuestos permanecerán siempre constantes, de manera que nuestro negocio continuará existiendo mientras permanezcamos en la vanguardia de nuestra esfera. Igualmente, en gran medida la zapatería necesita asegurarse de contar en su tienda con la moda para la próxima temporada, mientras que un restaurant tiene que ajustarse a los últimos gustos de la clientela, y el productor de mercancías de consumo necesita tomar la delantera a sus competidores con la producción de los últimos dispositivos.

Nada de esto es un proceso científico. Como empresario, es su deber sintetizar sus propias ideas y las de sus colegas o empleados en acciones concretas. Deberá ser capaz de sentir las necesidades no expresadas de sus clientes y prepararse para que soplen los vientos de cambio.

Esto no siempre es tan fácil. Se dice que Henry Ford, quien producía carruajes antes de entrar en el negocio de los automóviles, una vez expresó: *"Si le hubiera preguntado a mis clientes lo que ellos querían, sin duda hubieran pedido un caballo más rápido."* El automóvil les dio un salto espectacular hacia una nueva forma de transportarse. Necesitará encontrar estos saltos espectaculares. Construir la innovación o crear la mejora que significa un cambio verdadero. Esto demandará intuición y requerirá un amor muy profundo por servir a los demás. Y, como sucede con muchos otros procesos de aprendizaje en nuestras vidas, nunca llegaremos a la perfección.

"Después de un tiempo, uno aprende la sutil diferencia
Entre sostener una mano y encadenar un alma,
Y uno aprende que amor no significa inclinarse
Y compañía no significa seguridad

Y uno empieza a aprender que los besos no son contratos
Y los regalos no son promesas,
Y uno empieza a aceptar sus derrotas
Con la cabeza alta y los ojos abiertos

Con la gracia de una mujer y no con la tristeza de un niño,
Y uno aprende a construir todos sus caminos en el hoy
Porque la tierra de mañana es muy incierta para hacer planes
Y el futuro tiene una manera de caer en pleno vuelo

Después de un tiempo uno aprende…
Que hasta el brillo del sol quema si es demasiado.

Toine Knipping

Así que plante su jardín y decore su propia alma,
En lugar de esperar que alguien le traiga flores

Y uno aprende que realmente puede resistir...
Que realmente es fuerte
Y realmente tiene valor
Y uno aprende y aprende…
Con cada adiós aprende"

–Jorge Luis Borges

Capítulo 7: ¿Cuál es la importancia de tener excelente calidad?

"Lo bueno, es el enemigo de lo genial"

–Jim Collins

Todos los gurús en temas de negocios, coinciden en que la necesidad de ofrecer una calidad excelente es absolutamente fundamental. En cualquier negocio en el que opere, necesitará sobresalir de la multitud, distinguirse en lo que hace y hacer que los clientes vuelvan por más. Cualquier cosa que sea menor a la excelencia, simplemente no es lo suficientemente bueno. Compare esto con una cirugía con un puntaje del 90%. Esta marca sencillamente no es suficientemente buena. Escalar el 95% de una montaña no lo llevará a la cima, y un registro de seguridad del 99% en una aerolínea parecerá bastante mala a los viajeros frecuentes. Va a necesitar, en todo momento, crear un impulso constante de calidad en su negocio.

¿Qué es excelencia? Lo que hace a su producto o servicio excelente depende de cuáles son las cualidades que atraen a los clientes. Si gestiona un restaurante, es la combinación de calidad, sabor, originalidad y precio de la comida, así como la amabilidad de los meseros, la atmósfera del establecimiento y la conveniencia de la ubicación lo que impulsa su excelencia. En un *"buen"* restaurante, esperará más por su comida que en un comercio de comida rápida. De manera que la velocidad del servicio no es lo que hace la diferencia fundamental.

En nuestro negocio Amicorp (implementación y mantenimiento de vehículos corporativos que se utilizan en impuestos internacionales) la velocidad es el elemento que hace la gran diferencia, ya que usualmente hay inversiones y transacciones comerciales que están esperando que la organización este ordenada. Es también esencial que la estructura funcione perfectamente, desde un punto de vista legal, administrativo y regulatorio. Debe continuar trabajando año tras año, siendo actualizada cada vez que las circunstancias externas lo demanden. Para nosotros, *"la repuesta en veinticuatro horas", "el principio de los cuatro ojos"* y la *"cláusula de dos firmas"* están en el corazón de nuestros manuales de operaciones, ya que estas tres reglas captan la mayoría de las cualidades claves que el cliente necesita de nosotros (servicios rápidos, capacidad intelectual y seguridad considerando los activos de los clientes). Como resultado, tenemos clientes que son hijos de clientes que tuvimos diez o quince años atrás. Trabajamos con mediadores durante el curso de sus carreras, manteniéndonos en contacto con ellos en la medida en que se mueven de una firma a otra y ascienden en la escala corporativa.

Los factores que hacen la diferencia, varían ampliamente de industria en industria. Es imperativo entender que es lo que puede colocarlo en un lugar distinto que sus competidores y que es importante para sus clientes. Wal-Mart intencionalmente diseñó salas de reuniones modestas, como una manera de comunicar a sus proveedores la necesidad del precio más bajo posible. Banqueros privados y banqueros de inversiones tienen oficinas muy lujosas y salones de reuniones opulentos para impresionar a los clientes con su éxito y crear una atmósfera de *"el dinero no es un problema"*. En un ambiente de negocio-a-negocio puede sentirse obligado a dirigirse a varias capas de clientes al mismo tiempo. El intermediario puede estar muy preocupado por el precio, mientras que el usuario final pone más énfasis en facilidad de uso y servicio personal. Hay que satisfacer a ambos para cerrar el negocio. A Conrad Hilton, el fundador de la cadena de hoteles Hilton, en una ocasión le pidieron dar el discurso principal en un acto en su honor. Cientos de personas se habían reunido en el *auditorium* para tratar de captar algunos de sus *secretos para el éxito*. Él caminó hasta el podio, miró alrededor de los espectadores reunidos, y dijo: *"Recuerden introducir las cortinas de ducha en los tubos de baño."* Entonces dejó el podio y volvió a su asiento. Pudo haber sido un corto discurso enigmático, pero él hizo énfasis exactamente en la esencia del tema *"preocuparse por los detalles de todos los días"*.

Para la celebración de nuestro quinto aniversario, llevamos a todos nuestros empleados a un recorrido detrás de la escena de Disneyworld en Orlando, Florida. Entre otras cosas, visitamos los estudios donde se producen los dibujos animados de Disney. Nos mostraron algunas versiones diferentes del gran lobo feroz persiguiendo algunos chanchitos alrededor de una habitación, tirando todos los muebles alrededor y golpeando las lámparas. Nosotros teníamos que comentar cual versión considerábamos mejor y porque. Todos escogimos las mismas escenas. Solamente después que ellos nos lo explicaron pudimos ver que en las escenas que más nos gustaban, las sombras de los chanchitos y de los muebles se movían en sincronización con el balanceo de las lámparas. *Golpear la lámpara* era una expresión estándar en el estudio para hacer que una caricatura luciera tan realista como fuese posible. Nosotros convertimos esa expresión en nuestra compañía a *mantener el reloj con cuerda,* refiriéndonos a un viejo reloj en nuestra sala de reuniones principal, al que era necesario dar cuerda cada cierto número de días. Sin que nadie tuviera la responsabilidad de mantenerlo funcionando, todos religiosamente miraban el reloj al entrar en el salón de reuniones para asegurase que el reloj tenía suficiente cuerda.

Lo que es importante para los clientes, cambia con el paso del tiempo. Las grandes compañías preservan su núcleo de valores y su misión, mientras que sus estrategias de negocios y sus prácticas operacionales se modifican constantemente para adaptarse a un mundo cambiante. Ellos combinan aquello con lo que sus líderes están profundamente apasionados, con aquello en lo que son capaces de ser los mejores, y al mismo tiempo lo que tiene sentido desde el punto de vista económico. Una gran compañía no es necesariamente una compañía gigantesca. Puede suceder que un pequeño restaurant o un pequeño grupo de profesionales sean también geniales, si la grandeza es a lo que ellos aspiran. Un libro como *From Good to Great* de Jim Collins, describe perfectamente aquellos pasos que las compañías gigantescas han tomado para convertirse realmente en una gran compañía.

Para hacer que esos pasos funcionen en su emprendimiento empresarial, empiece por usar algo de imaginación creativa; visualice como la grandeza será definida y determine qué elementos de calidad necesitará a fin de hacer de su empresa un éxito. Entonces imagínese como si ya lo hubiese logrado. Esto lo ayudará a creer en su capacidad de alcanzar esas metas. Cuando Arnold Schwarzenegger fue electo Gobernador de California, describió esto de la manera siguiente: *"Me visualicé a mí mismo, siendo y teniendo lo que yo quería tener... Antes de que ganara mi primer título de Mr. Universo, caminé alrededor del torneo como si yo fuera su dueño...Yo lo había ganado tantas veces en mi mente, que no tenía duda que lo ganaría. Luego, cuando entré en las películas, me sucedió lo mismo. Me visualizaba a mí mismo siendo un actor famoso y ganando una gran cantidad de dinero. Simplemente sabía que eso pasaría."*

Mis aspiraciones nunca incluyeron ser Mr. Universo, ya que entiendo que nuestras metas tienen que ser específicas, medibles, alcanzables, realistas y oportunas. (Las clásicas metas inteligentes -S.M.A.R.T. en inglés- según las iniciales de estas palabras en ese idioma.) Si se reúne con un posible cliente y actúa como si estuviera desesperado por concluir una venta, entonces no concluirá la venta. Si actúa con seguridad e irradia éxito, sin duda encontrará el éxito. La manera en que piensa, la manera en que actúa e incluso la forma en que se viste, todos contribuyen a su éxito. Ensaye el proceso numerosas veces, anticipe las preguntas que le harán y prepare respuestas de alta calidad para contestarlas. Practicar la perfección hace la perfección, hacer algo diez mil veces le hace un maestro, independientemente de su talento inicial.

Uno de nuestros clientes, un experimentado administrador de activos, consiguió una reunión con Bernie Madoff. Nuestro cliente estaba tratando de colocar una cantidad significativa de dinero en su fondo de cobertura, que en esos momentos era extraordinariamente exitoso. Madoff le dijo que tenía poco tiempo, sus fondos ya estaban cerrados y él no podía aceptar inversiones adicionales. Esto trajo como resultado que nuestro cliente le rogara y le suplicara una oportunidad para invertir dinero en su fondo. Al final, nuestro cliente estaba muy complacido pues Madoff estuvo de acuerdo en *"aceptarle solamente veinte millones de dólares."* La conducta humilde y de auto-confianza de Madoff, así como los informes de los analistas, nunca ni por un momento dieron origen a dudas sobre el extraordinario e inusual desempeño de sus fondos. Bueno… no hasta que la casa de naipes completa colapsó.

Una vez que se ha imaginado alcanzando sus metas, visualizando los resultados y practicando los movimientos, es mucho más fácil lograr realmente los resultados. Recordar lo orgulloso que se sentía cuando llegó a estas metas, aún si en este momento es solamente en su mente, lo ayuda a mantenerse motivado para el largo recorrido.

Aprender a aplicar sueños lúcidos (donde trata de guiar su subconsciente hacia las metas de su vida mientras duerme) lo ayuda a ser mucho más eficiente. Muchos libros se han escrito sobre el tema. La forma en que yo lo hago es simple. En el momento que estoy listo para dormir, organizo mis pensamientos y selecciono un tema que me gustaría resolver. Lo trato y lo formulo para mí mismo tan claramente como puedo, y trato de mirarlo desde todos los ángulos, asignando claramente las posibles soluciones que veo como solo algunas de las posibles soluciones. Con estos pensamientos como los últimos del día, apago las luces y voy a dormir. La parte más difícil se produce cuando me despierto en medio de la noche o temprano en la mañana. Entonces debo recordar lo que soné antes de estar totalmente despierto y apresurarme en ir al baño. Me ayuda escribir los pensamientos y las soluciones a las que llegué durante la noche, pero esto requiere de cierto nivel de disciplina. Mediante la práctica mejorará, y después de un tiempo es sorprendente lo que puede lograr durante la noche.

Estudios de la Universidad de Harvard muestran que las personas con metas personales escritas y claramente definidas, hicieron diez veces más dinero diez años después de su graduación que los graduados sin metas claramente definidas en la vida. Soñar con determinación sobre sus retos y metas le ayudará drásticamente a salir adelante.

Cuando se encuentre en una situación difícil, le ayudará imaginar que nunca se rendirá. Sea fuerte y niéguese a cualquier retroceso que le impida alcanzar sus metas. Una solución para la situación que se le presenta en ese momento, está cercana, y usted va a encontrar esa solución. Crea que es capaz de implementar esa solución, y no se sorprenda cuando el éxito le encuentre. Si su posición carga con una tremenda cantidad de responsabilidad, visualícese tomando importantes decisiones. Considere la responsabilidad como una oportunidad y no como una carga. Imagínese encontrando la solución correcta a un problema difícil y disfrute guiar a su equipo hacia el éxito. Finalmente, comparta el reconocimiento y los buenos sentimientos asociados al éxito.

No olvide que Gautama Buddha dijo: *"Lo que pensemos es en lo que nos convertimos."* Esas son palabras que deben ser interpretadas de una manera totalmente literal. La visualización y los sueños lúcidos, ayudan a que suceda lo que pensamos, usando el poder de nuestra imaginación y nuestra energía, estamos listos para influenciar y alinear el universo alrededor de nosotros, de manera tal que podamos realizar nuestros sueños y alcanzar nuestras metas. Practicar situaciones en nuestra imaginación nos ayudará a encontrar soluciones antes de que la situación realmente se cree, y como resultado entregaremos resultados de una calidad superiores que si no lo hacemos. Nunca seremos capaces de entender todo acerca de *todas* las complejidades del universo. Tenemos solo un cuerpo, y este contiene un cerebro de no más de tres libras de gelatina electroquímica.

Puede sonar raro, pero nosotros conocemos a través de la neurobiología que el cerebro siempre está tratando de empujar cualquier cosa que esté en nuestra conciencia hacia lo inconsciente, porque los procesos inconscientes son más rápidos, más mecánicos y más automáticos. De acuerdo con Sudhir Kakar: *"Se podría incluso decir que para el cerebro lo consciente es algo que debe ser evitado. Nosotros hablamos, oímos, caminamos automáticamente, reaccionamos automáticamente a la mayor parte de las situaciones y hacemos nuestras valoraciones emocionales desde el corazón (o desde el estómago, dependiendo de la metáfora que se prefiera) y no desde la cabeza. Esto no es sorprendente, considerando la complejidad del cerebro, con sus cientos de miles de millones de neuronas. Incluso algo tan simple como ver el color en una pintura involucra un complejo y gigantesco conjunto de actividad mental inconsciente. Los investigadores del cerebro estiman que nuestra base de datos subconsciente supera la consciente en un orden que excede diez, y en algunos cálculos cien millones a uno."*

He vivido en varios países durante el curso de mi vida laboral, y todavía voy al mismo sastre en Singapur y el mismo dentista en Curazao. No es solamente porque soy una criatura de hábitos (como todos los demás) que continuo yendo a ellos, sino porque me gustan esas personas y considero que ellos entregan calidad. El año pasado necesité la extracción de una muela. El dentista al que yo he estado acudiendo por años, me dio la noticia de que la muela no podía ser salvada-como si una persona amada de la familia fuese a morir- y parecía estar mucho más conmovido por la pérdida que yo. El sentimiento que me trasmitió es que él realmente *se preocupa* por mí y mis problemas dentales, y esa preocupación me incentiva a permanecer con él, mucho más que sus habilidades técnicas o el precio por hora de sus facturas. De manera que *cuidado* es lo que yo relaciono con calidad en estos casos. Si usted piensa sobre esto, *cuidado* es lo que desea en la mayoría de los servicios personales.

En muchos negocios los clientes están motivados en última instancia por el cuidado personal que reciben. ¿Por qué un buen restaurante se siente mejor que otro? ¿Por qué un buen vino es mejor que otro? Todo es muy subjetivo. Esto se reduce a como el servicio o el producto le hacen sentir.

La consistencia en transmitir el sentimiento de que la calidad de sus productos o servicios excede la calidad de todos los demás productos y servicios en su esfera, puede ser ampliada por un mercadeo inteligente y técnicas de venta, así como implementando sistemas de calidad. Ya sea las normas de calidad ISO, o los *Six Sigma* con sus cinturones verdes y negros, o los muy útiles principios *kaizen,* que involucra a todos en la organización en hacer pequeñas mejoras inmediatas y empodera a las personas a detener procesos probadamente inútiles, es necesario escoger algo que funcione para usted. Pero recuerde, al final son sus sueños, cuidado, entusiasmo y disciplina lo que hacen a su compañía realmente grandiosa. Las normas de calidad de ISO o *Six Sigma,* no moverán a todo el universo a alinearse a su favor, pero usted y su energía lo alinearán.

El Senador Ben Nighthorse Campbell, un cheyenne de la tribu de Morning Star, nos ha dado las siguientes sabias palabras: *"El costo de la excelencia es la disciplina. El costo de la mediocridad es decepción. El costo de la apatía es el mayor, porque el costo de la apatía es el fracaso."*

Nunca acepte la mediocridad, nunca se conforme con lo suficientemente bueno. Nunca este satisfecho. Nada detiene a una organización más rápidamente que las personas que creen que el modo en que trabajó ayer es el mejor modo de trabajar mañana. Las personas que están satisfechas con menos que la máxima calidad arruinarán finalmente su compañía; no se asocie con ellos. *"Pero siempre lo hemos hecho de ese modo"* debe ser una razón legalmente reconocida para el despido inmediato. El momento en que se conforme, es el momento en que ha llegado al final del crecimiento, al final de la mejoría, y al final de la innovación, y muy pronto se volverá historia.

Sabrá instintivamente donde encontrar la excelencia. Implementar y producir excelencia es meramente trabajo duro. Es en primer lugar la razón por la que se convirtió en empresario. El mejor lugar para buscar la excelencia es dentro de sí mismo. Aplique constantemente y consistentemente la *mentalidad de la abundancia*. Comparta todo lo que tenga, incluyendo sus ideas, sueños, planes y entusiasmo, y más y más las personas a su alrededor lo seguirán. Deje que desaparezcan aquellos que no lo siguen en un esfuerzo diario por la calidad máxima. No se conforme con la calidad mediocre. Debe ser capaz de mirarse a los ojos cada día y decir confiadamente: *"Esto es lo mejor que puedo hacer."* El resto es simplemente hacerlo.

"No hay un momento en que no sienta la presencia de un testigo, cuyos ojos lo ven todo y con quien me esfuerzo por mantenerme en sintonía. La verdad es lo que su 'voz interior' le dice."

–Mohandas Gandhi

Capítulo 8; ¿Cómo se define la misión, visión y valores corporativos?

"Seamos realistas, y hagamos lo imposible"

–Ernesto 'Che' Guevara

Como empresario, debe tener una razón de peso por la que su compañía existe. Esta razón, es la que en primer lugar lo inspiró a entrar en el negocio y lo que inspirará a otros a unirse a su organización. No se trata de elaborar un manual sobre la misión y simplemente ponerla en un papel, sino más bien de entender y compartir con todos lo siguiente: ¿Por qué existe este negocio? La misión de la organización es similar a la luz de un faro; es una guía, un recordatorio de por qué la organización existe. En esencia, es el propósito de la organización.

Aunque se le llama *declaración de la misión de la organización*, es, por supuesto, una declaración de la misión de usted, el empresario, y del resto de su equipo. Una organización, por sólida y duradera que sea, permanece solo como una entidad legal; no es un ser viviente y no tiene por sí misma una misión, corazón, alma, espíritu, ética o guía moral. Solamente la gente que la dirige y administra le da vida, y la provee de un significado y un propósito. La declaración de misión describe aquello que le da sentido a su vida, como maneja y le da forma a su *Dharma* en la vida. Para el resto de los miembros del equipo, la declaración de misión debe resonar con sus misiones en la vida y en el camino que escojan.

Hay muchos ejemplos de una buena declaración de misión. Yo creo que la *"No seas malo"* de Google es la más conocida. Está basada en la tradición Budista de veinticinco siglos de los cinco preceptos morales: no matar, no robar, no cometer actos violentos, decir la verdad y abstenerse de consumir sustancias que oscurezcan la mente. Es importante no ser malo, porque serlo nos causará pena y sufrimiento. Sufrimiento es lo que tratamos de evitar.

Cuando nosotros nos pusimos manos a la obra a realizar nuestra declaración, dedicamos un par de tardes lluviosas a hacer una tormenta de ideas sobre lo que nosotros, como seres humanos realmente representábamos y lo que queríamos lograr con la compañía. Aunque pueda parecer parte de un proceso democrático, al final la misión, la visión y los valores, no se pueden negociar. Tienen que ser una clara selección, dar una clara dirección a la compañía para los siguientes años. Las personas que se unen a la compañía a partir de ese momento tienen que suscribirlos o irse.

Básicamente, nosotros somos activos en dos tipos distintos de negocios: ejecución de planificación fiscal internacional y tercerización de los procedimientos de negocios.

La planificación fiscal internacional es simplemente la estructuración de inversiones internacionales y flujos de ingresos de manera tal que se incurra en la menor cantidad de pagos por concepto de impuestos en el proceso. Los países con los acuerdos de doble imposición y/o sistemas impositivos más eficientes, atraerán, desde luego, más negocios y más inversión extranjera que aquellos que son menos eficientes. No es de extrañar que los países con mayor apertura comercial tales como Gran Bretaña, los Estados Unidos, Holanda, Suiza, Luxemburgo, Hong Kong, Singapur y Dubái, tengan las principales ventajas fiscales y sean usados por residentes de otros países como paraísos fiscales.

Cuando mis hijos eran pequeños, me preguntaban en qué consistía mi trabajo. Yo recuerdo decirles que hacía más o menos lo mismo que Robin Hood, tomaba dinero del Sheriff de Nottingham y se lo daba a los necesitados para propósitos más útiles.

La tercerización del proceso de negocios se percibe por muchas personas como robar empleos de buena calidad a personas que trabajan duro en países bien organizados de altos ingresos (Europa Occidental, Japón y los Estados Unidos de América) y trasladarlos a lugares lejanos donde trabajadores y niños mal pagados y mal alimentados en talleres clandestinos, producen mercancías y servicios con el único objetivo de generar más ganancias a los productores. En algún lugar en medio del camino, las personas tienden a olvidar que muchas de las mercancías y servicios de que ellos disfrutan les son accesibles solamente porque se producen en países de bajos costos. Si las mercancías y los servicios fuesen producidas a los costos de producción *locales,* las personas no tendrían el nivel de satisfacción material que hoy tienen. A nivel personal, siento una gran satisfacción y orgullo en saber que nosotros creamos empleos estimulantes, de alta calidad y bien pagados en un número de mercados emergentes.

De manera que después de varias sesiones de tormenta de ideas, llegamos a la siguiente declaración de misión: *Amicorp ofrece excelencia que brinda paz mental a sus clientes, ahorrándoles impuestos, tiempo y dinero.* La paz mental para nuestros clientes, así como el ahorro de costos y tiempo vienen de la cuidadosa optimización de las soluciones de planificación de impuestos y de la entrega de servicios legales y administrativos leales y confiables. Nuestra declaración puede parecer un poco aburrida, pero de nuevo, *nosotros no estamos poniendo mil canciones en su bolsillo* o *enviando un hombre a la luna*.

Si está haciendo algo tan interesante como esto, definitivamente hágalo parte de su declaración de misión. No escriba en su declaración de misión aquellas cosas que no le inspiran o motivan tanto a usted, como a sus empleados o a sus clientes. Declaraciones tales como *crear riqueza para los accionistas* o algo negativo como *vencer a los competidores* carece de un espíritu positivo y de pasión. Como empresario, debe existir alineamiento y sinergia entre su misión corporativa y su misión en la vida. En tanto esté vivo, su misión en la vida no está completa. Lo mismo puede decirse de su misión corporativa; si ya se ha logrado, no es lo suficientemente ambiciosa. Como el corredor de autos Mario Andretti dijo, *"Si las cosas parecen estar bajo control, entonces no va lo suficientemente rápido."*

Después de la declaración de misión viene lo que George W. Bush, ex Presidente de los Estados Unidos llamó *"la cosa de la visión."*

La visión básicamente explica cómo le dará forma a su misión. La misión no debe cambiar durante el tiempo de vida de la compañía. La visión debe ser ajustada cuando las circunstancias cambien sustancialmente. La visión debe referirse a lo que Jim Collins, el escritor de *Built to Last* se refiere como *"Metas grandes, temibles y audaces."* Nosotros escogimos una visión cuando éramos aún pequeños (y sonaba un poco pretenciosa): *convertirnos en una de las diez primeras compañías fiduciarias del mundo y ser la mejor de todas en los mercados emergentes, además de ser sólidamente rentables, proveyendo un ambiente de trabajo seguro y estable para nuestros empleados, teniendo conciencia ambientalista y contribuyendo positivamente a las comunidades en las que estamos activos."* Hemos andado un buen trecho para llegar allí; pronto llegará el momento de ajustar la visión. Nuestra misión y nuestros valores seguirán siendo los mismos, aunque los términos puedan ser actualizados de vez en cuando.

Tiene que pintar sus metas a grandes rasgos. Estas deben ser ambiciosas pero no imposibles de alcanzar. Es necesario que lo inspiren tanto a usted como a sus empleados y a sus clientes. De manera que una meta que enfatice su deseo de ganar mucho dinero, o simplemente crear riquezas para los accionistas, puede inspirarlo a usted, pero no a muchas personas a su alrededor.

Una vez que ha formulado su declaración de misión y su visión para los próximos cinco años, el siguiente paso es describir los valores claves que quiere que la compañía tenga. Estos valores claves fijaran los límites dentro de los cuales operará.

En nuestra compañía hemos seleccionado el siguiente conjunto de valores:

- Integridad y honestidad
- Lealtad y trabajo en equipo
- Calidad y cuidado
- Respeto e igualdad

¿Por qué escogimos estos valores y no otros?

Nosotros escogimos *integridad* como un valor, porque en nuestro negocio es muy importante hacer lo que prometemos y prometer solo lo que podemos realmente ofrecer. También queremos dejar claro que actuamos dentro de los límites de la ley, y más importante aún, mantenemos a nuestros clientes dentro de los límites de la ley. Muchas personas que no están familiarizadas con nuestro negocio creen que la planeación fiscal internacional, se refiere a la evasión de impuestos, trasladar activos no declarados a paraísos fiscales de dudosa reputación y financiar a terroristas y narcotraficantes. La película *The Firm* (Title in Spain: La tapadera / Title in Venezuela: Fachada) primero pintó este cuadro de nuestra industria, y esto fue entonces fortalecido por los escándalos que involucraron a compañías como Enron y Parmalat. Igual que la gente que vende cuchillos corre el riesgo de que su producto sea usado para apuñalar a alguien, el tipo de estructuras corporativas que establecemos para nuestros clientes pueden ser usadas, y a veces son usadas, por personas que evaden impuestos, esconden activos sujetos a imposición fiscal, y disfrazan ganancias ilícitas, etc.

Escogimos *trabajo en equipo* como un valor porque en nuestro negocio, los empleados necesitan ser capaces de cooperar uno con el otro para entregar un servicio superior. En nuestro caso, por regla general los clientes usan los servicios en un país distinto a aquel en que residen, y la mayor parte del tiempo dos o tres de nuestras oficinas están involucradas con el mismo servicio al cliente. Esto significa que hay que hacer acuerdos internos, y todos tienen que ser capaces de confiar en esos acuerdos. No es una opción decirle a un cliente que usted no puede entregar porque un colega falló en completar su parte del trabajo a tiempo. Consecuentemente, todos tienen que trabajar de conjunto para asegurar la entrega a tiempo.

Cuando algo no puede ser entregado a tiempo, o cuando la calidad resulta inferior, el cliente debe ser informado lo antes posible. Esto funciona mejor cuando usted ofrece menos y entrega más. Si los colegas son *honestos* el uno con el otro sobre sus fortalezas y debilidades, los equipos pueden trabajar juntos con expectativas realistas, y la organización puede obtener el mayor beneficio de lo que cada miembro individual puede lograr.

Escogimos *lealtad* como un valor, porque es importante apoyar a nuestros empleados y clientes en tiempos buenos y malos. Nosotros queremos ser un proveedor de servicios para una familia o un negocio por muchos años. La duración promedio de nuestra retención de clientes es quince años, y tenemos varios clientes que son los hijos de algunos de nuestros clientes originales. Hasta el momento no hemos tenido que dejar a ninguno de nuestros empleados debido a periodos de dificultades económicas. Constantemente nos mantenemos a la cabeza de las motivaciones, actitudes y productividad de todos. Entendemos que no todos son 100 % productivos todo el tiempo, y nos percatamos de que la vida de toda persona tiene sus periodos difíciles. En esos momentos queremos apoyar a nuestros empleados. Por otra parte, cuando los empleados demuestran una pobre actitud perpetuamente o ya no pueden auto-motivarse, la lealtad llega a su límite y es mejor para todos los involucrados terminar la relación laboral.

La *Calidad* fue otro valor obvio, ya que es el único modo que podemos superar y desplazar a nuestros competidores. Hemos logrado un crecimiento por encima del promedio por casi veinte años, hemos ganado e incrementado consistentemente nuestra cuota de mercado, compitiendo sobre la base de calidad, profundidad y sofisticación de nuestros servicios. Si nos hubiésemos conformado o tomado a nuestra competencia como una referencia, no hubiéramos llegado tan lejos. De acuerdo con Leonardo da Vinci: *"La simplicidad es la máxima sofisticación."*

Las relaciones a largo plazo no pueden desarrollarse con los empleados, clientes y otros accionistas sin *cuidarlos* de manera extrema. Darles a los empleados la libertad de cometer errores, de salir y tratar nuevas cosas, de crear la siguiente generación de soluciones, y encontrar nuevas fórmulas de hacernos sobresalir de la multitud, son todas formas en que demostramos nuestro *cuidado*. Siempre tratamos de no agobiar a nuestros empleados con reglas excesivas, y somos flexibles en el manejo de cuestiones personales de importancia.

Respeto fue escogido como un valor central, pues trabajamos en un ambiente global de diversidad cultural. En nuestra compañía, nuestros clientes proceden de casi cien diferentes países. La mitad de nuestros empleados viven en Asia, una cuarta parte en Europa y otra en las Américas. Venimos de culturas y religiones muy diferentes, y queremos que cada empleado entienda y celebre nuestras diferencias. Queremos que los clientes y proveedores sean igualmente tratados con respeto, porque ellos son la razón por la cual podemos mantenernos en el negocio. El respeto irradiará energía positiva que creará energía positiva con nuestros clientes y proveedores, de este modo se construirá la relación de larga duración por la que nos esforzamos.

La *igualdad* reconoce que todos somos diferentes y debemos ser tratados de modo diferente, de acuerdo con la personalidad que tenemos y los valores que proporcionamos a la compañía, pero reconoce que todos tenemos el mismo valor como seres humanos. Como ser humano, nadie es más importante que el otro, y nadie es tan importante como para que tenga que ganar cien veces más que otro.

Una vez que haya definido su misión, visión y valores corporativos, tiene que predicarlos, enseñarlos y vivirlos cada día. Esto no quiere decir que tiene que anhelar el día en que haya cumplido su misión y alcanzado su visión. Como en todos los demás aspectos de la vida, lo fundamental es el recorrido, el trabajo que generamos, las relaciones que disfrutamos y la felicidad que creamos a lo largo del camino son lo más importante. Dondequiera que nos encontremos ahí es donde estamos y donde debemos disfrutar. No hay un destino, un campo de golf o un retiro que esperar. Vivir es su misión, y su negocio es solo parte de su visión de cómo vivir la vida plenamente. Su misión nunca se logrará completamente mientras viva, porque una vez que todas sus metas en la vida sean alcanzadas, estará listo para dejar esta existencia terrenal.

Comparta la misión, la visión y los valores de la compañía, y asegúrese de que todos en la compañía viven conforme a ellos. Esto hará el resto de su trabajo mucho más fácil, pues la misión y la visión se convertirán en faros para todos, indicando en qué dirección la compañía marchará, mientras que los valores compartidos, fijarán los límites dentro de los cuales todos y todo debe operar. No gaste su tiempo escribiendo manuales detallados con interminables reglas internas que se quedan olvidados y se rompen todo el tiempo. La alineación de la energía y las intenciones y esfuerzos de todos en la compañía hacia sus metas comunes lo harán inconmensurablemente más fuerte que lo que cualquier individuo puede ser cuando está solo, y los beneficios serán cada vez mayores y se acumularan.

"Hasta donde podemos discernir, el único propósito de la existencia humana es encender una luz en la oscuridad de la mera existencia."

–Carl Jung

Capítulo 9: ¿Dónde se encuentra usted?

"Las personas son irracionales, ilógicas y egocéntricas, ámalas de todos modos. Si haces el bien, te acusarán de tener motivos egoístas. Haz el bien de todos modos. Si tienes éxito te ganas amigos falsos y enemigos verdaderos. Ten éxito de todos modos. El bien que hagas hoy será olvidado mañana. Haz el bien de todos modos. La honestidad y la transparencia te hacen vulnerable. Sé honesto y transparente de todos modos. Lo que has tardado años en construir puede ser destruido en una noche. Construye de todos modos. La gente que realmente quiere ayuda puede atacarte si la ayudas. Ayúdale de todos modos. Da al mundo lo mejor que tienes y puede que te hieran. Da al mundo lo mejor que tienes de todos modos."

—Madre Teresa

Gautama Buddha dijo que nos convertimos en lo que pensamos y que todo lo que somos es el resultado de nuestros pensamientos. Muchos estudios científicos recientes han demostrado que nuestra genética y nuestra formación pueden tener algún impacto al comienzo de nuestras vidas, pero que nuestra mente es suficientemente fuerte para hacernos cambiar y alcanzar casi todo lo que queramos. No hay nada novedoso en esta idea: de hecho, tiene más de tres mil años.

"Como un hombre actúe, como se comporte, así se volverá
El que realiza buenas acciones, se vuelve bueno
El que comete crímenes, se vuelve un criminal
Mediante acciones virtuosas, el hombre se vuelve virtuoso
Mediante acciones malas, malo
Se dice que el hombre se convierte en lo que él desea
Su voluntad seguirá sus deseos, como sus acciones su voluntad"

—Brihadaranyaka Upanishad, 4.4.5

Para usted como empresario, estas son buenas noticias. Puede convertirse en quien quiere ser. Aparte de alguna restricción que exista en su mente, solo hay una restricción general, y esto es lo que nosotros llamamos la *Regla de Oro*. Esta se repite en virtualmente todas las culturas del mundo y es universalmente aceptada como tal: *Haz a los demás lo que quieras que los demás te hagan a ti.* Suena simple y realmente lo es. Esto es lo que la hace una regla tan buena. Aplica a cada una y a todas las situaciones. O, en una connotación ligeramente diferente de Oprah Winfrey, *"La integridad real es hacer lo correcto, sabiendo que nadie va a saber si lo hiciste o no."*

Y una versión aún menos ampliamente usada, nos recuerda que quien tiene el oro hace las reglas. El dos por ciento de los habitantes de este mundo posee la mitad de sus riquezas, mientras que la mitad de la población mundial vive con menos de dos dólares al día. Solamente el 1% de la población mundial recibe más de 30 000 dólares anuales. Esta inequidad fundamental es la causa principal de la mayoría de los crímenes, injusticias, guerras y miserias del mundo. Ahora bien, si todo el mundo llegara al nivel promedio de ingresos de los ciudadanos estadounidenses, se necesitarían tres planetas tierra para suministrar los recursos necesarios. Una de nuestras tareas fundamentales mientras estemos en la tierra es corregir esta injusticia y desigualdad.

¿Qué nos impide hacer lo que instintivamente sabemos que es lo correcto? ¿Qué nos impide seguir la Regla de Oro en cada paso y cada día? ¿Qué nos frena para vivir nuestros sueños, para construir algo realmente grande, o para ser lo mejor que podamos ser? Hay muchas cosas que nos detienen; sin embargo, estas restricciones están solo en nuestras mentes. Pueden ser removidas una vez que nos percatemos que nos podemos liberar de ellas. Sudhir Kakar las compara con las sogas que guían al elefante dentro de nosotros. Un elefante pequeño está atado a cierto lugar con una soga gruesa. A pesar de que trata, no puede zafarse de la fuerte soga. Finalmente, se resigna a su suerte y no trata de romperla y liberarse. Después de un tiempo, la soga es reemplazada por una más delgada y el elefante continúa creciendo, pero debido al recuerdo de la soga más fuerte cuando él era un elefante pequeño, nunca trata de probar nuevamente la fuerza de la soga y renuncia a la libertad de la que pudiera disfrutar.

Igualmente nuestra inseguridad, la idea de *"qué pensarán los demás"* es un obstáculo que nos impide liberar nuestra mente, ser creativos, pensar fuera de las casillas, y querer realizar nuestros sueños. Incluso no tratamos de hacer muchas cosas en la vida porque tenemos temor de hacer el papel de tontos. Gastamos una gran parte de nuestra energía protegiéndonos y presentando una buena y moderada imagen. Cuando niños no teníamos esas inhibiciones, y éramos por tanto naturalmente creativos. Dejábamos que los sueños y las realidades se entremezclaran libremente. Pablo Picasso dijo una vez que todos los niños nacen artistas, pero que a la mayoría se les enseña como dejar ir esa habilidad. Es el miedo injustificado a lo desconocido y a lo que pueda pasar, lo que nos hace inseguros. Esto nos frena e impide nuestra creatividad. Cuando avanzamos hacia algo a pesar de este temor, simplemente desaparece, porque lo desconocido se vuelve entonces conocido. El truco es no pensar en términos de vencer el miedo sino más bien vivir con él y existir con él. Cuando dejamos ir nuestras inhibiciones, nos volvemos más creativos.

Muchas personas piensan que no tienen suficientes oportunidades de mostrar su creatividad. Ellos piensan que las oportunidades dependen de otras personas o son creadas por otras personas, y como un resultado directo sus habilidades creativas permanecen inexplotadas. Esto no hace una diferencia para estas personas porque no ser creativo no es un gran inconveniente; esto los mantiene lejos de las luces, evitan ser el centro de atención y de las críticas, y les permite continuar su vida en una desesperación silenciosa. Sin embargo, ser libre y creativo es una alternativa refrescante en un mundo donde muchos piensan que la mayoría de las soluciones vienen ya hechas. Si piensa que ya todo ha sido inventado por personas más inteligentes que usted, y si piensa que tiene poco o nada que añadir a la creación terminada (en ningún lugar de la Biblia se dice que Dios regresó a trabajar el lunes, después que descansó en el séptimo día; y si él hubiera insistido en una semana laboral de cinco días, posiblemente nosotros ni siquiera existiríamos) . Si cree que la mayor parte de las cosas que hace ya han sido investigadas y *la mejor* manera de hacerlas ya han sido descubiertas, entonces cierre este libro ahora y retorne a su empleo de día a día. Sin embargo, si está motivado por este sentimiento de libertad, y está anhelando hacer mejoras en nuestras vidas, en la sociedad y en el mundo, considere la posibilidad de convertirse en un empresario. Esta es la forma de pensar que hace que los empresarios sean diferentes del resto del mundo. *¿Nadie está esperando por usted para mejorar su vida?* Bueno, afortunadamente la mayoría de los empresarios no piensan así. Ellos constantemente se sienten libres y son capaces de lograr y proponernos mejorías en nuestras vidas, nuestra sociedad y nuestro mundo.

La mayoría de nosotros seguimos el camino estándar sin cuestionarlo. Es cierto que ejecutamos un gran número de tareas automáticamente. Muchas de estas tareas rutinarias son útiles, y ceñirnos a ellas nos ayuda a lograr muchas cosas sin siquiera pensar. Ellas nos ahorran tiempo y espacio en nuestra mente consciente, mientras que la mente inconsciente ejecuta la misma rutina una y otra vez. La atención es necesaria para percatarnos de las cosas automáticas que hacemos, retar nuestros pensamientos y hábitos, y si es necesario, los cambia. Los destellos de inspiración en esos momentos, nos ayudarán a inventar nuevas soluciones, mejores vías, e ideas novedosas. Si no somos muy cuidadosos, a través del tiempo desarrollaremos actitudes y suposiciones que nos impedirán pensar creativamente, encerrándonos dentro de las rutinas existentes. Nos volveremos unos prisioneros de la familiaridad, y dejaremos de tener grandes ideas. Como resultado, aun cuando surge la necesidad de que pensemos diferente y generemos nuevas ideas, seremos incapaces de hacerlo.

Una de las grandes debilidades del sistema educacional en la actualidad, es el énfasis en la respuesta correcta a una pregunta o problema. Cuando alguien hace una pregunta, generalmente usted da una respuesta automática en vez de una respuesta original, temiendo que esta pueda estar equivocada. Aun cuando esta forma de actuar lo ayuda a funcionar fluidamente en la sociedad, atenta contra la visualización creativa y el pensamiento original. Los problemas de la vida real son ambiguos. No hay una sola respuesta para cada problema. Pueden haber varias respuestas si se toma el tiempo de pensar sobre ellas. Pueden ser todas contradictorias y sin embargo ser todas correctas.

El miedo al fracaso con que se nos cría, es algo que se refuerza en la escuela. Nunca nos abandona. Para la época en que terminamos nuestros estudios, el miedo al fracaso se ha filtrado en nuestro sistema, y evitaremos situaciones que puedan resultar en fracaso. Somos cuidadosos en todo lo que hacemos. El miedo al fracaso no nos deja tratar nuevas cosas, paralizando nuestra creatividad. El fracaso es muchas veces visto como una medida objetiva de cuán *buenos* somos. Sin embargo, algunas de las grandes invenciones son el resultado de errores monumentales, de pruebas y prototipos descartados.

La creatividad requiere liberar su mente y encontrar la conexión entre las cosas a un nivel más alto. La diversidad de sus intereses y experiencias, amplía su habilidad de encontrar conexiones. Si lee mucho, tendrá más ideas; si logra un equilibrio entre el espíritu, la mente y el cuerpo, se sorprenderá placenteramente al percibir que hay una gran interrelación en casi todas las cosas. Empezará a ver nuevas posibilidades cuando descubre nuevas conexiones. Las grandes invenciones de nuestros tiempos son de alguna manera un reflejo primitivo de lo que la naturaleza ya ha perfeccionado. Un avión, por ejemplo, no ha logrado aún la gracia y la versatilidad de un pájaro, una computadora está lejos de alcanzar la complejidad y el poder creativo del pensamiento del cerebro, y la manera en que las células trabajan de conjunto en el cuerpo humano es infinitivamente más sutil y compleja que la organización más eficiente.

Tenemos la tendencia de sentirnos confundidos por la enormidad y la complejidad del campo unificado de todas las posibilidades, y nos sentimos compelidos a resolver cualquier situación rápidamente, haciendo nuestro mundo sistemático y ordenado nuevamente. Somos propensos a no percatarnos de los problemas básicos en nuestro apuro por actuar de esta forma, y nos inclinamos a simplificar excesivamente nuestro universo. Albert Einstein dijo: *"Si no está confundido, no está pensando claramente."* El universo es infinitamente más complejo que lo que nosotros podemos comprender y expresar, aun cuando somos parte de él y este es parte de nosotros.

Algo en el modo en que nos criamos, o tal vez en nuestro sistema de educación, nos hace querer saber las cosas con seguridad por anticipado, en vez de dejar que sucedan y descubrirlas cuando llegue el momento. En lo que se refiere a pensar creativamente, no saber es bueno; no ser frenado por la forma convencional de pensar y la ambigüedad es fabuloso. La certeza es la enemiga del pensamiento creativo y de la imaginación creativa. Si estamos seguros de algo, no tenemos mucho margen para generar nuevas ideas, resolver problemas, o convertir nuestros sueños en realidades.

La necesidad de un modo estándar de hacer las cosas es perfectamente legítima, pero entonces esto hace surgir un creciente número de reglas que tienden a gobernar nuestras vidas. Mientras que algunas de estas reglas son válidas, otras son totalmente infundadas. El ex Presidente de Egipto Anwar Sadat, declaró: *"Quien no pueda cambiar el tejido de sus pensamientos nunca será capaz de cambiar la realidad, y por tanto, nunca progresará."*

Cuando todos pensamos igual, nadie está pensando. Sin embargo nuestro deseo de pertenecer es muy poderoso, y al final, todo lo que queremos es encajar. Pero adaptarnos no nos va a hacer libres. Todos queremos ser miembros de la tribu e integrarnos, participar en las tareas comunes, y ganarnos nuestro propio pedazo de la carne de la cacería y de las cerezas que son recolectadas por los miembros de la tribu. Para ser libres y creativos es importante tener nuestra propia mente. Para destacarse necesita decir lo que piensa y ser usted mismo; necesita hablar sin reservas. Una y otra vez me sorprende cómo son muy pocas las personas que realmente actúan así; incluso personas que conozco que son expertos en la materia y tienen ideas valiosas. Mohandas Gandhi nos enseñó que *"Un 'No' pronunciado desde una profunda convicción es mejor que un 'Sí' pronunciado meramente para complacer, o peor aún, para evitar problemas."* Yo incluí esta oración en la "firma" de mis mensajes de correo electrónico con la esperanza de atraer a las personas con que trabajo a decir lo que piensan.

Como empresario, a fin de ser creativo, líder efectivo y, tal vez más importante, un hombre de negocios exitoso, necesita rodearse de personas que se atrevan a contradecirlo y provocar que piense creativamente, desafiando sus puntos de vista y cuestionando sus ideas. Muchos empleados son, por supuesto, cuidadosos de no tener una opinión diferente a la suya cuando se trata de grandes problemas, y naturalmente es difícil quedar mal o que se evidencie que está equivocado en tales cuestiones. Sin embargo, es necesario que esto suceda.

Las personas comenzamos nuestras vidas como seres únicos. Todos somos diferentes de los demás como niños y como adultos jóvenes, con nuestros gustos y aversiones propios, sin embargo, cuando entramos en los treinta, nuestras preferencias, necesidades, metas, de alguna manera comienzan a converger. Estos parecen convertirse más y más iguales que los gustos o preferencias de otros. Muchos de nosotros perdemos creatividad, nos volvemos aburridos e igualmente nos aburrimos. Muchos de nosotros incluso nos enorgullecemos de tener posiciones firmes, hábitos arraigados y actitudes inflexibles. Tenemos puntos de vistas fuertes y opiniones inquebrantables. Nos volvemos críticos, bloqueando o ignorando los puntos de vista de los demás. Esto trae como resultado la reducción de nuestras opciones y dejamos nuestras mentes con muchas menos oportunidades. Como consecuencia generamos menos ideas y soluciones. Sin embargo, con una mente abierta, tenemos más opciones, ya que nuestra mente inconsciente alimenta más ideas en nuestra mente consciente. La mayoría de los Premios Nobel son ganados por caballeros viejos, pero el pensamiento original subyacente en la obra de su vida, en la mayoría de los casos se remonta a sus veintes o incluso a su adolescencia. ¿Cuál era la edad de los inventores de Facebook, Macintosh o Microsoft? La lección que debemos aprender: la experiencia y la creatividad no se construyen necesariamente una sobre la otra.

Muchas veces estamos presionados para encontrar una solución, y nos sentimos satisfechos con la primera que viene a nuestra mente. Dejamos de seguir pensando, pero si no hubiéramos dejado de pensar, nuestras ideas subsiguientes podrían haber sido mejores y mejores. Si pensamos, somos creativos y estamos convencidos que encontraremos la solución y las ideas, entonces es seguro que las encontraremos. Desafortunadamente, no siempre nos tomamos el tiempo para hacerlo. Esa es la razón por la que creo que es tan importante usar algún tiempo cada día para vaciar la mente y escapar de nuestra rutina y preocupaciones diarias. Alcanzar un estado de meditación, o *Vipassana,* practicar yoga, ejercicios, o dar una larga caminata y equilibrar su espíritu, mente y cuerpo. Tomar distancia ayuda a liberar y abrir la mente. Esto le permite oír de nuevo la voz en lo profundo de su ser, así como las opiniones de la gente a su alrededor, sin prejuicios.

Una vez que surjan las ideas y que haya formulado sus soluciones, es importante compartirlas con las personas que están a su alrededor. Igualmente, necesitará compartir todo lo demás que tenga: su experiencia, sus sueños y sus dudas.

Cuanto más comparta y dé, más recibirá a cambio. Lo que recibe a cambio no es necesariamente dinero. El dinero no es necesariamente lo que lo hace rico o satisface sus sentidos y necesidades. Como el psicoanalista austriaco Carl Jung señala, *"Ser indeseado, no amado, abandonado, olvidado por todos. Yo pienso que eso es un hambre mayor, una pobreza mayor que la persona que no tiene nada que comer."*

Su verdadera valía está determinada por cuanto más da en valor que lo que recibe en compensación. Cuanto recibirá en compensación está determinado por la cantidad de personas que usted sirve y por lo bien que los sirva con sus actos. Para que esto pase, tiene que ponerse en la posición de los demás, entender sus problemas (cualesquiera que estos sean) y poner el interés de los demás sobre los suyos propios. Cuanto mejor haga esto, más personas lo escucharan. Cuanto más lo escuchen, más lo apoyarán. Y cuanto más lo apoyen, mayor será su influencia.

Para esto, es imprescindible pensar y hablar siempre bien de los demás. Maharishi Mahesh Yogi, en sus comentarios sobre el Bhagavad-Gita escribió, *"Cuando un hombre encuentra faltas y habla mal de los demás, participa de los pecados de aquellos de quienes habla. Lo que surge a la superficie indica lo que ha estado dentro. Si alguien nunca habla mal de los demás, eso significa que tiene un corazón puro, no tiene nada malo adentro. Y si el mal se almacena, entonces el* corazón no es puro. Nunca tenga malos pensamientos de los demás, ni los exprese. Nunca. No es necesario utilizar nuestro tiempo y nuestra energía para pensar y hablar de algo que no mejora nuestra vida, que no nos ayuda a crecer. No vale la pena. Use su tiempo y su energía y obtenga alegría, felicidad, evolución, más capacidad de disfrutar, más habilidad de crear."

La siguiente historia puede ilustrar mejor esta situación. Una vez vivía un Brahmin cuya esposa era una devota seguidora de Gautama Buddha. Al principio él era indulgente sobre su admiración. En la medida en que su fe en el Buddha crecía, el esposo comenzó a sentir celos. Un día, él fue a visitar al Buddha con el plan de hacerle una pregunta que él pensaba que sería incapaz de responder. De esa manera, él creyó, la reverencia de su esposa por el Buddha disminuiría. Cara a cara con él, le preguntó: *"¿Que debe ser eliminado para que podamos ser capaces de vivir en felicidad y paz"?* El Buddha le contestó: *"Para vivir así, debemos eliminar la ira, porque es la ira la que destruye la felicidad y la paz."* Las palabras del Buddha inspiraron de tal manera al esposo que no solo su ira desapareció, sino que también decidió unirse a la orden de los monjes. Eventualmente, se volvió *arahant* o un ser iluminado. Su hermano menor, al conocer esta transformación se enfureció. Se enfrentó al Buddha con un torrente de insultos. El Buddha permaneció sentado tranquilo hasta que aquél hombre terminó. Entonces le preguntó al hombre perturbado: *"Si le sirve comida a un huésped en su casa, y el huésped se marcha sin comer nada, ¿a quién le pertenece la comida?"* El Brahmin, tomado desprevenido, contestó: *"A mí, supongo."* El Buddha dijo calmadamente: *"Cómo el huésped, yo no acepto sus insultos, de manera que estos le pertenecen a usted."* El Brahmin se quedó sin palabras. Al igual que su hermano, se percató de su insensatez y se unió a la orden de los monjes. Los demás monjes que habían presenciado esto, no podían contener su admiración por la habilidad del Buddha para revelar el camino del Dharma incluso a aquellos que le insultaban. El Buddha simplemente les contestó: *"No respondo a un mal con otro mal..."*

Hace muchos años visité el Museo del Louvre Paris y me intrigué con la frágil estatua *Psyche re-animee par le baiser d'amour* de Antonio Canova. La estatua se basaba en un antiguo mito Griego y durante los años lo leí y volví a leer numerosas veces. Es la historia de *"Psyche y Eros"* o *"el alma y el amor"*. Aun cuando la historia tiene muchos serpenteos y giros, la moraleja es simple. El viaje de Psyche por su amor perdido resulta en terribles historias de sufrimiento. La historia nos dice que para que el alma despierte y desarrolle su potencial, el dolor es necesario. Finalmente, ambos se unen y de ahí surge el placer.

Esta historia sobre Psyche y Eros nos dice que el alma tiene dos constantes, es hermosa y llega a sí misma a través del amor. Nos dice que nos volvemos inmortales, no a través de vuelos místicos del espíritu trascendente, sino por camino de arriba hacia abajo de la destrucción, el dolor y la muerte. Tenemos que abrazar la amargura de nuestra alma hecha carne, nuestra mortalidad corporal, antes que alcancemos la inmortalidad al nivel del alma. Contrariamente a la creencia popular de la ascensión a través de la voluntad y el trabajo, autocontrol y auto-negación, esta historia demuestra que la única manera de unir el Alma y el Amor es a través del Placer.

El dolor, el sufrimiento, los desafíos, la muerte, la decepción: todo esto forma parte de nuestra realidad. Pero si nos mantenemos auténticos y damos todo lo que tenemos, especialmente en tiempos desafiantes, vamos a prevalecer. De acuerdo con Martin Luther King Jr. *"La medida definitiva de un hombre no está en cuál es su actitud en momentos confortables y convenientes, sino cuál es su actitud en tiempo de retos y controversias."*

Ofreciendo lo que tiene y lo que es de forma abundante a las personas con las que trata, recibirá mucho más a cambio. El milagro de los panes y los peces (Mateo 15:36-37) va más allá de compartir nuestro almuerzo con algunos miles más. Jesús *"tomó los siete panes y los peces, y antes de dar gracias los partió y los dio a sus discípulos, que a su vez lo dieron a las multitudes. Todos comieron hasta que estuvieron satisfechos."* Con la actitud mental correcta todos ustedes pueden dar en abundancia. Mueva la energía en el universo, y se sorprenderá de lo que pasa a cambio en su modesta compañía emprendedora.

"Las aguas están en constante movimiento, pero la luna mantiene su serenidad. La mente se mueve en respuesta a diez mil situaciones, pero permanece siempre igual"

–Daisetz T. Suzuki

Capítulo 10: ¿Cómo puede ser un líder y ser seguido?

"Cuanto más le importen los débiles, mayor poder tendrá. Cuanto más sirva a aquellos que no tienen influencia, más influencia Dios le dará. Cuanto más humilde sea, más será honrado por los demás."

–Madre Teresa

Sobre liderazgo se han escrito numerosos libros e incontables artículos, algunos son guías detalladas de cómo el líder perfecto piensa y opera; otros incluyen la descripción de figuras heroicas, mientras que otros expresan lecciones de liderazgo a partir de la vida de personas que vivieron mucho antes de que las corporaciones (tal y como las conocemos actualmente) fueran inventadas. Libros como el Arte de la Guerra de Sun Tzu o El Príncipe de Maquiavelo son lecturas interesantes y entretenidas que describen hazañas extraordinarias de individuos excepcionales –o al menos muy excéntricos-. No se deje intimidar por el concepto de liderazgo y no pierda de vista que literalmente cualquiera puede ser líder, siempre y cuando tenga seguidores. No es necesario ser un super humano o recurrir a medidas extremas para ser un líder efectivo. El liderazgo es una aptitud que puede ser adquirida. Ser un líder es una elección que puede hacer conscientemente. El liderazgo es una responsabilidad, no un privilegio, que lo obliga a rendir cuentas al grupo que escoge dirigir. Nadie puede hacerlo líder excepto usted mismo. Y la suerte no tiene nada que ver con esto. No es la suerte la que crea a los líderes, sino los líderes los que crean la suerte. Napoleón Bonaparte usualmente promovía a sus jefes con *"más suerte"* porque reconocía que su *"suerte"* aumentaría con sus responsabilidades. Por eso el viejo adagio, *cuanto más duro trabajo, más suerte tengo*. Las oportunidades que necesita para ser exitoso son creadas, no se encuentran por accidente.

De acuerdo con Sudhir Kakar, investigaciones neurocientíficas recientes usando imágenes del cerebro, han demostrado lo que nosotros, por supuesto, siempre hemos sabido: el cerebro humano es un órgano social. Sus reacciones fisiológicas y neurológicas son directa y profundamente formadas por la interacción social. Un ser humano es primera y principalmente un animal social. Se ha demostrado una y otra vez que las actividades diarias más directamente asociadas con la felicidad son sociales: trabajar en equipo, socializar después del trabajo, participar en una comida con amigos, tener sexo, etc. Ser parte de un grupo que se reúne solamente una vez al mes produce la misma cantidad de felicidad, que la felicidad que le produce duplicar sus ingresos. Muchas de las profesiones que se asocian más íntimamente con la felicidad, son también las más sociales, tales como ejecutivo empresarial, preparador personal y peluquero.

Pero regresando al cerebro social y su importancia para la vida organizacional, el cerebro percibe el lugar de trabajo primera y principalmente como un sistema social. Las personas que se sienten subestimadas o que han perdido la autoestima en el trabajo, perciben esto como un impulso neuronal tan poderoso y doloroso como un golpe en la cabeza. La misma región neuronal involucrada en el sufrimiento del dolor se vuelve también activa en la percepción del dolor físico. La capacidad de abordar intencionalmente o apuntar al cerebro social será una habilidad crítica de liderazgo en los años venideros.

Pienso que esto no se puede lograr mediante la creación de una organización formal, jerárquica, donde las personas tienen un lugar y un espacio determinado por los organigramas, manuales y procedimientos, sino más bien creando una cultura de tribu donde cada miembro es valorado y contribuye según sus capacidades. Esto es donde los empleados se sientan apreciados por su contribución. Los líderes de estas organizaciones dirigen basados en sus ideas, su carisma y la fuerza de su personalidad, y no por el lugar que ocupan en una jerarquía formal. Una jerarquía formal puede arrojar cierta claridad sobre cuál es el papel de cada persona y sus responsabilidades en la organización, pero nunca debe ser un limitante para que las personas sean creativas, tomen responsabilidades, se ayuden los unos a los otros, sirvan a los clientes, tomen decisiones, piensen por la compañía e impulsen la organización hacia adelante. Demasiada estructura, así como demasiadas reglas, procedimientos y formalidades, mata la creatividad en una compañía, y como resultado, sus clientes sufren. Incluso Jack Welch, un muy exitoso propagador de los grandes negocios bien estructurados, reconoce: *"En una organización donde los gerentes miran hacia el Director Ejecutivo, tienen su trasero hacia los consumidores."*

Entonces, ¿Qué necesita para ser un líder efectivo? La siguiente es mi lista la cual no considero sea exhaustiva.

- **Autenticidad.** Sea usted mismo, no trate de copiar las acciones de alguien a quien admira o piensa que es perfecto. No actúe de una manera que parezca poco natural. Fue creado para ser usted ¡Entonces, sea usted mismo! No actúe como alguien que no es. En última instancia su verdadero yo se revelará. Puede enseñar a un tigre a saltar a través de un aro y a sentarse, pero tarde o temprano cuando vuelva la espalda, será de nuevo un depredador.

- **Tenga una visión clara.** Una compañía puede tener solamente una visión, y crearla no es un deporte colectivo; tiene que surgir del líder. Tiene que ser claramente formulada, y debe ser revisitada frecuentemente. Tiene que verse reflejada y vivida a través de sus acciones diarias. Debe ser la vara de medida con la cual todas las acciones de la organización son juzgadas. Dentro de la visión, la creatividad tiene que ser estimulada, y la innovación y la diversidad de ideas alentadas.

- **Coraje.** Alguien tiene que asumir los riesgos, tomar las decisiones y mantener el lugar funcionando. Incluso una tortuga tiene que sacar el cuello a fin de moverse hacia adelante. La responsabilidad es suya. Las personas sin un considerable coraje personal nunca serán buenos líderes. De vez en cuando tendrá que "ir audazmente a donde ningún hombre ha ido antes." Inevitablemente, los errores deben ser reconocidos y abordados rápidamente. En las cuestiones de mayor importancia para su organización, mucha democracia no dará resultados. Las decisiones tímidas no funcionarán, y tampoco los planes mediocres. Pequeñas medidas no lo llevarán a ningún lugar, pero medidas audaces pueden guiarlo al éxito.

- **Pasión.** Si no ama lo que hace casi todos los días, es mejor que deje de hacerlo. La pasión es lo que lo incentiva a vencer los muchos obstáculos que se le presentan diariamente. La pasión es contagiosa, es el lubricante que mantiene el motor de la organización funcionando cuando las cosas no están yendo bien. Sin pasión, no podrá distinguirse positivamente de otros competidores. La pasión es la verdadera base del éxito. Curiosamente, se deriva de la palabra en latín que significa sufrimiento. Los dos van codo a codo. Si no tiene una profunda pasión por su negocio, todos los que están a su alrededor se percatarán inmediatamente y actuarán en consecuencia. Sin su pasión nadie más sentirá pasión.

- **Iniciativa.** Las acciones tienen que tomarse, mientras que el crecimiento y la evolución deben ser dirigidos. La institución y la organización deben ser diseñadas y ajustadas regularmente. Se deben generar ideas y tomar decisiones. No se preocupe si las decisiones son correctas el 100% de las veces, sencillamente tómelas. Más compañías fracasan como resultado de la inercia que como consecuencia de malas decisiones. Y recuerde, no ha fallado en llegar a la meta mientras aun esté respirando. Persiga sus ideas y sobrepase sus metas.

- **Motivación.** Necesitará inspirar a otros a compartir la visión, comprender la misión, vivir según los valores y buscar soluciones colaborativas a los problemas. Sin embargo, recuerde que solo hay una persona para motivarlo, y esa es usted mismo. Su motivación tiene que venir desde adentro. Y la motivación de los demás en su organización tiene que venir desde dentro de ellos. Si no está ahí, será mejor que ellos busquen otra cosa que hacer, otra cosa que encienda su fuego.

- **Compasión.** Todas las personas con quienes trabaja, sean sus colegas, empleados, vendedores, clientes o competidores, tienen sus propias metas personales en la vida. Usted alcanzará sus metas cuando pueda alinear sus acciones de tal manera que los ayude a llegar a sus metas. Tendrá que invertir tiempo y escuchar cuidadosamente los mensajes ocultos en lo que las personas le digan. Su éxito depende del éxito de todos los demás a su alrededor. Se cometerán errores, de hecho muchos, pero sea considerado con los errores que se cometan una vez y duro con los que se cometan reiteradamente.

- **Integridad.** Necesita "practicar lo que predica"; asegúrese que *"dice lo que hace y hace lo que dice."* Si hay inconsistencia entre lo que dice y lo que hace, la gente no lo seguirá. Si por ejemplo, predica la igualdad; no tenga un grupo de empleados que vuela en clase ejecutiva mientras otros vuelan en clase económica. Si promueve la honestidad, no tiene otra opción que despedir a las personas que roben de la compañía, aun cuando sea solamente tiempo de teléfono o material de oficina. La consistencia en todos sus actos es vitalmente importante.

- **Humildad.** Aun cuando esté en la cima de la cadena alimenticia corporativa, no puede hacerlo solo. Sea humilde, agradecido y aprecie cualquier ayuda. Siga estudiando y aprendiendo tanto como pueda. No se *"sobre-recompense"* ni a usted ni a otros en la cima al costo de los que están abajo. Todos son importantes, y todos necesitan participar proporcionalmente en el éxito de la compañía.

- **Brújula moral.** Muchas, si no todas, de estas características son también compartidas por los grandes dictadores, los criminales más exitosos y los más inescrupulosos magnates de negocios. Se necesita una brújula moral para estar seguros que todas las buenas características también apuntan hacia el seguimiento de los caminos y metas correctas, que beneficien a la sociedad como un todo, y no solamente hacia las metas egoístas, criminales y codiciosas de un grupo limitado, que se describe más adelante en el capítulo sobre la felicidad.

Steven Covey, uno de los más influyentes pensadores sobre negocios, ha definido los siguientes Siete Hábitos de las Personas altamente exitosas.

- **Sea proactivo.** Tome responsabilidad por su propia conducta. Usted escoge como se siente bajo cualquier conjunto determinado de circunstancias y cómo reacciona ante la situación. No es la victima de las circunstancias. Usted las crea y las dicta.

- **Comenzar con el fin en mente.** Debe tener una visión y un sueño claro de lo que quiere lograr. Vivir de acuerdo con convicciones y principios profundos, y entender que está vinculado y es responsable por todo lo demás en el universo.

- **Poner lo primero, primero.** Viva una vida disciplinada, concéntrese en lo que es importante y tiene impacto a largo plazo, en oposición a lo que parece urgente pero a la larga no añade valor.

- **Pensar en ganar-ganar.** Entienda que hay *suficiente* para todos. Que para que una persona triunfe, no es necesario que alguien más pierda (mentalidad de la abundancia). Busque soluciones que son sinérgicas, socialmente responsables y tienen el menor impacto ambiental.

- **Piense primero en entender y después en ser entendido.** Escuche con la intención de entender sinceramente los sentimientos, las emociones y las ideas de las otras personas. No saque conclusiones antes de estar seguro que entiende.

- **Sinergizar.** Trate de encontrar soluciones en las que todos ganan. Escoger alternativas para satisfacer las necesidades de todos. Usted es creativo.

- **Afilar la sierra.** Continúe aprendiendo constantemente, use cada experiencia como un modo de mejorar sus habilidades, sentir más profundamente y refinar su pensamiento.

Entonces, ¿Qué significa esto para sus actividades diarias como líder de un equipo de personas? No es necesario tomar esta lista por la mañana y decidir cuál de esas habilidades como líder estará trabajando ese día. Necesitará trabajar en todas ellas todo el tiempo, sin llegar a estar sobre-atareado o estresado. Como líder, necesitara también un tiempo de tranquilidad para reflexionar, pensar y ser creativo. De manera que si añade nuevas tareas a su programa, asegúrese de delegar viejas tareas a otras personas que se sentirán empoderados y motivados por las responsabilidades y autoridad que se les confiere.

Sea usted mismo, sea apasionado en lo que hace; sea lo mejor que pueda ser, otra vez, todos los días. Ame intensamente a todas las personas con quienes trabaja: sus empleados, sus clientes, sus proveedores. Ayúdelos a ser exitosos. Véase a sí mismo como un humilde servidor. Si todos a su alrededor son exitosos, usted también será exitoso.

John Garfinkle dijo: *"La tarea es reconocer que usted es exclusivamente especial, tiene algo que dar, algún talento que nadie más comparte de exactamente el mismo modo. Este don necesita florecer, de manera que podamos apreciar y disfrutar sus beneficios y hacerle un reconocimiento por esto. Se debe esto a sí mismo y a todos nosotros para honrar sus dones, porque solamente cuando comparte su alegría única con el mundo, el mundo entero se beneficia. Todos los avances que la humanidad ha conocido, han surgido como resultado del esfuerzo de alguien. No deje que la timidez le robe a usted y al mundo el poder y la pasión que subyace dentro de su ser. Nadie puede ser todo lo que será excepto usted mismo. Siga su pasión."*

Si ayuda a las personas a su alrededor a ser exitosas, puede gradualmente avanzar de ser el estratega, a ser el visionario. Para utilizar de nuevo una vieja analogía con la guerra, los ejércitos han servido como modelos para organizaciones a gran escala desde mucho antes que los negocios grandes fueran inventados. Los sargentos y los jefes de campo se preocupan de las tácticas como tomar una colina en particular o efectiva y eficientemente alcanzar una meta específica a corto plazo.

Los generales se preocupan más de la estrategia, como conducir una gran operación o un ataque específico. El alto mando militar se preocupa principalmente de la logística, como tener los hombres y materiales adecuados en el momento propicio y el lugar propicio y como superar al enemigo por tener la superioridad tanto en hombres como en materiales. Las guerras son usualmente ganadas sobre la base de la fortaleza relativa de la economía subyacente. La rapidez y eficiencia con que una economía puede financiar, organizar y producir una provisión de material de guerra y hombres, está en relación directa con sus posibilidades de éxito. La Guerra Fría terminó cuando Occidente pudo superar en gastos y desarrollo a la Unión Soviética en su capacidad ofensiva. Es lo mismo con una compañía. Usted vence si es capaz de organizar una fuerza abrumadora o es capaz de desplegar las fuerzas que tiene de una manera tan efectiva y eficientemente que puede superar a la competencia y ganar cuota de mercado y reconocimiento de su marca. Su visión es clave para alinear a todas las personas que hacen la diferencia real.

En 1988 mi esposa y yo visitamos China. En Shanghai hicimos un viaje por el rio Yangtze Kiang y pasamos por los pantanos y areas industriales decadentes de Pudong. Cuando regresamos, vimos en el muelle una pequeña exhibición con un modelo a escala de cómo el paisaje de Pudong luciría veinte años después. Era un paisaje muy futurista, directo de las tiras cómicas de *Jetsons*, las personas que pasaban sonreían al verlo o hacían comentarios sarcásticos o escépticos. Pero veinte años después todo estaba hecho y aún más. El gobierno chino durante los últimos treinta años ha sido extremadamente visionario y meticuloso en convertir sus sueños y visiones en realidades. Como resultado, una gran parte de la población china ha sido sacada de la pobreza en un periodo de tiempo relativamente corto y puede aspirar a una vida mucho mejor. El liderazgo visionario puede, con tiempo, trabajo duro y disciplina, construir cosas increíbles. A pesar de sus obvias insuficiencias, tengo un gran respeto por todo lo que el liderazgo chino ha logrado durante estas tres últimas décadas.

La primera vez (hace mucho tiempo) que yo les dije a algunos de mis más cercanos amigos (confidencialmente) que un grupo de nosotros estaba construyendo (en palabras muy simples) una compañía de 100 millones de dólares, ellos se rieron del concepto. Ahora que esto es básicamente cierto, ellos aplauden el esfuerzo. La visión y los resultados son inseparables. Si no empieza con una clara visión y una *"Meta Grande, Atemorizante y Audaz"* no podrá visualizar lo que necesita hacer para alcanzarla. Una vez que tiene la visión, cada paso que da lo acerca un poco a sus metas. En última instancia, va a alcanzar sus metas, con el 100% de éxito garantizado.

Para llevar adelante su visión, a veces tendrá que ser un jefe fuerte. Sir Richard Branson en su libro *Screw it, Let´s do it*, nos dice que en los negocios es necesario tener agallas. Tendrá que tomar las duras decisiones morales y de negocios que pondrán y mantendrán la maquinaria en movimiento. No se distraiga con las personas que se quejan u objetan. En *Don Quijote* de Cervantes *"Los perros continúan ladrando, pero la caravana se mueve."*

En la medida en que su equipo crece, será más frecuentemente el narrador de historias que el jefe, explicando la misión y la visión y cuidando los valores de la compañía. Contar historias ayuda a crear una imagen en la mente de las personas, dejando una impronta mucho más clara que cualquier regla o manual. Durante cientos de miles de años de existencia humana, se enseñó a los niños a cazar y recolectar siguiendo a sus padres, que les explicaban y demostraban como hacerlo. Se explicaban las tradiciones y los hábitos culturales y como el mundo y el universo trabajan, en las tardes alrededor de las fogatas. Muchas personas están aún fascinadas por el mágico resplandor de las fogatas en una playa desierta o en lo profundo de un bosque oscuro, y muchas personas aún sienten una fuerte necesidad de compartir historias inusuales sentadas tranquilamente alrededor de una fogata. Los libros se inventaron solamente hace unos pocos miles de años, y mucha gente aprendió a leer solamente en el siglo pasado o alrededor de este. Pero resulta mucho más instructivo estudiar a las personas que a los libros. Nuestra mente recoge las historias contadas mucho más fácilmente y alcanza un nivel de entendimiento mucho más profundo que con instrucciones o material impreso. Tómese el tiempo de hacer fogatas y compartir sus historias de fogatas.

¿Cuándo sabrá si se ha convertido en un líder efectivo? Mire hacia atrás y vea quien lo está siguiendo. Por definición, es un líder solamente si otras personas están realmente siguiéndolo. Debe dirigir desde el frente, siempre y valientemente, y por tanto, necesita estar delante de su tropa. Pero asegúrese que no está tan lejos hacia adelante que sus seguidores no puedan ya escucharlo y verlo.

Nunca permita que las personas negativas a su alrededor, hagan más lento su paso. Ignore a aquellos para quienes el vaso está medio vacío, quienes repetidamente se quejan, hablan mal de los demás, y predicen desastres y obstáculos. Si los oye, nunca llegará a ningún lado. Tranquilamente ignórelos y concéntrese en las personas entusiastas y optimistas, que ponen el énfasis en las oportunidades, para quienes el vaso está medio lleno, que ven lo bueno de otras personas, y que son optimistas y tienen su vista puesta firmemente en el brillante horizonte.

"Debemos entonces, tener confianza en que las medidas generales que hemos adoptado, produzcan los resultados que esperamos. Lo más importante en esta conexión es la confianza que debemos tener en nuestros Tenientes. Consecuentemente, es necesario elegir hombres en los que podamos confiar, y dejar de lado las otras consideraciones. Si hemos hecho la preparación adecuada, tomando en cuenta todos los posibles infortunios, en orden de no perdernos inmediatamente si estos ocurren, podremos avanzar con osadía en las sombras de la incertidumbre."

—Karl von Clausewitz

Capítulo 11: ¿Cómo gestiona y motiva?

"Cuando tomo una decisión de poca importancia, siempre me resulta útil considerar los pros y los contras. Sin embargo en temas vitales, como la decisión de un compañero o una profesión, la decisión debería surgir de nuestro inconsciente, de nuestro interior, de algún lugar dentro de nosotros. En las decisiones importantes de la vida personal, debemos ser gobernados, pienso yo, por las profundas necesidades interiores de nuestra naturaleza."

–Sigmund Freud

Puede dirigir personas, pero usted gestiona proyectos, problemas y departamentos. Aun cuando mucha gente confunde las dos cosas, liderazgo y gerencia, hay una diferencia fundamental. La cuestión más importante para gestionar y el centro de cualquier proceso de negocios es el flujo de caja. Ya sea que maneje una compañía multinacional, un restaurant local, o una tienda en una esquina, su flujo de caja es mucho más importante que sus utilidades netas. Es necesario que gestione su proceso de negocios, mantenga sus inventarios bajos, cobre sus cuentas, cancele sus cuentas incobrables y deprecie sus activos y también su inventario antiguo. Muchos pequeños negocios, aunque son rentables, tienen problemas por ser demasiado indulgentes con sus socios de negocios. Proveedores que no entregan puntualmente deben ser reemplazados rápidamente. Los clientes que no pagan a tiempo dejan de ser clientes y deben ser eliminados. Las inversiones también tienen que hacerse en tiempo. Muchas inversiones necesitan un largo tiempo de espera para hacerse productivas. Necesitan distribuirse por un periodo de tiempo determinado para tener efectos óptimos en las ventas y efectos mínimos en los egresos de caja. Si la renovación y las inversiones se posponen por demasiado tiempo, la calidad y la exclusividad de sus productos y servicios disminuirán y un día descubrirá que ya no es competitivo como una vez lo fue. En ese momento, ya es usualmente tarde para comenzar a invertir, pues repito, muchas inversiones necesitan varios años para madurar y ser productivas.

Necesitará invertir constantemente en nuevos productos y servicios. Ya sea en tecnología para la próxima generación de productos de alta tecnología, o ajustando el menú en su restaurant del vecindario, se requiere su atención continua.

Sus productos y servicios deben ser de la máxima calidad y tienen que mantenerse en esa alta calidad. No puede haber concesiones en esto. Es necesario que todo lo que le llegue al cliente en productos y servicios esté bien desde el primer momento. Su tecnología tiene que ser actualizada, su empaque tiene que ser exactamente correcto, sus socios de negocio tiene que ser tratados con respeto y sus servicios deben ser legendarios. Ser una compañía de alta ética con una responsabilidad corporativa sólida, ayuda a crear la imagen óptima de la marca.

Como ya ha sido mencionado, todo comienza y termina con la calidad máxima. La calidad de todo lo que produce y entrega tiene que ser consistentemente alta. Tener una reputación de excelente calidad es su mejor herramienta de ventas. *Kaizen*, donde literalmente todos en la organización son estimulados a traer regularmente pequeñas mejorías, conducirá a un incremento espectacular en el número de sugerencias útiles para mejorar, y un incremento significativo en la calidad a largo plazo. Una cultura abierta, donde todos los involucrados son invitados a dar sus criterios con sinceridad también es necesaria. Hay que concentrarse en los *procesos* que pueden ser mejorados, y no en las *personas* que hacen las cosas incorrectamente. Se pueden necesitar decisiones duras y muchos sacrificios para alcanzar la máxima calidad. Pare su proceso de producción tantas veces como se requiera, y renuncie a tantas ventas como pueda ser necesario para alcanzar y mantener la máxima calidad.

En una cultura corporativa abierta, el pensamiento creativo debe ser promovido; esto es imperativo cuando se requieren cambios. Como Boris Yeltsin propone: *"Es especialmente importante estimular el pensamiento no ortodoxo cuando la situación es crítica. En estos momentos cada palabra nueva y cada pensamiento fresco son más preciosos que el oro. En efecto, no se puede privar a las personas del derecho de pensar sus propias ideas."*

Para convertirse en una compañía *número uno*, debe asegurarse que sus empleados estén felices con ellos mismos, de manera que estén totalmente motivados a trabajar para lograr los objetivos. Esto debe ser combinado con una cultura positiva, que esté totalmente comprometida con un servicio excelente y de calidad a los clientes y donde la evaluación se concentre en los aspectos positivos, y los negativos se traten de una manera apropiada. La buena conducta debe ser recompensada. La mala conducta debe ser discutida y trabajada, pero no tratarla de una manera demasiado negativa. Un enfoque negativo nunca conduce a un resultado positivo. Toma mucho tiempo reparar el reproche y las palabras duras.

El empoderamiento y la no interferencia, dejando que cada cual haga su tarea, traerá como resultado una serie de mejoras adicionales. Sin un empoderamiento de largo alcance, no cultivará una cultura agresiva de toma de riesgos, no obtendrá decisiones y acciones rápidas, ni alcanzará crecimientos de dos dígitos. Cualquier persona que tome decisiones a cualquier nivel, debe ser responsable por sus decisiones.

La organización tiene que permanecer austera. El gasto inútil debe ser eliminado a cualquier nivel y regularmente, de manera que instintivamente se logre evitar que esto ocurra en primer lugar. Mantener las emisiones de carbono tan bajas como sea posible, así como reciclar o volver a usar tantos materiales como sea posible es inteligente. El lujo no es necesario en la mayoría de los negocios, a menos, por supuesto que esté operando un restaurant, hotel o spa de cinco estrellas.

Necesitará estandarizar y centralizar el personal de apoyo, de oficina o la producción, pero personalice todo lo que realmente entra en contacto con el cliente y acérquelo todo lo que pueda a él. Todos los procesos deben enfocarse en el cliente y tienen que trabajar para el beneficio del mismo y no solo para la organización. En cualquier organización de producción hay tensión entre lo que los vendedores quieren vender (todo) y lo que el personal de producción quiere producir (un producto estándar). Justamente como un restaurante tiene que brindar opciones, cualquier compañía que ofrezca servicios y productos tiene que tener distintas alternativas así como varios niveles de precios vinculados a los varios niveles de servicios o especificaciones de productos.

Lo mismo si su empresa es una multinacional o una tienda de flores del vecindario, sus problemas de gestión son más o menos los mismos. Incluso la tienda de flores necesita asegurarse que las rosas están frescas y que la renta sea pagada. Las cuentas por cobrar deben estar bajo control, y la reputación en la comunidad debe ser de amabilidad, calidad superior y confiabilidad. Los modos novedosos de superar a las demás tiendas de flores en el área, tienen que estar en el primer plano de la mente de la compañía, de hecho en la mente de cada persona en la compañía.

Todo proceso o procedimiento necesita lograr un balance entre ser amistoso con las personas y respetuoso con el proceso. Los empleados de la oficina de apoyo y los *"expertos"* en organización tienen la tendencia de organizar los procesos en diagramas de flujos estrictos, con limitados puntos de decisión donde se pueda pensar. Estos enfoques tienen su valor en procesos de gran volumen estandarizados, pero deben ser manejados con el mayor cuidado en los más cercanos al cliente. A nadie le gusta ser tratado como un número o atendido a través de una máquina de voz automática. Nunca se deje convencer de convertir a su compañía en una organización impersonal donde los requerimientos de los clientes son enviados a una ventanilla de ayuda anónima y los empleados creen que *"el gran hermano"* los está vigilando.

La información sobre la producción y los resultados debe ser compartida mensualmente con todas las personas que están involucradas en las cifras relevantes. Solicite el aporte de cada cual, con el fin de mejorar en el mes siguiente. Mantenga un sentido de urgencia, o como un amigo coreano K.R. Kim dice: *"Los líderes deben siempre crear crisis, incluso durante tiempos buenos. Cuando una organización se siente confortable con su éxito, sus competidores están alertas para preparar el próximo ataque. Las organizaciones tienen que prepararse siempre para la próxima batalla. Tienen que ser siempre innovadoras en términos de costos, productividad y planificación de la producción. El ambiente de negocios no acepta 'la hora feliz'."*

El sentido de urgencia ayuda a la intensidad del proceso. Entregar la máxima calidad constantemente requiere concentración y cierto nivel saludable de tensión. Sentirse desafiado y tensado; se requiere un nivel determinado de presión en los proyectos y los resultados. Las metas siempre deben ser metas tensas, los objetivos siempre deben ser realistas pero objetivos tensos. Cada cual debe ir a casa al final del día realizado y satisfecho con el trabajo que realizó, pero listo para regresar el día siguiente y tensar aún más las metas de calidad y los procesos de producción, hasta un día en que la compañía sea percibida por los clientes, el mercado y la sociedad, como una compañía número uno, como la compañía que ofrece la máxima calidad.

Medita tu negocio

Todas estas habilidades de dirección tienen poca relación con sus habilidades técnicas actuales y su educación profesional. Todas están basadas en su actitud, su sistema de valores y la manera en que percibe el mundo y su papel en este. Hace unos años mi esposa y yo decidimos invertir en el negocio de un amigo sudafricano. Él era un *Boer* y un granjero que dejó Sudáfrica cuando el *apartheid* terminó, pero había estado siempre ansiando por regresar. Había construido una maravillosa granja de avestruces y una plantación de aloe vera en Curazao, y ahora quería crear un proyecto mucho mayor de aloe vera en Sudáfrica. Nosotros consideramos esta inversión como un modo de llegar a conocer el país y su cultura, disfrutar la vida silvestre, ayudar a un amigo e involucrarnos desde afuera en un proyecto más de vuelta a lo básico y *"terrenal"* que el negocio fiduciario. Juntos compramos una maravillosa granja de mil doscientas hectáreas con muchos animales salvajes, incluyendo diferentes tipos de antílopes, jirafas, cebras, etc.; construimos una casa de descanso y nuestro amigo comenzó a sembrar aloe vera, así como a desarrollar un plan para construir una planta procesadora.

Entonces, el desastre nos golpeó, y nuestro amigo murió en un accidente automovilístico cerca de la granja. Nos enfrentamos con el dilema de abandonar el proyecto, y perder al menos la mayor parte de nuestra –para nosotros significativa- inversión, y lamentarnos de nuestra mala suerte. O, podíamos continuar con el proyecto solamente nosotros. Nos decidimos por esto último, y compramos la participación de la viuda de nuestro amigo. Recogimos los pedazos del proyecto (siendo él un granjero, por supuesto, nada estaba bien organizado en papeles) y aprendimos como ser granjeros de aloe vera. También aprendimos como administrar una granja de animales salvajes, como construir una fábrica, y como tratar con la burocracia sudafricana y la *acción confirmativa,* con vecinos conservadores y escépticos, una cultura diferente, en fin, la lista de cosas que tuvimos que aprender sería realmente larga. Trasladamos nuestra hija a una escuela con modalidad de internado en Sudáfrica, y de alguna manera tuvimos que hacer malabarismos con nuestras vidas fuera de este país, mientras vivíamos a 425 kilómetros del aeropuerto y a cien kilómetros del supermercado y restaurant decentes más cercanos.

Un año y medio después, celebrábamos la inauguración de nuestra nueva fábrica y, poco después, lanzamos nuestras primeras bebidas saludables y productos para el cuidado del cuerpo. Invitamos a los granjeros del área a la ceremonia de inauguración, y realicé un discurso usando las mismas palabras del presidente Nelson Mandela que cité al comienzo del capítulo dos. Aun cuando en esa parte de Transvaal, Mandela es aún considerado por los *"más resentidos"* como un terrorista, los granjeros comenzaron a trabajar con nosotros, pues respetaban nuestra perseverancia, compromiso y amor por la tierra y la naturaleza. Pienso que cuando este tipo de decisiones se cruzan en tu camino, es cuando el hombre se separa del niño y el empresario del mero soñador.

"Esta es la verdadera alegría de la vida: ser utilizado para un propósito que tú mismo reconoces como poderoso; ser totalmente agotado antes de ser desechado, ser una auténtica fuerza de la naturaleza, en lugar de ser un mezquino patán febril cargado de enfermedades y quejas, lamentándose porque el mundo no se ha dedicado a hacerte feliz."

–**George Bernard Shaw**

Capítulo 12: ¿Funcionan los equipos?

> *"Tal vez te consideres un ente individual, pero como biólogo celular puedo asegurarte que en realidad eres una comunidad cooperativa de unos cincuenta trillones de ciudadanos monocelulares. La casi totalidad de las células que forman tu cuerpo se parecen a las amebas, unos organismos individuales que han desarrollado una estrategia cooperativa para la supervivencia mutua. En términos básicos, los seres humanos no somos más que la consecuencia de una "conciencia colectiva amebiana". Al igual que una nación refleja lo rasgos distintivos de sus ciudadanos, nuestra humanidad debe reflejar la naturaleza básica de nuestras comunidades celulares."*
>
> –Bruce H. Lipton

El trabajo en equipo es esencial para el éxito. Lo que puede ser realizado por un grupo de personas comprometidas con objetivos comunes, es muchas veces más que lo que puede ser hecho por un solo individuo. Tradicionalmente, el éxito de un equipo es usualmente medido sobre la base de la fortaleza en su liderazgo. Pero los equipos no siempre necesitan líderes fuertes. Muchos equipos funcionan mejor si el líder se involucra de forma limitada, una vez que las metas y los límites operativos (misión, visión y valores) son claramente establecidos.

Uno de los equipos más exitosos y estudiado a menudo (pero nunca copiado exitosamente) es aquel de los *dabbawallahs*, un sistema de entrega de cajas de comida en Bombay, India. Mahadu Bacche, una persona natural de Maval, vino a Bombay en 1890 buscando empleo. Trabajó en varios empleos ocasionales incluyendo la descarga de buques y el transporte de mercancías para los comerciantes, hasta que tuvo la inspiración del servicio de entrega de cajas de comida. Empezó transportando a pie comida caliente de los hogares a las oficinas del gobierno en Fort District. Sus compatriotas de Maval, se unieron a él poco después y comenzaron a ser llamados *bhonawalas* -los hombres de la comida- por las amas de casa Parsi.

Comenzaron caminando de las cocinas a las cantinas de las oficinas, conectando así la clase media del sur de Bombay con el distrito imperial de negocios. El ferrocarril de los suburbios en su forma actual fue diseñado en parte tomando este negocio como patrón. Las mujeres trabajadoras hicieron incursiones graduales en áreas similares de la industria, pero el *dabbawallahs* permaneció como una organización singularmente masculina.

Su empleo se basó siempre en una increíble resistencia física. Actualmente, puede ser que el *dabbawalah* no camine de la casa a la oficina, pero transportar hasta 75 kilogramos de peso muerto en un tren a la hora pico de la mañana, es un reto considerablemente mayor. En la medida que Bombay se agrandó y el tiempo de transportación de los trabajadores aumentó, también lo hizo el alcance de la tarea de los *dabbawallahs*.

Transportar un *dabba* (almuerzo) desde Parel al Fort puede ser una cuestión de comodidad, permitiendo que la comida fresca llegue caliente a la mesa del comedor.

Pero transportarlo desde Baribal a Colaba y entregarlo a tiempo con la precisión de Six Sigma, es más una cuestión de cómo distribuir la fuerza de trabajo. A esa distancia, los trabajadores pueden comenzar a moverse de sus casas mucho antes que el almuerzo se elabore. El *dabbawallah* es una forma de administrar tiempo para ambos, el cocinero y el consumidor.

En una ciudad que se desarrolló sin orden ni concierto, como un gigantesco taller, una organización como los *dabbawallahs* es un símbolo de cómo los nexos entre las personas pueden sustituir, y a veces superar, las deficiencias de la infraestructura. Como los mercados alrededor de las estaciones de ferrocarril que permanecen abiertos muy adentrada la noche, de manera que los viajeros que retornan a sus hogares puedan comprar comida, o las tiendas de los pequeños vecindarios que ofrecen entrega a domicilio incluso para un pequeño paquete de paracetamol, los *dabbawallahs* son parte de una vasta fuerza de trabajo no estructurada que existe ante todo para hacer la vida más fácil en Bombay: una economía de servicios con otro nombre.

Aunque debilitado en los años 1980's como resultado de cuestiones administrativas internas y cambios radicales en las industrias de Bombay, el servicio *dabbawallah* sobrevivió y de acuerdo con algunas informaciones continúa creciendo aún en la actualidad. Mucho después de la desaparición de las grandes fábricas, el creciente horario flexible de los negocios de oficinistas, y el rápido crecimiento de los restaurants alrededor de las áreas de trabajo, aproximadamente cinco mil *dabbawallahs* todavía transportan las cajas de comida codificadas con colores a los lugares de trabajo cada día, dentro de una franja horaria de dos minutos, por (Rs 400-450) por mes. Las políticas de sus cooperativas aseguran que casi todo *dabbawallah* gana (Rs 6 000 - 8000) mensuales.

El sombrero de Gandhi cubre la única computadora de los *dabbawallas* – su cabeza-. No usarlo implica que el *dabbawallah* debe pagar una multa de Rs 25; la organización pone en práctica esta y otras reglas sociales rigurosamente. Si esto hace que su trabajo parezca arcaico, también implica una red de confianza inusualmente antigua. Hoy, hombres jóvenes de Maval aún vienen a la ciudad a vivir con sus familiares, se unen a la red *dabbawallah* y asumen el manejo de los *almuerzos* de la misma manera que sus compatriotas lo han hecho durante generaciones. La eficiencia, calidad Six Sigma, y precisión del sistema, son características que se han convertido en mitos. Incontables organizaciones han estudiado que es lo que hace que el sistema funcione. Tiene una estructura organizacional mínima, es una asociación más que una corporación, y trabaja sobre la base de códigos de colores, combinados con un nivel inusual de confianza y camaradería entre los *dabbawallahs*. Hasta ahora, nadie ha sido capaz de copiar este sistema.

Hay otros ejemplos de compañías que operan con un liderazgo mínimo. Morning Star es una compañía procesadora de tomate con sede en California, con ingresos anuales de 700 millones de dólares y alrededor de cuatrocientos empleados. Lo que hace a esta compañía notable es que no tiene jefes, ni títulos, ni promociones. Todos tienen autoridad para gastar el dinero de la compañía, las responsabilidades de los cargos son negociadas entre colegas, y toda compensación depende de ellos mismos. Morning Star es una compañía que ha prescindido de la gerencia en el término tradicional de la palabra, es decir un grupo de personas escogidas en las cuales se concentra la toma de decisiones. Todos toman parte en el proceso de toma de decisiones, y estas se toman en el mejor interés de la compañía y sus empleados. La compañía es muy exitosa. Tiene un crecimiento de dos dígitos en los ingresos y las ganancias, mientras que la tasa de la industria es del 1%. Ha basado su crecimiento enteramente con recursos internos. Afirma ser la procesadora de tomate más eficiente del mundo. Fue objeto de un reportaje especial de la *Harvard Business Review*.

Estudios de grandes compañías manufactureras han probado una y otra vez, que a cierto nivel y punto en el tiempo, la escala deja de ser una ventaja. Puede incluso convertirse en un obstáculo, en la medida que el continuo crecimiento en la complejidad de la organización puede reducir la creatividad, agilidad y concentración en el cliente. Ha sido probado que en una unidad tan pequeña como setenta u ochenta personas, pueden crearse tantas actividades complejas, así como comunicaciones internas y tantas responsabilidades internas, que todos pueden sentirse útiles y ocupados aún sin tener jamás un contacto con el cliente. Esto por supuesto, entra en total contradicción con el propósito original de la organización. Algunas compañías han dividido posteriormente su organización en equipos muy pequeños, y el resultado ha sido un notable incremento en la eficiencia y reducción de gastos innecesarios.

En su propia organización, necesitará observar cuidadosamente cada vez que añada un nuevo nivel de dirección, separe una función, subcontrate una tarea, cree más procedimientos o añada un paso al flujo de trabajo. Decida si éstas mejoras bien intencionadas realmente contribuyeron a un mejor y más rápido servicio. Si no, debería considerar hacer cambios en una dirección diferente.

El software de acceso libre es otra área que se desarrolla rápidamente sin un mando centralizado o un equipo de dirección que toma todas las decisiones. Muchas personas contribuyen de manera entusiasta al desarrollo del sistema sin que quieran nada a cambio. Como resultado de esto, se puede esperar que el software de acceso libre se convierta en la norma en vez de la excepción en los próximos diez años. Wikipedia es otro ejemplo de un gran servicio que ha crecido exponencialmente a pesar de su mínima estructura organizativa formal. Muchas personas aportan su tiempo y conocimientos a fin de construir una base de conocimientos que beneficie a todos aquellos que tengan una conexión de Internet.

A mediados de los años 1960s, Peter Drucker sugirió la idea de una organización moderna de trabajadores del conocimiento (algo distinto que los trabajadores manuales) en la cual sería necesario reducir los niveles de jerarquía. Drucker argumentaba que las personas con habilidades y experiencia altamente desarrolladas, pueden aportar el máximo solamente a través de la auto-motivación y no de las directivas de arriba. Él predijo que con el incremento de los trabajadores del conocimiento, las firmas tenderían a ser más planas. En eso tenía razón. Desde que Thomas Friedman hizo el mundo entero plano con las invenciones de los años noventa, las cosas se han movido con gran rapidez.

La subcontratación a pequeña escala en países como la India, comenzó a principios de los años 1990s cuando las compañías aéreas procesaban sus boletos allí. Las compañías establecieron centros de llamada y centros de procesamiento de datos a pequeña escala, actividades administrativas puras. Cuando se ideó el problema del milenio *(Y2K)* (como recordará, se suponía que muchos sistemas de computación iban a fallar ya que se alegaba que el software heredado no estaba diseñado para manejar el cambio de milenio) se necesitó una enorme cantidad de expertos en tecnología de la informática, y surgieron gigantescos centros de subcontratación en lugares tales como Hyderabad y Bangalore. Después que se resolvió el problema del milenio (o este resultó ser una farsa) se necesitaba mantener a estas personas empleadas con remuneración, y se idearon otros modos de subcontratación. Se desarrollaron empleos desde centros de llamadas muy sencillos, atendiendo la solución de quejas o asesorando como poner a funcionar su video, hasta sofisticadas unidades de procesamiento del conocimiento. Como resultado, habilidades útiles en los centros de subcontratación se hicieron más escasas, y los salarios aumentaron.

Para no ser derrotadas, compañías de subcontratación ahora van hacia adentro del país, más allá de las grandes ciudades universitarias, hasta las ciudades secundarias. Ahora, incluso se ha llegado a las comunidades más tradicionales en Rajastan, donde las mujeres que de acuerdo con su religión no pueden mostrar su cara ni reunirse con extraños, trabajan con una laptop y una conexión satelital desde sus casas de barro. Ellas les explican a personas que están a una distancia de miles de millas, como una reclamación de seguros será saldada o como un modelo de declaración de impuestos debe ser llenado. Ganan la cuarta parte o aún menos que lo que ganan sus contrapartes en las grandes ciudades y no necesitan un espacio costoso de oficina.

Mientras tanto, la competencia crece en Filipinas, y así la lucha por el *"valor"* continúa. En Amicorp, nosotros dividimos de una manera rutinaria el trabajo de subcontratación, entre partes de valor añadido más alto y más bajo, de manera que la producción de un conjunto estándar de estados financieros puede requerir que participen hasta tres diferentes centros de subcontratación.

Por ejemplo, podemos usar Filipinas para escanear documentos y trabajos de clasificación, India para hacer realmente las anotaciones contables y compilar los estados financieros, y Sudáfrica por el conocimiento del lenguaje para rendir los informes en la lengua materna de nuestros clientes en Europa, quienes tal vez ni se dan cuenta que su trabajo se hace en lugares lejanos del planeta. Esto es comparable con los alimentos que usted come y las ropas que usa. Muchos de ellos provienen de una creciente variedad de países.

Los bancos de inversiones, que tienen una alta concentración de trabajadores del conocimiento, usualmente tienen muy pocos niveles de dirección. Un banco de inversiones grande tiene cientos de directores gerentes. Un operador estrella puede ser un director gerente, incluso sin tener subordinados. Sin embargo, mientras que el número de niveles se ha reducido abruptamente, pocas firmas han sido capaces de prescindir de las jerarquías en su totalidad. El logro de la compañía de tomate, mencionado anteriormente, es que ha sido capaz de abolir las jerarquías enteramente, y eso también en el contexto de la manufactura. Todos están involucrados en tomar decisiones, establecer objetivos y revisar la ejecución.

Un elemento clave en el modelo de Morning Star, es lo que llaman *"Carta de Entendimiento entre Colegas"* (CLOU de acuerdo a sus siglas en inglés). Cada empleado negocia su CLOU con todos aquellos que son afectados por su trabajo. Esta carta estipula lo que cada empleado debe lograr en un año determinado. Igualmente, las veintitrés unidades de negocios de la compañía negocian una CLOU una con la otra. Las decisiones importantes, tales como la dotación de personal, se hacen enteramente por los colegas trabajando en conjunto. No hay promociones ni demociones, pues no hay jerarquías formales. Las personas toman responsabilidades mayores después de persuadir a sus colegas de que podrán cumplir esa tarea. Las disputas se solucionan por la vía de la discusión, la mediación y decisiones que toman grupos de seis personas. El desempeño se mide a través de los comentarios de los colegas en su CLOU. La compensación se decide por comisiones de compensación elegidas.

Aún no hay muchas compañías que sigan este modelo consistentemente (aunque algunas organizaciones grandes han introducido algunas partes y piezas de este) Los pequeños negocios familiares, por supuesto, siempre han trabajado así en todo el mundo, pero esto demuestra que el modelo también puede funcionar en compañías grandes.

¿Dónde está la lección para su compañía? Si no está listo para abolir la dirección completamente, o ni siquiera para eliminar parte de esta, aún puede tratar de empoderar a sus empleados al máximo, confiando en ellos y dejando que cometan sus propios errores y asuman toda la responsabilidad por estos. El trabajo en equipo debe lograrse de alguna manera. Los intereses tienen que alinearse.

Alguna competencia interna puede ser útil. Equipos que compiten por la mejor ejecución en cualquier área determinada, por la entrega del mejor servicio, por la mayor producción, todo esto puede ser muy fructífero. Puede ser muy enriquecedor tomar a quienes mejor se desempeñaron en cierto mes o año y galardonarlos y reconocerlos públicamente. Es también una buena idea incentivar esto mediante la creación de bonos, planes de opciones de acciones para los empleados, y un cierto nivel de compensación basada en el rendimiento. Los buenos vendedores son típicamente individuos *Tipo A*, que disfrutan tener protagonismo, desean el reconocimiento y la competencia, y que necesitan un reaseguramiento constante. Sus necesidades deben ser atendidas pero mantenidas bajo control. Y nunca se debe olvidar que la contribución de la gente que se esfuerza a la sombra de los vendedores es igualmente importante para el éxito de la compañía.

Hay que tener mucho cuidado a fin de diseñar un sistema donde la rivalidad resulte de mayor beneficio para los clientes. La rivalidad se debe concentrar en la creación de mejores servicios o en realizar más ventas; y no en superar a otros por la vía de hacer que el otro equipo pierda, invadir los territorios de otros equipos, o reducir los precios de otros equipos. El equipo mayor, la compañía, es siempre el más importante, y toda forma de competencia interna que dañe el rendimiento global del equipo mayor tiene que ser cortada de raíz. No gaste mucho tiempo diseñando complicados sistemas internos de asignación. Solo hay un dato final que realmente cuenta, y es el dato de la *"triple rentabilidad"* de la compañía en su total, y no el resultado de subdivisiones artificiales internas de la compañía. Los empleados tienen que mantenerse informados de esto para evitar que se gasten recursos en conflictos territoriales.

La organización debe ser dirigida hacia el trabajo en equipo. Necesita ayudar a que su gente entienda que ellos no son víctimas de la sociedad sino los creadores de esta y pueden lograr cualquier cosa que deseen lograr, y mucho más si trabajan como un equipo.

Con este propósito, sus miembros necesitan entender que, independientemente de que se vean absolutamente como individuos únicos, como almas separadas, ellos son básicamente uno con el universo, uno con la sociedad, y uno con sus colegas, y que ellos podrán sacar lo mejor de ellos mismos si viven y trabajan sobre la base de esa premisa. Una buena lectura es el más reciente libro de Bruce Lipton, *Evolución Espontánea* (Spontaneous Evolution). El y su coautor Steve Bhaerman plantean que nuestras células son más inteligentes que nosotros cuando se trata de crear comunidades cooperativas exitosas. Ellos explican como las células trabajan básicamente como individuos separados pero se organizan para tener un sistema monetario que paga a otras células de acuerdo con la importancia del trabajo que realizan y almacenan el exceso de ganancias en bancos de la comunidad. Tienen un sistema de investigación y desarrollo que crea tecnología y equivalentes bioquímicos de una red expansiva de computación. Tienen sistemas ambientales sofisticados que proveen tratamiento de purificación del agua y del aire que son más avanzado tecnológicamente que los que los humanos hemos sido capaces de desarrollar hasta ahora. Lo mismo sucede con los sistemas de calentamiento y enfriamiento. Al igual que en las compañías modernas, el sistema de comunicación dentro y entre las células es como una Internet que envía mensajes en códigos ZIP directamente a células individuales. A diferencia de nosotros, las células han organizado una cobertura de salud total que asegura que cada célula obtenga lo que necesita para mantenerse saludable, así como un sistema de inmunidad que protege a la célula y al cuerpo como una eficiente fuerza policiaca. Es una analogía fascinante, cuando compara cincuenta billones de células en el cuerpo humano trabajando en conjunto para lograr el éxito del individuo, con siete mil millones de seres humanos trabajando de conjunto para lograr el éxito del planeta. Lipton indica que nosotros no hemos hecho un trabajo ni siquiera cercanamente tan bueno como el de las células.

Del mismo modo que los aviones no han podido aún copiar las capacidades de vuelo de las aves, y las computadoras no han sido capaces de copiar la intuición del cerebro, tomará aún mucho tiempo antes de que nuestra sociedad en toda su extensión sea capaz de copiar los trabajos de una comunidad de células. Por supuesto, también hay que considerar el pequeño detalle de un par de milenios de desarrollo.

Toda compañía puede y debe proveer dependencia mutua e identidad compartida, así como diversidad sustentada e inspiración mutua. Esto ayuda a incrementar el conocimiento personal, a mejorar la confianza mutua, y a desarrollar respeto mutuo para las debilidades y las fortalezas de cada miembro. Es importante para todos los miembros entender que la organización no existe sin ellos, y que añaden nuevas dimensiones y retos a sus vidas como resultado de ser parte de la compañía. Al mismo tiempo, la compañía provee seguridad, apoyo moral y financiero, y ayuda en los tiempos más difíciles. A partir de la seguridad de la *"tribu"*, de la cual la compañía es una imitación muy cercana, la persona puede trabajar en su imagen propia, su auto-confianza y su auto-soberanía.

Esto fortalece al individuo a un nivel donde puede ser independiente dentro de la compañía. Puede crear pensamientos e ideas y estar a la vez completamente alineado con su visión y sus metas. Puede generar no solo diversidad dentro de la unidad, sino también unidad dentro de la diversidad.

Nuestra compañía ha establecido cuarenta oficinas en veintisiete países diferentes. Al principio, era frecuente que no conociéramos a muchas personas en el país. Comenzábamos contratando a los pocos que conocíamos, o a aquellos recomendados por los pocos que conocíamos. Muchas de las personas que contratábamos no provenían de nuestra industria, pero gradualmente avanzaban en nuestra cultura, añadiendo diversidad y añadiendo más color y sabor a la mezcla de nuestra compañía.

Yo amo viajar a la india. En el curso de mi vida he estado allí por lo menos cincuenta veces. Lo mismo cuando arribo a Amritsar, Bangalore, Mumbai o Nueva Delhi, siempre disfruto el momento que salgo por primera vez a las calles. Me cautivan el frenético nivel de actividad, el olor a comida dondequiera, el ruido de las moto triciclos, la vaca ocasional cruzando la calle, y la impresionante amabilidad y buena voluntad de la población. Sin embargo, nunca me he acostumbrado a su modelo de toma de decisiones. En primer lugar, en India se considera descortés decir *no*. Las personas preferirán prometerle la luna y hacerlo sentirse feliz hoy, aunque sepan que estará decepcionado mañana, en vez de decirle la verdad. Mis colegas indios tratan constantemente de decirme lo que ellos piensan que yo quiero oír, mientras que yo, un holandés franco, siempre trato que me digan la verdad y trato de imaginarme que es exactamente lo que piensan. Cada vez que es posible, mis colegas indios elevan cualquier decisión al siguiente nivel superior, dejando incluso las decisiones más simples a la persona que esté a cargo. Hay una tendencia de someterlo todo a la consideración de la omnisciente "Oficina Central" de manera que nadie puede ser culpado por tomar una decisión equivocada. La cuestión es que las soluciones son más evidentes en el lugar donde está el problema. Sin embargo, en cualquier evaluación exactamente las mismas personas querrán ir más arriba en la organización y llegar a una posición en la que puedan tomar las decisiones. Avanzar a través de un patrón cultural como este es, al menos para mí, realmente difícil. No es suficiente entenderlo, discutirlo con las personas involucradas, ni hacer bromas sobre esto. También requiere determinación y perseverancia, *cambiar* patrones de conducta que no son constructivos para el desempeño de la unidad. Esto puede hacerse elegantemente pero es necesario hacerlo enérgicamente. La predeterminación y el derrotismo no aparecen en el diccionario de un empresario.

Una compañía con una cultura buena y robusta, puede influir en la forma de pensar de todos los que trabajan allí. Entrene a las personas para que aprendan a pensar independiente y rápidamente, así como a actuar decisiva y efectivamente mostrándoles total confianza y permitiéndoles experimentar con enfoques que pueden o no dar resultados. Empodérelos para que tengan sus propias ideas y opiniones, tomen sus propias decisiones y cometan sus propios errores (pero sin repetirlos). Y alternativamente, los empleados podrán hacer este trabajo y convertirse en líderes efectivos *aceptando* el reto, *asumiendo* la responsabilidad y *queriendo* rendir cuentas por la tarea a realizar.

Los que no saldrán adelante y a quienes no debe promover a ser líderes, con independencia de lo exitoso que sean en sus respectivas áreas de competencia, son aquellos desconfiados y que reclaman todos los honores para sí, y culpan a su equipo de los fracasos. Son aquellos que están buscando la competencia interna, en vez de cooperar dentro de la compañía, con los clientes y proveedores, aquellos que son impacientes, esperan milagros, tienen poca auto-confianza y son rudos con las personas de menor nivel en la organización.

La confianza mutua se establece oyendo atentamente las opiniones de todos, dando empoderamiento total y participación consistente en toda la información relevante, y asegurándose que mantiene una cultura de apertura, en la cual la información, incluyendo la información financiera, se comparte libremente. La confianza se aumenta con disciplina e integridad. Se gana no permitiendo que se infrinja la cultura corporativa y no tolerando conductas no éticas, tales como groserías, codicia y deshonestidad. Toda la conducta organizacional debe ser ética. Debe respetar a todas las personas e instituciones con quienes nos relacionamos.

Todas las compañías tienen que pensar sobre su responsabilidad social, cuestiones ambientales, seguridad de sus empleados y del medio en que opera. Las buenas relaciones con los socios comerciales también mejorarán el respeto que la compañía recibe como un buen ciudadano corporativo. Los empleados a su vez, ganarán respeto de la sociedad, se sentirán orgullosos y trabajarán duramente para servir los mejores intereses de la compañía.

K.R. Kim construyó LG en India de la nada. Ahora es una compañía de 200 millones de dólares. Él dijo: *"Cuando comenzamos nuestra nueva operación en India, no había reconocimiento de la misma. Pero un día un gerente me dijo, que estaba obteniendo reconocimiento de sus amigos. También fueron buenas noticias saber que para ellos, eso significaba que tendría ventaja al encontrar una mejor pareja con la cual casarse. La compañía número uno significa la compañía más ética."*

> *"En tanto sus hombres llenos de coraje combatan con empeño y espíritu, es pocas veces necesario para el Jefe mostrar gran firmeza de propósitos. Pero tan pronto como surgen las dificultades, entonces las cosas no se mueven como una máquina bien engrasada, la maquina misma comienza a hacer resistencia, y el Jefe debe tener una gran fuerza de voluntad."*
>
> –Karl Von Clausewitz

Capítulo 13: ¿Qué es lo esencial en el marketing y las ventas?

"El marketing es demasiado importante para ser dejado al departamento de marketing."

–David Packard

Cuando comenzamos en Amicorp no teníamos clientes, de manera que generar ventas era una necesidad. En esos primeros días, simplemente tomaba un avión a las ciudades más cercanas a Curazao: Caracas, Sao Paulo, Miami, etc. Visitaba sus zonas de negocios y buscaba los más prestigiosos edificios de oficina. Iba de un bufete de abogado al otro, de un asesor de impuestos al otro, de un corredor al otro, simplemente tocando a la puerta sin ninguna introducción formal. Por supuesto, había muchos días en los que me sentía descorazonado por los rechazos y reacciones rudas, pero gradualmente construimos nuestra primera pequeña base de clientes, y a partir de ahí nuestra red creció hasta hacerse más y más fructífera.

Los vendedores exitosos nacen para ser vendedores. Ellos se ganan a las personas por su conocimiento del producto o servicio. La habilidad de desmenuzar el producto a sus elementos esenciales, dirigir sus pensamientos de vendedor hacia el cierre del negocio, y dar la impresión de que *ellos* hicieron un gran negocio, son todos rasgos distintivos de un vendedor experto. La mejor tarea de venta que he visto en mi vida sucedió una calurosa tarde a finales de 1979 en un ómnibus en algún lugar de Balushistan, Pakistan. Rusia había invadido Afganistán, y muchas bandas de guerreros tribales vagaban por el desierto de las regiones fronterizas. Fuimos detenidos por una banda tribal de apariencia hostil, blandiendo sus Kalashnikovs. Su líder vino hacia el ómnibus, miró a su alrededor, hizo un breve discurso sobre la importancia de su causa, y entonces nos indicó una suma en rupias que las personas en el ómnibus debían contribuir colectivamente. Un verdadero infierno se desató, y después de algunas negociaciones y actitudes amenazantes con sus armas, una suma inferior fue acordada. Los hombres de la tribu dejaron el ómnibus, se sentaron en el camino, y tomaron té. El conductor del ómnibus asumió la tarea de dividir el dolor proporcionalmente entre los pasajeros del ómnibus; a la mayor parte de las personas se les asignó un impuesto de acuerdo con el volumen de sus posesiones o lo nueva que fueran sus ropas, como extranjeros nosotros teníamos que contribuir más a la causa, cosa que nunca llegamos a entender. Después de una hora, los hombres de la tribu regresaron, la suma les fue entregada, se contó dos veces, y cuando se consideró suficiente, la tensión aflojó, las risas surgieron, hubo palmadas en las espaldas, y partimos como viejos amigos. Fue como si todos estuvieran contentos con el negocio que se había hecho. El resto del viaje me mantuve pensando que me habían *robado*. El resto del ómnibus estaba en un estado de ánimo festivo, pensando que había *sobrevivido*.

Usted también tendrá que resolver disputas rápidamente. Los conflictos y las disputas consumen energía. Siempre hay algunos clientes notorios que nunca dejan de quejarse, pero más frecuentemente que no, los clientes que se toman la molestia de quejarse, tienen razón. Resuelva los problemas rápidamente. No deje que un problema persista. Los clientes satisfechos hablan positivamente de sus productos y servicios y atraen nuevos clientes; los clientes insatisfechos hablan mal de sus servicios o productos. La comunicación verbal tiene más impacto que la que jamás podrá llegar a tener cualquier campaña publicitaria o plan de marketing. Muchas de sus nuevas ventas provienen de clientes que le dan referencias a otros prospectos. Un comentario negativo se propaga más rápidamente que un comentario positivo.

Siempre trato de tener una apreciación del mercado, quiera o no quiera estar en él. Yo sugeriría que invierta tanto tiempo como pueda en todos los segmentos del mercado donde su producto se venda como le sea posible. Pase la mayor parte de su tiempo con sus clientes. Oiga lo que a ellos le gusta o no le gusta de sus productos. Muchas veces con cambios menores puede hacer sus productos bastante más atractivos. Con respecto a esto, la apariencia es muy importante. El empaque de su producto, la presentación de su material de marketing y ventas, y la apariencia de su imagen corporativa son muy importantes. Salones de reuniones aburridos, materiales de marketing feos, documentación descuidada, cartas de ofertas con errores, o relojes parados, son un mal augurio en la percepción que el cliente recibe de su compañía. En última instancia, lo que está vendiendo es usualmente la percepción de la calidad de sus productos, más que el producto en sí.

En muchos casos los clientes no tienen realmente la posibilidad de juzgar la calidad del producto. Pueden ser capaces de notar la diferencia entre un vino de 10 dólares la botella y otro de 50 dólares, pero no entre uno de 50 dólares y otro de 500. Todo se trata de percepciones. La percepción es creada por la manera en que presenta sus productos, y por lo que los clientes oyen de terceras partes sobre sus productos. La forma en que se presenta en las ferias industriales y seminarios, es importante. Esto por supuesto depende de lo que quiera vender. Un restaurant que pretenda vender comida de alta calidad no puede tener cubiertos plásticos y funcionar sin al menos manteles de algodón y vasos de cristal. La buena calidad y la gran visibilidad son sus mejores herramientas de marketing. Asegúrese de tener grandes vendedores que visiten a sus clientes regularmente.

Un buen cliente es aquel que paga en tiempo. Crear buenos hábitos de pago requiere cierta disciplina inicial, pero retribuye muy rápidamente. Proveer buena calidad y tener una operación eficiente y efectiva redundará en buenas prácticas de pago. El servicio de postventa es también muy importante. El mejor modo de incrementar las ventas es vender más a los clientes ya existentes. Toma cinco veces más tiempo y esfuerzo hacer una venta totalmente nueva que hacer un seguimiento a un cliente ya existente. Creando nuevas formas de presentar sus productos, atraerá más clientes. Nuevo no significa caro. Las campañas de marketing costosas satisfacen el ego de los gerentes y el personal de marketing, pero no necesariamente llegan al cliente final. A menudo sucede exactamente lo contrario. Los anuncios demasiado elegantes, algunas veces asustan a los clientes; si luce demasiado bueno debe ser muy costoso, especialmente en mercados emergentes.

Su material de marketing y ventas debe enfatizar su compromiso con un medio ambiente limpio, evitar el mal uso de recursos naturales y mostrar preocupación por la sociedad en su conjunto. Nosotros hemos escogido convertir nuestro material de marketing a productos de papel reciclado a fin de enfatizar nuestra preocupación en tratar de minimizar nuestro impacto en el medio ambiente. La mayor parte de los materiales de marketing se ven solamente unas pocas veces; muchos pueden hacerse en formato electrónico y no requieren ser impresos.

Los programas de lealtad son muy valiosos para retener clientes. Estos apelan a la necesidad de las personas a relacionarse. Las personas retornarán a una cafetería o restaurant si creen que son reconocidos, apreciados y valorados a un nivel personal. En Amicorp creamos el programa *"Alfombra Roja"* que es nuestra versión de programa de lealtad. En nuestro negocio no necesitamos atraer a los clientes con descuentos, pero los intermediarios con los que nosotros tratamos, todos individuos adinerados, aún les encanta compartir nueva información, eventos personales de infoentretenimiento y buenas comidas.

Medita tu negocio

Los programas de lealtad trabajarán en su contra al momento en que los haga exclusivos. ¿Quién no ha experimentado el embarazoso momento de querer utilizar el salón ejecutivo de la línea aérea y ser rechazado porque su hija de seis años está con él o porque está usando zapatillas ese día? Se necesitarán muchas experiencias positivas, para compensar esa experiencia negativa. Créame, la exclusividad es un concepto muy peligroso. Nadie quiere ser excluido. Mejor optar por la inclusividad. Extienda su programa de lealtad, privilegios y servicios especiales a sus amigos y a los colegas de sus clientes leales. Sus clientes harán sus ventas por usted. Hacer que sus clientes actuales se sientan bien, intensificará los nexos que usted y su firma mantiene con su cliente. Presente nuevas ideas con regularidad, cree nuevos servicios y cambie algo en la presentación. Cree una interacción permanente, siéntase emocionado por los intereses y las necesidades de los clientes, y solicite comentarios. Pero sea siempre personal, nunca aborde a las personas de un modo impersonal. No solicite el comentario a través de un cuestionario de selección múltiple o Dios no lo quiera, un formato electrónico. En vez de esto, reúnase en persona o hable a través del teléfono, y esté listo para poner sobre la mesa nuevos consejos, ideas útiles, o algo que muestre que realmente se preocupa por el individuo.

"Lo mismo que el hierro se oxida por falta de uso, y el agua estancada pierde su pureza y en tiempos de frío se congela, la inacción debilita el vigor de la mente."

–Leonardo da Vinci

Capítulo 14: ¿Cómo maneja el riesgo y el fracaso?

"Tenemos cuarenta millones de razones para el fracaso, pero ni una sola excusa."

–Ruyard Kipling

Estoy orgulloso de nuestro equipo y nuestra organización. Hemos avanzado un largo trecho y la aventura aún continúa. Siento que lo mejor está por venir. En la medida en que nuestro negocio crece y atrae más talento y más clientes, podemos hacer florecer más y más ideas.

Reflexionemos por un momento sobre el éxito y el fracaso. Los dos están más íntimamente relacionados que lo que pudiéramos pensar. No hay éxito sin fracaso; sin embargo, puede haber un colosal fracaso sin éxito. Estamos seguros que fracasaremos muchas veces en lo que hacemos. La única manera de evitar el fracaso es no hacer nada. Entonces no tendrá proyectos que fracasan, tendrá una vida que ha fracasado. Cuando Thomas Edison había invertido innumerables horas y dinero tratando de perfeccionar un bombillo eléctrico comercial, alguien le preguntó si no debería aceptar la derrota y simplemente rendirse. Se dice que Edison le contestó: "Yo no he fracasado 1.000 veces. Yo he descubierto exitosamente 1.000 maneras de no hacer un bombillo eléctrico." Siguió adelante y finalmente inventó un bombillo eléctrico que funcionó, sentando las bases para General Electric.

Cuando comenzamos con Amicorp en 1992, la idea inicial era crear servicios alrededor de la Bolsa de Valores de Curazao, la cual en esos momentos estaba en la fase final de su planificación y a punto de estar lista para comenzar a operar en algunos meses. El proyecto fracasó y trajo como resultado una seria demora- ¡dieciocho años!- Y por defecto terminamos en el negocio fiduciario.

Muchos de nuestros proyectos fracasaron, muchos de nuestros negocios no funcionaron y muchas de nuestras ideas estaban evidentemente equivocadas. Pero cada fracaso fue una lección en la vida. Mientras más lecciones recibimos, más éxitos podemos lograr.

El tiempo que vivimos en la tierra es muy corto –setenta y cinco años o quizás hasta cien, si tenemos suerte.- Mientras estamos aquí, debemos tratar de dejar nuestro sello, tener un impacto en nuestro medio, crear nuestro universo y dominarlo.

Todas las mañanas nos enfrentamos con múltiples opciones. Nosotros decidimos hacer el día feliz o triste, productivo o infructuoso, un día interesante o un día sin sentido. ¿Vamos a compartir o a ser codiciosos? ¿Mostraremos arrogancia o cortesía? El universo se ajustará a nuestra conducta, sin dudas. Después de todo, lo que nosotros hacemos es lo que desencadena todas las innumerables respuestas del universo.

Si tratamos a un colega de manera ruda, recibiremos una conducta ruda en respuesta. Si dejamos que un cliente espere porque nos escondemos detrás de una regla insensata o simplemente no nos importa mostrar modales apropiados, vamos a recibir a cambio indiferencia e incluso hostilidad. Si nos comportamos de manera arrogante con alguien en el otro lado del mundo, nos defraudará y nos hará perder una fecha límite. Si pateamos a nuestro perro, nos gruñirá e incluso puede llegar a morder la mano que lo alimenta.

Igualmente, si nos ayudamos mutuamente, todos ganamos. Si tratamos a cada cliente como si fuera el único, será un placer trabajar con él. Si construimos el mejor sistema, productos, métodos y servicios posibles, el mundo tocará a nuestra puerta. Si tratamos bien a nuestro perro, será un amigo fiel para toda la vida.

En el intento para producir el mejor sistema posible, para lograr la mejor estrategia posible, y proveer un servicio superior, los errores son inevitables. De hecho, muchos serán cometidos. Son una parte consustancial del proceso y no pueden evitarse.

Lo que realmente importa es aprender de nuestros errores y fracasos. Para esto es necesario en primer lugar confesar nuestros errores y no ignorarlos, ni esconderlos debajo de la alfombra, ni culpar a otras personas. Si hacemos esto, no aprenderemos de ellos. Necesitamos aprender de nuestros errores, ya que los errores y los fracasos son el modo en que el universo nos enseña a progresar, a avanzar en la vida, y a ser mejores en nuestro trabajo y como seres humanos.

Cuando se comete un error, la acción pertinente es analizar el error y ver donde se equivocó, examinar lo que no funcionó y lo que debe hacerse a fin de rectificar el error. Aún más importante, que es lo que debe ser cambiado en sus procedimientos, en sus modos de trabajar y pensar, de manera que el mismo error nunca vuelva a suceder. No culpe a sus empleados por cometer un error por primera vez. Usted quiere que ellos asuman riesgos, desplieguen iniciativas, hagan algo, por definición los hace susceptibles a cometer errores, de los cuales se supone que deben aprender.

Nosotros teníamos un pequeño y maravilloso departamento de administración de fondos que estaba haciendo algunas ganancias y con gran potencial de crecimiento. En algún momento, viendo la conducta de nuestros competidores directos, llegamos a la conclusión que en el futuro la industria de administración de fondos posiblemente terminaría automatizada y requeriría poco personal, pero una gran cantidad de automatización e infraestructura de alta tecnología. Como no teníamos el dinero para hacer esas inversiones, y podíamos ciertamente usar el dinero que nos produjera una venta para cubrir los gastos de alguna otra inversión, decidimos vender el negocio. Esto sucedió precisamente en medio de una coyuntura de aceleración del crecimiento en el negocio, y nosotros vendimos por una modesta suma de dinero, muy a pesar de nuestro gerente de largo plazo Eric Andersen. Para cuando nos dimos cuenta que habíamos dejado pasar la mayoría de las oportunidades en el negocio y que los acontecimientos no estaban marchando como nosotros esperábamos hacia fondos modelo aún mayores, sino más bien en la dirección de soluciones especializadas hechas a la medida, ya habíamos perdido varios años. En vez de llorar sobre leche derramada, decidimos crear un nuevo departamento de administración de fondos, pero esta vez con su oficina de apoyo en Bangalore. Aprendimos de nuestros errores y escogimos allí y en ese momento nunca ser un lemmini ni seguir la corriente.

Cada día nos enfrentamos con situaciones diferentes que nos dan la oportunidad de escoger si nos escondemos o si damos un paso adelante y actuamos como líderes, si tomamos la iniciativa y promovemos los cambios o simplemente nos preguntamos qué diablos pasó. La única opción que hará que usted y los demás se sientan felices, es aquella donde *hace que las cosas pasen*.

Puede venir con incontables excusas por las cuales no puede hacer esto, ya sea porque no tiene el cerebro o el entrenamiento, no es un líder nato o no tiene autoridad. Pero la decisión de moverse descansa en usted. *Confíe* en que es el dueño de su propio destino, y una vez que lo haga, pasarán cosas positivas.

Haciendo aquello que es bueno para la familia, para el equipo, la compañía, el medio ambiente y la sociedad que nos rodea, construimos nuestro destino, descubrimos el sentido de nuestras vidas, y sentimos felicidad en la medida en que nos damos cuenta de nuestro potencial inherente. Cualquiera que sea la sabiduría popular a la que nos adherimos, estos sentimientos en lo más profundo de nosotros son los mismos. ¿Por qué no escucharlos todos los días y en todas las circunstancias?

Si comprendemos que todos tenemos objetivos similares en la vida, y trabajamos en conjunto para hacer nuestro equipo, nuestra compañía, un éxito deslumbrante, todos nos beneficiaremos y no solamente en salarios, bonos y descripciones de empleo. El verdadero beneficio está en la creación de amistad con los colegas a lo largo del planeta y en establecer relaciones con clientes que dependen y confían en nosotros. Siendo un ejemplo en todo lo que hacemos, podemos tener un impacto en nuestro medio en general.

Cada fracaso nos presenta una oportunidad de la que podemos aprender, elevarnos a la altura de las circunstancias y mejorar. Cada éxito es una ocasión para celebrar, sentirnos orgullosos de nuestros logros, y hacer planes para escalar nuevas montañas, alcanzar nuevas metas y encontrar un nuevo sentido. De aquello en lo que fracasemos hoy, podemos aprender, mejorar y hacerlo mucho mejor mañana.

"Usted se vuelve más viejo y más sabio. Al principio toma cada fracaso como algo personal. Pero su piel se engrosa con la edad y se vuelve más propenso a aprender de sus errores."

–Cheong Choong Kong

Capítulo 15: ¿Cuál es el valor del tiempo?

"El tiempo es la sustancia de que estoy hecho. El tiempo es un río que me arrebata, pero yo soy el río; es un tigre que me devora, pero yo soy el tigre; es un fuego que me consume, pero yo soy el fuego."

–Jorge Luis Borges

La teoría cosmológica hindú (al igual que la física cuántica) enseña que la materia es solo apariencia, y que el universo está formado solamente por relaciones de energía. En la raíz de todas las cosas hay una fuerza centrípeta que condensa y una fuerza centrífuga que dispersa, y el balance de ambas hace que se produzca un movimiento circular que determina el movimiento de todo en el universo. El tiempo y el espacio son inconmensurables. Nada es por sí mismo muy grande o muy pequeño, y un instante no es menor que una vida o un siglo. El tiempo y el espacio solo existen en relación con los seres vivos, cuyas percepciones determinan las dimensiones del espacio y cuyos ritmos corporales, tales como los latidos del corazón, miden el tiempo, haciéndolos así completamente relativos.

Los abogados y los auditores se dieron cuenta de esto hace mucho tiempo.

Hay un vieja broma que nos habla de un abogado que acaba de morir, llega a las puertas del cielo y corre hacia donde esta San Pedro. Él se queja que era muy joven para morir y tiene aún muchas cosas por hacer. San Pedro revisa sus datos y le pregunta cuál es su edad. *"Cincuenta y cinco"* dice el abogado. *"Extraño"*, responde San Pedro. *"De acuerdo con sus datos de horas facturadas, usted debe tener al menos ochenta y cinco."*

La experiencia nos enseña cómo hacer en una hora lo que nos tomaba varias horas. Las tecnologías modernas nos permiten hacer increíblemente más trabajo por hora que el que podían hacer generaciones previas. Hace menos de dos siglos, podía tomar de tres a seis meses que una carta llegara de Europa a Asia, y otros tres a seis meses recibir una respuesta. Hoy usted recibe un recordatorio en su BlackBerry o iPhone si no contesta una solicitud dentro de una hora. Y a pesar de eso, igualmente, tiene menos, en lugar de más tiempo para hacer lo que quiere que se haga.

Aplicar su experiencia y educación le permite hacer en una hora lo que otros necesitarían varias horas para hacer. No facture este tiempo ahorrado como *horas* extra, porque el tiempo realmente no se aceleró. El reloj mantuvo el mismo paso. En vez de eso, facture el valor extra (experiencia entregada) como *valor* extra y no como *tiempo.*

Esperar por una hora en el consultorio del dentista o en el aeropuerto por una persona a quien uno ama, puede parecer interminable, mientras que una hora empleada *con* esa misma persona a quien se ama o en un proyecto divertido, pasa volando. El tiempo es agotable. Como el muy conocido escritor portugués Fernando Pessoa dijo: *"El valor de las cosas no está en el tiempo que duran, sino en la intensidad con la que ocurren. Es por eso que hay momentos inolvidables y personas únicas."*

Muchas actividades de negocios son muy sensibles. Los aviones deben salir a tiempo, los baguettes tienen que estar frescos dos veces al día, y los juguetes deben estar en las tiendas en el periodo previo a la Navidad. Todo tiene una fecha límite.

En la industria de los servicios, la facturación esta frecuentemente relacionada con el tiempo usado en un proyecto o servicio. Ese tiempo puede usarse solamente una vez.

El tiempo es el único recurso verdaderamente no renovable que usted posee, y es un recurso que el líder, gerente o empresario no puede administrar. En vez de esto, tendrá que manejar las cosas en que invierte su limitado tiempo, comprendiendo que el tiempo es precioso y que una vez que se va nunca más regresará. Alrededor del 80% de nuestro día lo utilizamos en aquellas cosas o personas que influyen y nos brindan solamente un 2% del resultado final. El tiempo es perecedero, puede usarlo sólo una vez y si no lo usa sabiamente, se va para siempre. Es como los vegetales que se pudren si no se comen a tiempo o los asientos vacíos en un avión después del despegue. No malgaste su tiempo en reuniones que duran demasiado. De hecho, no asista a las reuniones si no hay algo que tenga sentido discutir. No convoque reuniones si no está dispuesto a cambiar su opinión sobre los temas a discutir. No use mucho tiempo en chequeos y controles; aprenda a confiar en su gente, toda su gente, y déjelos hacer su trabajo, de manera que pueda utilizar su tiempo haciendo algo diferente, algo nuevo. No use su tiempo en aprobar decisiones menores o gastos, delegue lo más que pueda en las personas que están a su alrededor. Deje que todo el mundo cometa sus propios errores. Empodere a todos, alinee a cada cual con la misión y visión de su compañía, y libere su tiempo para actividades creativas. Evite las actividades que sean recurrentes. Su vida está destinada a estar llena de nuevas experiencias, no a repetir las mismas experiencias y el mismo día, una y otra vez.

Todos tenemos la misma cantidad de tiempo disponible, veinticuatro horas al día que valen toda una vida. Lo que cuenta es lo que haga con su tiempo. Cuando envejecemos y miramos la cantidad de tiempo que no usamos en proyectos valiosos, en estar con nuestras personas queridas, o disfrutar de actividades divertidas o relajantes, sino más bien malgastándolo en luchas internas y competencias, actividades poco creativas o estériles, y proyectos sin utilidad o ni desafíos; podemos sentirnos tristes y con remordimientos. Habremos robado a nuestra familia, amigos, colegas y clientes un tiempo precioso. El malgasto tiene que reconocerse en el momento preciso en que sucede. Nadie es responsable por usar su tiempo sabiamente, excepto usted mismo.

Yo conozco a muchas persona que han estado usando su tiempo durante años en empleos que no les gustan – otros que están pensando en el retiro con diez o más años de antelación.- Esta es una forma muy poco productiva de usar su tiempo. Con tantas cosas divertidas y gratificantes que hacer, ellos están detenidos por sus propias limitaciones. Jorge Luis Borges una vez dijo: *"Cualquier destino por largo y complicado que sea, consta en realidad de un solo momento, el momento en que el hombre sabe para siempre quien es."*

Tenemos suficiente tiempo para hacer cualquier cosa que queramos, en la medida en que pongamos las cosas que realmente ansiamos hacer lo suficientemente alto en nuestra lista de deseos. No tenemos tiempo para hacerlo *todo*, es por eso que resulta tan importante determinar nuestras prioridades; y las prioridades que hay que considerar no son usualmente de índole rutinaria.

Los griegos tenían dos palabras para el tiempo *kairos y chronos*. *Kairos* significa el momento correcto y oportuno (el momento supremo) y se refiere al tiempo cronológico y secuencial. Representa un intermedio – un lapso indeterminado en que pasa algo especial.- Que este algo sea especial depende de quién esté usando la palabra. Mientras que *chronos* es cuantitativo; *kairos* tiene una naturaleza cualitativa. Lo que cuenta es qué hace usted con su tiempo y como disfruta de los momentos sucesivos de su vida, no la cantidad de tiempo que esté pasando. Una vida larga puede ser muy aburrida y una vida corta muy plena. Lo realmente importante es cómo hace que los momentos de su vida cuenten. Como dijo Federico Fellini, *"Usted existe solamente en lo que hace."*

Un momento que pasa nunca regresa, una oportunidad que se pierde, se fue para siempre. Carpe Diem, viva en el ahora; Carpe Noctem, aprópiese de la noche, y no deje que ningún momento importante pase inadvertido. Jamsetji Tata, el fundador de conglomerado Tata, nos enseña: *"Sea audaz, sea fuerte y tome la responsabilidad total sobre sus propios hombros, porque usted es el creador de su propio destino."*

Empiece hoy, ya que cualquiera que sea su edad, tiene la misma cantidad de tiempo disponible hoy, y es la misma persona que fue desde un principio, así sea que esté en el cuerpo de un adolescente, de alguien de mediana edad, o de un viejo.

"Le ruego me permita hacer borrón y cuenta nueva. La edad no tiene realidad, salvo en el mundo físico. La esencia de un ser humano se resiste al paso del tiempo. Nuestras vidas son eternas, lo que significa que nuestros espíritus siguen siendo tan juveniles y vigorosos como cuando estábamos en plenitud. Piense en el amor como un estado de gracia no el medio para nada, sino el alfa y el omega. Un fin en sí mismo."

–Gabriel García Márquez

Capítulo 16: ¿Qué uso tenemos para los gurús y los consultores?

"Los consultores de gestión: Ellos gastan el tiempo, cuestan dinero, desmoralizan, distraen a tu mejor gente, y no resuelven los problemas. Son personas que te piden tu reloj prestado para decirte qué hora es y después se marchan con él."

–Robert Towsend

En la medida que se encuentre con varias personas a lo largo de su camino, llegará a comprender quiénes son sus *maestros*, y quienes son *enseñanzas* para usted. Muchos maestros obviamente aún están trabajando en ellos mismos, y lo alimentan compartiendo sus experiencias. Otros sirven como ejemplos vivos de las oportunidades y escollos a lo largo del camino, ayudándolo a reflexionar sobre la dirección de su propia ruta. Cualquiera sea la intención cuando usted comenzó, ellos serán enseñanzas para usted.

Escoja a sus maestros cuidadosamente.

Ser un empresario no es fácil, de hecho, se podría decir que necesita todo el asesoramiento que pueda obtener. Habiendo dicho esto, es necesario que revise muy cuidadosamente por qué, dónde y de quién busca asesoramiento. Luego tendrá que ver al asesoramiento como lo que realmente es -solamente asesoramiento.- No es una verdad bíblica, ni una regla que no pueda romperse. Es solamente la opinión de otro, arrojando luz sobre los que siguen siendo *sus* problemas y *sus* decisiones.

Las personas muchas veces piden asesoría sobre temas que están fuera de su área de experiencia. Frecuentemente esta se refiere a temas ajenos a su núcleo de competencia. Un panadero, por ejemplo, probablemente necesite poco asesoramiento para hornear pan y pasteles. Sin embargo, puede necesitar dichos servicios para seleccionar el horno más efectivo desde el punto de vista de su costo o al momento de escoger un contador, auditor, abogado o consultor financiero.

Cuando inicie, usted querrá utilizar la menor cantidad posible de asesores, ya que los asesores profesionales son invariablemente costosos y puede que su asesoría no sea evidente u objetiva desde el inicio. En este caso, comience buscando asesoría profesional únicamente en las áreas donde esto tendrá un impacto duradero. En el ejemplo del panadero, seleccionar el horno y una buena estructura legal pueden ser los puntos en los cuales deba buscar asesoría. Hay cosas, como por ejemplo llevar los libros contables usted mismo mientras la empresa siga siendo pequeña. Esto a su vez lo ayudará a mantener su atención sobre el flujo de caja.

Algo muy importante que debe tener en mente es que nunca sufrirá escasez de asesoramiento gratuito. Hay muchas instituciones gubernamentales que ofrecen asesoría sin costo a las compañías que comienzan. La mayor parte de estos servicios suelen ser una pérdida de tiempo en el sentido de que por lo general las personas que dan la asesoría no tienen experiencia iniciando una compañía ellos mismos, pero algunas pueden ser muy útiles. Ahora, si busca una asesoría más práctica y directa, puede solicitarla a personas que se desempeñen en áreas de negocios. Si sólo pide una simple asesoría, se sorprenderá de ver cuántas personas le ayudarán gustosamente y de manera gratuita. Las personas retiradas se complacen ejercitando sus mentes en un esfuerzo para resolver problemas, y a los empresarios exitosos les encanta ayudar a los principiantes batalladores, pues les recuerda sus días iniciales. No olvide que su padre, y otros miembros de la familia, los vecinos o los miembros de su club de servicios locales, son recursos a su disposición.

No siempre es necesario encontrar personas que sean expertos en su área de negocios. La sabiduría empresarial puede transferirse fácilmente en forma vertical de un negocio a otro. Yo fui enormemente ayudado por un hombre, Karel Franken, quien nunca terminó ningún tipo de educación formal. Él comenzó como un limpiador de ventanas y durante su vida activa construyó una compañía de limpieza con alrededor de mil quinientos empleados antes de tener que venderla por razones de salud. Un limpiador de ventanas no tiene ninguna pista en cuanto a la planificación internacional de impuestos, pero él me dio muy buenas ideas sobre cómo motivar a los empleados, cómo ser más disciplinado, y cómo trabajar dentro de márgenes estrechos, siendo eficiente y delegando cuando es apropiado. Finalmente, nuestro impulso para obtener la certificación ISO 9000 y el comienzo de nuestro proyecto Six Sigma fue el resultado de sus sugerencias.

Han Crooij, un vendedor de seguros retirado, nos ayudó con lo relativo a las pensiones y los seguros; adicionalmente actuando como *consigliore* para muchas de las personas de la compañía. El me consideraba muy débil con las personas, siempre dando demasiadas oportunidades (probablemente era cierto), y me ayudó a pensar más profundamente sobre el valor añadido de cada individuo en nuestra compañía.

El banquero retirado Shon Max Henriquez hizo algunas apariciones en los primeros tiempos cuando yo estaba batallando con temas de codicia y valores morales. El me hizo ver claramente que si intenta mantenerse en el negocio por un largo tiempo, *nunca* se pueden tomar atajos. El me enseñó a aceptar la vida como venga: *In dubio abstinae*.

Otro banquero retirado, Frank Aldrich, me llevó alrededor de América Latina y me presentó a cientos de personas. Él me enseñó a ser *siempre* amable con *todos* y no solamente con quienes son importantes hoy. Él enfatizaba que todo está en constante movimiento, y todas las personas con quien se encuentra hoy serán de alguna manera capaces de influenciar en su negocio mañana. Hasta el día de hoy, los contactos de Frank todavía me ayudan enormemente.

Edgard Lotman me demostró que hay algunos banqueros que no encajan en el perfil estándar y se mantienen junto a usted en los momentos difíciles.

John Sheeser, un ex banquero internacional, me enseñó la importancia de la consistencia y la continuidad. De la misma manera que el dinero en una cuenta bancaria se acumula con intereses compuestos, todos los demás esfuerzos se combinan también. Las pequeñas pérdidas, ya sea de personas, productos o proyectos, son muy importantes ya que tienden a crecer y convertirse en grandes pérdidas si no se solucionan rápidamente. Las pequeñas ganancias generadas por las personas, productos o proyectos están bien, mientras tengan la posibilidad de combinarse año tras año. Nuestra compañía está construida sobre la base de alrededor de quince mil pequeños flujos de caja positivos. Cada uno de ellos de manera individual pueden no tener un impacto lo suficientemente grande como para generar cambios notables, pero todos ellos juntos crean un flujo de caja estable, sólido y continúo, que impulsa nuestro negocio hacia adelante.

Camillo Bozzolo, otro banquero retirado, me enseñó que actuar con amabilidad y magnanimidad le permitirá ganarse a una gran cantidad de personas. Esto a su vez, le permitirá lograr cosas que nunca sería capaz de hacer.

Rudi Viljoen, organizador de los programas *Warrior's Extreme Gap Year*, cuidó de mi hijo por un tiempo, e igualmente organizó entrenamientos para nuestros empleados y nos enseñó a todos cuan importantes son las actitudes y los valores que escogemos.

Nico Buren, un asesor de impuestos, mientras trabajaba estrechamente con muchas personas en nuestra compañía, se convirtió en algo como un padre para mí. Él me llamaba en horas poco comunes, incluyendo en medio de la noche, y usualmente comenzaba con un muy severo *"joven"*. Él me señalaba lo que yo estaba haciendo mal y no siempre de la manera más delicada. Nos ayudó a mejorar grandemente la calidad de nuestras soluciones así como de nuestra organización interna. Cuando Nico murió, el socio que lo sustituyó en la misma firma de asesores de impuestos, Cees Frans Greeven, trabajó como pasante alrededor de la época en que comenzamos Amicorp. Nuestras vidas continúan moviéndose en paralelo, y nos ayudamos mutuamente, aunque todavía extraño al viejo dirigiéndose severamente a mi cómo *"joven"*.

El notario Harry Burgers nos ayudó mucho con el diseño de nuevas soluciones, aportando desafíos intelectuales cuando el trabajo diario podía hacer a cualquiera sentirse satisfecho.

Hay muchos otros; de hecho la lista es larga, muy larga. Pensándolo bien, a mí me ayudó tanta gente que creo que nunca seré capaz de actuar de manera recíproca ayudando a su vez a la misma cantidad de personas. Ninguno de ellos me pidió jamás dinero a cambio de su asesoría, y *todos* realmente disfrutaron ayudando a que nuestra entonces pequeña compañía se convirtiera en una más exitosa.

Una perspectiva externa es valiosa cuando se evalúan los temas dentro de su compañía. Estando profundamente inmersos en su propio negocio, frecuentemente se pierden grandes oportunidades o no se perciben errores evidentes. Tapar agujeros dentro de su organización e intentar solucionar los problemas que persisten no puede realizarse si se mantiene el mismo nivel de pensamiento que tenía al momento de crear dichos problemas. Como Swami Prajnanpad observó: *"El estado mental es un círculo vicioso. El mismo crea problemas y entonces trata de resolverlos."*

Esas personas fueron valiosas para mí, ya que cada uno aportó con sus propias experiencias, su propio conocimiento y su propia mente. Esto es lo que usted debe buscar en sus asesores. Un joven de veintiocho años con dos *MBA* y experiencia en una firma consultora puede ser magnífico creando hojas de cálculos o formulando lo obvio, pero frecuentemente no tiene una pista en cuánto a cuáles son tus verdaderos problemas.

Solamente aquellos que han estado donde tú quieres ir pueden mostrarte el camino de manera certera y precisa. Piensa en esto la próxima vez que solicites asesoría sobre impuestos, inversiones o marketing. Esta sencilla regla, que tiene alrededor de tres mil años, pertenece al Bhagavad Gira (4:34), se basa en una manera de hacer negocios mientras se hace el bien. Ponga atención, esto puede ahorrarle mucho dinero. En vez de gastar en un asesor, done ese dinero a su caridad preferida: *"Aquellos que han visto la verdad pueden ser tus profesores de sabiduría, pregúntale a ellos, inclínate ante ellos, se un sirviente de ellos."*

En las compañías grandes siempre hay dinero disponible para los asesores profesionales. No es solo que los problemas que afligen a las compañías grandes son más complejos, con un mayor impacto, sino también que las grandes corporaciones reúnen a muchas personas que no son particularmente empresarios y buscan "cubrir sus espaldas" comprando asesoría.

Si su compañía está perdiendo dinero porque su segmento de negocio está declinando, llame a McKinsey, páguele una fortuna y sorpresa-sorpresa, ellos le dirán que debe reducirse, eliminar departamentos, productos y mercados. Como consecuencia, podrá esconderse detrás de un lustroso informe, hojas de cálculo complicadas y análisis llenos de la jerga de Harvard. Puede entonces explicarles tímidamente a sus trabajadores que no es su decisión o preferencia, sino que los "expertos" le dijeron que debía eliminar su puesto de trabajo.

Igualmente, cuando quiere hacer algo de lo que está subconscientemente convencido que fracasará, pide asesoramiento para poder culpar a otra persona del fracaso. Asegúrese de reconocer esta debilidad de carácter. Vaya a ver a los gurús en los que usted confía, enderece su espalda, y produzca algo un poco más valiente, un poco más creativo, un poco más noble. Sea un hombre.

Mientras, Nassim Nicholas Taleb nos recuerda: *"Los tontos piensan que usted puede resolver la codicia con dinero, la adicción con sustancias, los problemas con consultores, la actividad bancaria con banqueros, la economía con economistas y las crisis de deuda contrayendo deuda."*

Por supuesto, siempre hay algunos asesores profesionales necesarios. Shunryu Suzuki dijo una vez: *"En la mente del principiante hay muchas posibilidades, pero en la del experto solo hay unas pocas."* La lista comienza con sus contadores y auditores. Ellos son las personas que desde afuera, miran la salud financiera de su compañía y pueden ayudarle a evitar que cometa errores. Sus auditores no necesariamente tienen que ser las personas que vienen al terreno después de la batalla para golpear a los heridos, contar los cuerpos caídos y robar a los muertos. Ellos pueden brindar objetividad y sano juicio, y conjuntamente con su entusiasmo, esta puede ser una combinación ganadora. Puede aprender de sus auditores.

Los asesores legales pueden ayudar a proteger su negocio de errores legales. Los contratos redactados de manera adecuada y unas condiciones generales apropiadas y efectivas son de gran valor, ya que evitarán problemas en el camino; así como la claridad, a su vez, evita el conflicto. Los expertos técnicos en todas las áreas le ayudarán a prevenir arreglos que posteriormente puedan resultar ineficientes. Ellos le pueden ayudar a mejorar la eficiencia, la calidad y la confiabilidad.

Los expertos en el gobierno corporativo son cada vez más importantes, ya que poco a poco se ocupan de ir equilibrando los diferentes intereses unidos en la compañía en la medida que esta crece. Los expertos en recursos humanos son importantes para estar seguros que usted maneja correctamente una gran cantidad de cuestiones legales y mantiene el curso adecuado en lo relativo a las necesidades de entrenamiento y desarrollo. Los banqueros privados están por lo general interesados principalmente en sus intereses privados pero tienen las direcciones de los mejores restaurantes de la ciudad al alcance de sus manos. Puede usarlos para manejar el exceso de efectivo, en caso que encuentre los casinos muy aburridos. Nunca sea renuente a pedir asesoría, ya que siempre se puede aprender más.

No hay una regla que diga que como líder o empresario debe saberlo todo. Hay tantas áreas del conocimiento, tantos nuevos desarrollos en el mundo, y tanta diversidad, que necesita toda la ayuda que pueda obtener. Pero nunca olvide que independientemente de cuanto asesoramiento obtenga, usted es quien toma las decisiones, la responsabilidad sigue siendo suya y no de sus asesores. *Nunca* se esconda detrás del asesoramiento de alguien, e igualmente siempre use su propio cerebro.

"Hermanos, la causa del sufrimiento es la ignorancia. Como resultado de la ignorancia, los hombres no ven la realidad de la vida y se encierran ellos mismos en las llamas del deseo, la ira, la envidia, la ansiedad, el temor y la desesperación."

—Suttapitaka, Samyutta-Nikaya, Dhammacakkapavattana Sutta

Capítulo 17: ¿Son los empleados el activo más valioso de su compañía?

"Yo no creo en solamente dar órdenes a las personas para que hagan las cosas. Usted tiene que hacer algo así como agarrar un remo y remar con ellas."

–Mohandas Gandhi

Más tarde o más temprano su compañía en crecimiento tendrá que afrontar la contratación de empleados. Los empleados son compañeros de trabajo, colegas que no son dueños de las acciones de la compañía para la que trabajan. Sin embargo, es muy importante que se conviertan en dueños de la misión, la visión y los valores de la compañía. Depende de usted, que es el empresario, convencerlos de que unirse a su compañía, entre miles de opciones alrededor, es la mejor selección que pueden hacer con su precioso tiempo en la tierra. Steve Jobs dijo en su discurso de comienzo de curso en Stanford University en 2005: *"Su tiempo es limitado, de manera que no lo malgasten viviendo la vida de otro. No sean atrapados por el dogma, que vive con los resultados de lo que piensan otros. No dejen que el ruido de otras opiniones ahogue su propia voz interna. Y lo más importante, tengan el coraje de seguir su corazón e instintos. Ellos de alguna manera ya saben lo que ustedes quiere llegar a ser, manténganse hambrientos, manténganse tontos."*

Hay muchísimos libros que explican las técnicas de cómo seleccionar al empleado apropiado, pero yo no voy a hablar sobre esto. La cuestión más importante es encontrar personas que, al menos en cierto grado, sean capaces de compartir la misma pasión por el negocio en que usted está o los servicios que presta. Un equipo que no está unido en torno a un objetivo, nunca tendrá éxito. Solamente un equipo de personas que aman lo que hacen podrá hacer un gran trabajo.

Como Steve Jobs, usted querrá personas que esperan con ansias que salga el sol para regresar a su trabajo. Esto significa que tiene que ser capaz de unirlos detrás de aquello que su compañía representa. Como le dijo Steve Jobs al ex ejecutivo de la PepsiCo, John Sculley, a quien estaba tratando de reclutar para Apple: *"¿Quiere pasar el resto de su vida vendiendo agua con azúcar, o quiere tener una oportunidad de cambiar el mundo?"* Asegúrese que es capaz de explicar claramente como su compañía va a cambiar el mundo. Nadie se motiva verdaderamente vendiendo agua con azúcar.

Por supuesto, necesita encontrar personas con las habilidades que su compañía requiere, pero más importante que las habilidades, es la actitud y el enfoque que los individuos tienen sobre su empleo.

Si alguien quiere llegar a dominar el trabajo que usted hace y traer un nivel de pasión a la compañía, entonces dele un voto de confianza y asuma el riesgo. Cambiar el carácter de alguien después de los seis años es una tarea muy difícil, si no imposible.

Los títulos, postgrados y diplomas, significan muy poco. Estos indican que las personas tienen un grado de inteligencia, dominan cierto nivel de habilidades prácticas, se pueden sentar por horas a escuchar a alguien hablar y pueden fácilmente sentirse motivadas o presionadas para hacer lo que usted les indique. Pero eso no debe ser lo que busque en un empleado potencial. Se debe buscar la manera de que ellos traigan su personalidad a la oficina, su pasión, sus intereses, sus ideas, su creatividad y sus sueños. Los que dejan su cerebro a la entrada, conservan su pasión para sus pasatiempos, miran regularmente el reloj para ver cuánto tiempo ha pasado o tratan su empleo sólo como una forma de ganarse la vida, sólo le dan un pequeño porcentaje de lo que potencialmente tienen para ofrecer. No acepte esto bajo ninguna circunstancia. Usted paga un salario para tener a una persona completa y su personalidad completa, no se conforme con tener a media persona en el ambiente laboral. Manténgase buscando hasta que encuentre el empleado apropiado. Lo ideal es que nunca se conforme.

Un número significativo de empresarios son personas que abandonaron sus estudios universitarios o pre-universitarios. Muchos padecen de dislexia u otras dificultades de aprendizaje, e incluso muchos fueron despedidos varias veces de un empleo. Mientras más creativo, productivo y con ideas fuera de lo común sea un empleado, menores son las posibilidades que haya sido un estudiante modelo. En general no es una buena idea tratar de encontrar personas por la vía de las firmas de contratación de ejecutivos o cazadores de talento, a menos que esté buscando habilidades muy especializadas. Las referencias de los empleados existentes, personas que trabajan con sus clientes o suministradores o personas que entrena a partir de la terminación del pre-universitario o la universidad, son muchas veces una mejor apuesta. Los resúmenes curriculares de personas que se generan a través de las firmas de contratación son muchas veces inflados con información que puede no ser

100% cierta. Por lo general, las personas que usan esos servicios son motivadas por la idea de *tener un emple*o o *hacer una carrera*, que ellos traducen en altos salarios y después de 18 meses se van y realizan un nuevo salto en su carrera, a menos que, por supuesto, usted ya los haya despedido. La esencia de un negocio empresarial no es *hacer una carrera*, sino tener una vida y vivirla plenamente. El empleo o la carrera tienen que convertirse en una *vocación*.

Las personas altamente calificadas son muy buenas en las entrevistas, son capaces de tejer una historia muy convincente sobre quiénes son y cuáles han sido sus logros pasados. Esto por supuesto, no es una garantía de resultados favorables en un futuro. La mayoría, si no todos, se han estudiado su sitio web, e incluso muchos lo habrán chequeado a usted en Google, LinkedIn o Facebook, para ver cuáles son sus intereses personales y qué tipo de individuo prefiere. Por tanto, ellos estarán preparados para las preguntas más usuales. Debe encontrar la pregunta que le dará una visión interior de sus almas, un poco como Peter Falk, el Inspector Columbo, quién acostumbraba a hacer la pregunta capciosa cuando ya se estaba marchando y el sospechoso había bajado la guardia.

Los rasgos que determinan los logros prominentes, no son la inteligencia, los resultados académicos o la universidad a la que asistió. Los rasgos que determinan el éxito no se enseñan en un salón de clases normal. Las cualidades innatas que poseen sus empleados sobresalientes por lo general son la pasión, concentración y la habilidad de entender e inspirar a las personas; interpretar situaciones y discernir los patrones subyacentes, construir relaciones de confianza, y corregir sus defectos.

La mayoría de estos rasgos se forman en la infancia. De acuerdo con un reciente estudio, "el cerebro de un niño crea 1,8 millones de conexiones neuronales por segundo. El elemento crucial aquí es la relación con la madre y el amor que fluye por medio de esta conexión al cerebro del niño. Las personas que se sentían muy seguras como niños, tienden a tener más amigos en la escuela y tienden a ser más sinceros durante su vida. De igual manera, como colegas son más confiables y comunicativos; sintiendo menos necesidad de presumir o inflarse ante los ojos de otros. Los hombres que tuvieron una niñez infeliz son tres veces más propensos a estar solos a la edad de setenta". De manera que conocer qué clase de niñez tuvieron las personas, qué hacen en su tiempo libre, qué clase de vida social y que hobbies e intereses tienen, puede tener mucho sentido.

Dedique mucho tiempo en seleccionar a las personas apropiadas. La regla de oro es reclutar despacio y despedir pronto. Los candidatos que se concentran en compensaciones y beneficios pueden ser eliminados rápidamente. Necesita a quienes están sinceramente interesados en sus productos o servicios y quienes quieren compartir el sueño de su misión y la pasión por sus objetivos. Si ve que miran a otro lado cuando usted habla con entusiasmo sobre su producto, servicio o planes futuros de la compañía, debe parar la conversación de inmediato. Si en sentido contrario, nota una luz que se enciende en sus ojos y el entusiasmo crece cuando describe qué es lo que la compañía representa y en qué contribuye a la sociedad, puede que tenga un ganador. Algunas de las mejores personas que yo he reclutado a través del tiempo eran personas que no tenían un gran currículo pero compartían o desarrollaron una intensa pasión por el negocio, tenían un interés real en los clientes, y la curiosidad de aprender algo cada día. Algunas de las peores personas que he contratado incluyen a los que pensaban de ellos mismos como seres maravillosos, no necesariamente se llevaban bien con los clientes y colegas, se detuvieron en su proceso de aprendizaje porque lo sabían todo, y no producían porque no podían reunir el interés o la pasión por los servicios que nosotros préstamos o el bienestar de los colegas y los clientes.

Una vez que él o ella este a bordo, es necesario hacer que el nuevo empleado se sienta bien. Las primeras impresiones son las únicas que tienen impacto. Debe familiarizarlo con el trabajo interno de la compañía. No se concentre solamente en las tareas, enfatice también la importancia de la misión, visión y valores de la compañía. Introduzca a su nuevo empleado en la tarea a mano y ayúdelo a desarrollar un conjunto de objetivos personalizados o *indicadores claves de rendimiento*. Fije estos indicadores para los primeros tres meses, así como para el primer año. Estos indicadores deben incluir objetivos financieros de la compañía, metas relacionadas al desarrollo de la organización, y propósitos vinculados al desarrollo del individuo. Para obtener lo mejor de sus nuevos empleados, las metas tienen que ser formuladas de tal manera y en condiciones tales que de conjunto inculquen en el nuevo recluta un sentido de propósito, un sentido de impacto, un sentido de competencia y un sentido de auto determinación.

Es muy importante cuidar bien de sus empleados. Por supuesto, el salario y los beneficios tienen que estar fundamentalmente en línea con el mercado para el conjunto de habilidades contratado (y siempre que pueda algo por encima del mercado), pero la compensación es una suerte de factor de higiene. Como el lugar de trabajo, tiene que estar ahí para que la gente sea capaz de trabajar correctamente, pero no es un factor real de motivación. Las personas se inspiran por el propósito de la compañía, el trabajo en equipo, entre otras razones. Las interacciones, por la que ellos aprenden, tienen que ser alcanzadas a fin de mejorar el mundo o complacer al cliente. Dicho brevemente, lo que motiva a la persona es el sentido de pertenencia, el sentido de significado y el sentido de disfrute.

Esto puede lograrse organizando una gran comida en un restaurant sencillo, prestando grandes servicios en una compañía de contadores o haciendo inventos o mejoras que cambien la vida. Además, las personas reciben inspiración del equipo en que trabajan y del reconocimiento y aprecio que reciben de sus compañeros, colegas, clientes y supervisores. Las personas ansían aprecio, y esto no se da con suficiente frecuencia.

El propósito de una compañía, así como el propósito del puesto de trabajo, tiene que ser descrito en términos tales que las personas se sientan relacionadas con estos. Nadie se puede identificar con *"producir pequeños instrumentos musicales que tienen una alta ejecución hechos de metales y plásticos superiores"*. Pero muchas personas se pueden relacionar con *"poner mil canciones en su bolsillo"*. Hacer mucho dinero nunca puede ser la meta: es el sub-producto de fabricar un producto superior o entregar un servicio superior.

Usted tendrá que dar el ejemplo correcto y compartir el trabajo con las personas en el terreno. Tiene que entender lo que está en la mente tanto de los empleados como de los clientes. En muchas grandes organizaciones esto es algo que se olvida por completo. Los gerentes principales muchas veces crean más y más distancia entre ellos y las personas que supuestamente deben dirigir. Se rodean de lujos y gratificaciones, comienzan a volar en primera clase, y pierden el contacto con la realidad. Más tarde o más temprano la compañía sufre a consecuencia de eso. Pero las palabras de Eleonor Roosevelt son verdad todavía hoy: *"No es justo pedir a otros lo que usted no está dispuesto a hacer."* No puede realmente dirigir una compañía si no entiende en detalle sus trabajos internos y no le toma el pulso diariamente. Si no se ensucia las manos, ¿Por qué se sentirían los demás inspirados a hacerlo?

Una descripción escrita de las funciones del puesto de trabajo puede ser útil, pero tiene que ser elaborada muy cuidadosamente. No debe convertirse en una limitación para el potencial de la persona involucrada y debe siempre incluir *"y todas las demás actividades que puedan ser para el beneficio o en el interés del cliente, el departamento y la compañía."* Si su compañía es lo suficientemente pequeña, puede preferir prescindir totalmente de la descripción de funciones del puesto de trabajo. No querrá oír en su organización algo como: *"ese no es mi trabajo"*, o *"yo no fui contratado para eso."* u otras expresiones similares que matan la creatividad y la flexibilidad. Grandes compañías como la Southwest Airlines se aseguran que los pilotos ayuden a cargar sacos de carga de vez en cuando, y todos los empleados ayuden a limpiar y contribuyan a guiar a los pasajeros. Esto se hace para garantizar que ningún empleado olvide para quien realmente trabaja, así como para que todos puedan constatar lo duro que resulta en la realidad el trabajo que realizan algunos de sus colegas.

Pasar por programas de entrenamiento interno puede ser también muy útil. Puede que un nuevo empleado no obtenga mucho del entrenamiento inicial y puede que no absorba una gran cantidad de antecedentes de la propia compañía, pero es una buena forma de conocer otros empleados —algunos experimentados otros con menos experiencia.- Los detalles podrá recogerlos a través del tiempo. Es indispensable entender la dirección general. Comparta tanto conocimiento como pueda, el conocimiento debe ser como el aire, lo toma, lo procesa, vive de él por un tiempo y entonces lo comparte nuevamente, de manera que también otros lo puedan usar.

Yo pienso que estudiar manuales o sentarse frente a una computadora durante días y leer *"el modo en que hacemos las cosas aquí"*, es menos útil. Los manuales, los memos internos y los lineamientos son sólo pedazos de papel si la nueva persona no está adecuada y rigurosamente alineada con la misión, visión, valores y metas generales de la compañía.

Usando el conjunto de valores como una guía y la misión y metas como el faro hacia dónde dirigirse, un nuevo empleado comenzará a encontrar su dirección muy pronto. Él puede siempre buscar en los manuales datos específicos, cuando se enfrente a una situación que requiere una orientación específica. Una vez que un empleado conoce cuáles son sus metas y objetivos, es necesario darle *libertad* para concebir los detalles por sí mismo y alcanzar sus metas de cualquier modo que crea apropiado. Esto por supuesto, debe siempre estar dentro de los límites de los valores de la compañía.

No malgaste su tiempo diciéndoles detalladamente a las personas *cómo* llevar a cabo sus funciones. Una gran cantidad de creatividad, satisfacción en el trabajo y progreso se pierden, debido a que usamos mucho tiempo en decirles a las personas *cómo* hacer su trabajo. Concéntrese más bien en *qué* debe hacerse y *por qué* tiene que hacerse. Las instrucciones detalladas pueden funcionar en un lugar como un establecimiento de hamburguesas

McDonald's, donde los empleados reciben un manual sobre como voltear una hamburguesa y exactamente cuándo adicionarle el tomate, a fin de asegurar que la hamburguesa número cinco billones, sepa igual que la hamburguesa número cuatro billones. Por supuesto, métodos como éste traen como resultado una tasa de retorno anual cercana al 100%. Pero para la mayoría de los negocios, el toque personal, la atención personal al cliente y la idea personal que va en un producto, un servicio, o el proceso es muy importante para comprimirlos en normas y procedimientos estrictamente reglamentados.

Los comentarios regulares son muy importantes. Estos pueden darse en un esquema informal usando situaciones en el lugar de trabajo como momentos de entrenamiento. Desde luego, debe siempre seguir la importantísima regla que dice que las críticas deben hacerse de manera inteligente y a puertas cerradas; y los cumplidos en alta voz y en lugares abiertos. Sin embargo, entre personas de más o menos el mismo nivel (no necesariamente de funciones similares) es importante crear una atmósfera en la que cada cual se atreva a hablar sinceramente y criticar no solamente un producto o un proceso, sino también la manera en que estos se manejan por los compañeros e incluso por los superiores. Para que el trabajo en el terreno funcione de manera efectiva, todos tienen que sentirse libres de hablar sinceramente e incluso ser terminantes y directos (no groseros) en sus comentarios. Esta es la única manera en que cada cual puede sentirse parte de *nuestro* producto o servicio y mejorar constantemente. Tanto si fabrica un producto, como si entrega un servicio o simplemente actúa como un eslabón en una cadena mucho más larga de producción, recuerde, *"suficientemente bueno"* nunca es suficientemente bueno, solamente la excelencia es aceptable.

Cuando hay empleados que están a varios pasos de diferencia en la escala corporativa, tiene que ser muy cuidadoso en cuanto a cómo comunicarse, ya que estas personas no son siempre capaces de ver la imagen completa, o al menos no al nivel que usted la ve o viceversa. Ellos se pueden sentir limitados, desafiados o amenazados por la diferencias en nivel. De todas formas usted debe solicitar una opinión honesta, pero puede ser necesario confrontar los resultados que obtiene con el retorno que reciba de otras fuentes.

Las personas fuera de su equipo y aquellas que están exclusivamente en funciones de apoyo que no tienen poder *real*, deben ser tratados con el mayor respeto. Ellos tienen muy poca o ninguna posibilidad de mejorar cualquier situación de crisis en que usted se encuentre. Estas personas incluyen recepcionistas que no le dan acceso a la persona que usted quiere visitar, empleados de una línea aérea que tratan de registrarlo en otro vuelo después que su vuelo original ha sido cancelado, o taxistas que no doblan en la esquina correcta cuando usted está muy apurado. Los colegas y otros asociados que son groseros en este tipo de situación revelan características muy desagradables de su carácter. Por lo tanto, es importante que reciban un entrenamiento muy serio para evitar que estos hábitos se conviertan en parte de sus patrones de conducta y que en última instancia afecten a otros empleados e incluso a la misma compañía.

Es grandioso poder preguntarles a los empleados qué quieren o qué necesitan para desarrollarse, pero por lo general, en las organizaciones estas preguntas terminan generando una gran cantidad de problemas. Algunos empleados comenzaron a estudiar italiano o papiamento, totalmente inservibles para nuestro negocio. Como consecuencia, debe tratar de dirigir las opciones, dejar claro cuáles son las habilidades que ayudarán a la compañía, cuáles son útiles y cuáles son inútiles a la organización. De todas maneras, muchas personas tienen la idea errónea de que hacer una carrera significa moverse hacia arriba hasta los cargos de dirección. Esto no solo va muchas veces contra el carácter de una persona, sino que además no reconoce que las necesidades de muchas compañías pueden satisfacerse mejor teniendo más especialistas, en vez de ascender a sus personas más capaces a los cargos de dirección general. Hay muchas formas de crecer, como por ejemplo, crecer en profundidad en vez de en *status*. Nuestra compañía necesita más expertos y personas calificadas que gerentes, por ejemplo.

En mi opinión, es muy importante conocer exactamente que habilidades y puestos de trabajo que la compañía necesita en el presente, en seis meses y en dos años. De esta manera podemos diseñar qué puestos de trabajo necesitamos como compañía. Podemos colocarlos uno contra el otro, en orden de importancia (no solamente mirando lo alto que están en el organigrama) y revisar los intereses y fortalezas de las personas sobre las bases de las necesidades de la compañía.

Cada puesto de trabajo tiene un número de reglas. Mientras más reglas haya más se rompen, de manera que trate de no introducir *más* reglas, concéntrese más bien en los valores. Inevitable y desafortunadamente, las reglas a veces se violan. Esto pasa de varias maneras. Una categoría es simple: las personas violan la ley apropiándose indebidamente de las propiedades de la compañía. Robar activos de la compañía, utilizar indebidamente el teléfono o Internet para fines personales y falsificar documentos, incluyendo recibos de gastos, son algunos ejemplos. Usualmente, no hay otro remedio que despedir al empleado y quizás, incluso, informar su conducta a la policía. El valor monetario de la violación en realidad no tiene importancia. Si una persona se roba un dólar, también se robará un millón si la oportunidad conveniente se le presenta. Otra categoría es violar códigos morales o éticos. Traspasar los lineamientos y costumbres de la compañía, actuar al filo de la ley, esconder información relevante, llegar tarde frecuentemente, molestar o insultar a los compañeros, o cometer acoso sexual, son acciones más difíciles de manejar. Y, desafortunadamente, casi todos nosotros hemos violado una regla en algún momento, a propósito o involuntariamente.

Cualquiera sea la seriedad de la violación, estas son situaciones con las que hay que lidiar de inmediato. El empleado involucrado tiene que ser informado sobre por qué ciertas conductas no son aceptables. El enfoque debe concentrarse en la conducta y no en el empleado. Cuando resulte apropiado deben realizarse acuerdos a fin de evitar que se repitan conductas similares en el futuro.

Lo ideal es tomar notas y confirmar acuerdos relacionados con los cambios de conducta. Una vez que usted emprenda el camino de las advertencias formales escritas ya es básicamente muy tarde, y usted está simplemente documentando un plan de salida. En muchos países, sin embargo, esto es obligatorio, pero en realidad es una pérdida general de tiempo, crea resentimiento y energía negativa.

Despedir empleados es algo que todos preferiríamos no hacer. Es inevitable cuando alguien claramente no puede manejar de forma adecuada los requerimientos del puesto de trabajo, y no hay otras posiciones apropiadas dentro de la compañía. Esto generalmente indica un error de contratación, ya que en el momento de la contratación deben aclararse cuáles son las habilidades del empleado y cuáles habilidades puede adquirir mediante el estudio o el entrenamiento.

Habiendo tenido que dejar ir a un grupo de personas en el transcurso de mi carrera, me desagrada hacerlo y por tanto, evito por todos los medios contratar las personas equivocadas en primer lugar. Para ilustrar esto, permítame compartir con usted la siguiente anécdota. Hace un par de años, fui a México a despedir al gerente de nuestra oficina. Esta persona estaba claramente confabulada con varios empleados de al menos uno de nuestros intermediarios/proveedores, desviando dinero de la compañía para sus necesidades personales. De todas formas, me dio lástima tener que despedirlo.

Yo había ido a México con otro colega y después de resolver el problema del gerente, nos fuimos a beber *tequila con sangrita*. Mucho después de la media noche, me fui a mi habitación en el Hotel Nikko. La puerta parecía atascada, de manera que apliqué mi fuerza, que estaba reforzada por el tequila, y usé mi peso contra la puerta. Toda la puerta, incluyendo el marco, colapsó y escuché un ruido dentro de la habitación. Un norteamericano desnudo saltó de la cama, moviendo sus brazos en el aire, y gritó pidiendo auxilio… o tal vez clemencia. Después de una gran consternación, resultó que la misma habitación había sido asignada dos veces. El hotel me compensó alojándome en la Suite Presidencial. Aun así, yo prefiero no tener que despedir a muchas personas.

De vez en cuando, usted encontrará empleados que puede que tengan las habilidades pero carecen de la actitud apropiada. Esta categoría no es un problema, si su desempeño es bajo y sus metas no se están cumpliendo. Estos empleados no tienen lugar en la organización y será mucho mejor que estén fuera en otro lugar. Usted verá con frecuencia que, si usted ejecuta el proceso de manera apropiada, posteriormente ellos mismos le dirán que dejarlos ir, fue una de las mejores cosas que les ha pasado. La categoría más difícil de inadaptados con la que hay que lidiar, son aquellos que tienen las habilidades adecuadas y un buen desempeño en tanto cumplen sus metas, pero que en el proceso no respetan los valores de la compañía y/o insultan, maltratan o abusan de sus colegas reiteradamente. Por supuesto, usted querría conservar a estos empleados, si al menos ellos pudieran… etc. Pero desafortunadamente, eso no ocurre con frecuencia. *Nunca* ceda a la tentación de permitir que alguien se salga con la suya faltando el respeto sistemáticamente a sus valores y violando sus reglas internas solamente porque tiene un alto desempeño. Las desventajas de este tipo de comportamiento exceden considerablemente las ventajas. Dará la impresión de que después de todo, sus valores no son tan importantes, y que otros tienen también permiso para violarlos; por lo que al final puede que dé la impresión de que no trata a todos con igualdad e imparcialidad.

Yo he violado esta ley algunas veces, y en un caso muy específico decidí finalmente aceptar la realidad y dejar ir a la persona involucrada, cosa que fue un gran alivio para la organización e internamente para mí. Muchas veces como líder, usted es la última persona en darse cuenta que alguien no está teniendo un buen desempeño. Por otra parte, no puedo recordar un solo caso en que haya dejado ir a alguien que se estaba comportando de manera poco ética, y lo haya lamentado luego. Cuando yo estaba en INSEAD, me comprometí en una de las sesiones de entrenamiento a liberar una lista de quince personas con cargos más o menos de dirección en nuestra organización. Me tomó casi dos años dejar ir a catorce de ellos, y el número quince pareció haber hecho un cambio real. Me sentí muy aliviado cuando el último finalmente se fue e igualmente se sintieron las personas a mí alrededor. No debe haber lugar en ninguna compañía para las personas que frecuentemente hablan por la espalda de sus compañeros, personas que constantemente se quejan, promueven un ambiente negativo y afirman que las cosas están fuera de su control. Las personas que son codiciosas a costa de sus colegas y que promueven una competencia interna destructiva, son tóxicas en el ambiente de la compañía. La negatividad recibe una gran atención, y todo lo que recibe atención, crece. Deben tomarse medidas rigurosas en el momento en que ya usted no puede ignorar el problema.

Muy a menudo esta negatividad logra trepar de manera sigilosa; siendo el resultado de empleados que están demasiado cómodos en sus posiciones, y sienten que tienen todos los derechos que posiblemente puedan tener dentro de la organización. Es muy peligroso que los empleados desarrollen la noción de que *"las reglas están ahí para cualquiera menos para mí,"* o *"He estado aquí por bastante tiempo como para no tener que producir más",* o incluso, *"Yo me he ganado mis barras y ahora otros pueden hacer el trabajo."* Esta mentalidad en los empleados es realmente perjudicial, y si usted no ha puesto suficiente atención y no ha cortado esta conducta de raíz, entonces no hay otra opción que despedir a las personas que incurran en esta conducta. Recuerde, el historial de los resultados de cualquiera es irrelevante con relación a su desempeño actual. El desempeño es acerca de lo que todos producimos hoy y nuestros planes y ambiciones para mañana. Dedíquese a vivir en el *ahora*, y si el desempeño ya no es evidente, y, más importante, cuando la ambición se va, es el momento de cortar los nexos.

En cualquier organización resulta clave que los empleados tengan el sentimiento de que son tratados con igualdad y justicia. La organización solo funcionará si la gran mayoría de las personas sienten que la compañía *es "su compañía".* Es un requisito indispensable que exista un sentimiento de *nosotros* y no de *ellos*. Por tanto, los *cretinos* que tienen alto desempeño, tienen que ser sacados de la organización tan pronto como sean identificados, sin discusión.

Solo de esta manera pueden sentirse cómodos los demás empleados de la organización y comenzar a sentirse y actuar como miembros de un equipo. Para que un equipo funcione bien, todos sus miembros tienen que sentirse apreciados y tener un lugar correcto en el equipo; lo que más comúnmente se identifica como una *tribu*. En la filosofía africana este principio se denomina "*Ubuntu*". Nelson Mandela explicó Ubuntu como: *"un viajero que viajaba por un país se paraba en un pueblo y no tenía que pedir ni comida ni agua: una vez que paraba la gente le daba comida y le entretenía"*. Este es un aspecto del Ubuntu pero tiene varios aspectos. Ubuntu no significa que la gente no debería enriquecerse. La pregunta entonces es la siguiente: ¿lo vas a hacer para contribuir a que tu comunidad sea capaz de mejorar? El Arzobispo Desmond Tutu, en su libro *Dios no es cristiano* ofrecía la siguiente definición: "*Una persona con Ubuntu es abierta y está disponible para los demás y les brinda su respaldo; no se siente amenazado cuando otros son capaces y son buenos en algo, porque está seguro de sí mismo ya que sabe que pertenece a una gran totalidad, que se siente disminuida cuando otras personas son humilladas o menospreciadas, cuando otros son torturados u oprimidos*". Ubuntu es la esencia del ser humano, ya que habla particularmente sobre el hecho de que usted no puede existir como ser humano si está aislado. Habla de nuestras interconexiones. Desmond Tutu afirma: "*Usted no puede ser un ser humano por usted mismo de manera aislada. Cuando usted tiene esta cualidad-Ubuntu- es conocido por su generosidad. Pensamos muy a menudo sobre nosotros mismos solo como individuos, separados de los demás, cuando en realidad estamos conectados y lo que hacemos afecta a toda la humanidad."*

Trabajar en un equipo bien estructurado ayuda a obtener lo mejor de cada uno de sus miembros de la misma manera que se crea satisfacción en el trabajo al combinar las habilidades complementarias y compartir el entusiasmo y las metas. Un buen equipo es como una tribu donde los miembros desempeñan un papel natural que se ajusta a su nivel de desarrollo, su nivel de habilidades y sus necesidades. Las tribus que funcionan bien piensan que son invencibles y que el mundo en un grandioso lugar, por lo que sienten que pueden mover montañas y disfrutar el proceso de las actividades que llevan a cabo.

Muchas personas están familiarizadas con la pirámide descrita por Abraham Maslow. Antes de que exista un genuino interés y suficiente atención a la satisfacción de necesidades de alto nivel, primero se deben satisfacer las necesidades humanas básicas, tales como la necesidad de comida, abrigo y sexo. A su vez, las necesidades de alto nivel incluyen realización personal, respeto de los demás, creatividad y moralidad. Estas actividades no están separadas en tiempo y espacio, pero mientras más fuertes son los cimientos sobre las que se erigen, mayor es el enfoque en los altos niveles y los desafíos.

Como empresario, usted necesita estar allí y ayudar a sus empleados a ascender la pirámide de Maslow. Un requerimiento importante es que la compensación sea competitiva para su tipo de negocio. No es útil ser escaso en esto, pues si paga maníes obtendrá monos, y muchos de los otros factores *higiénicos* que dominan el nivel bajo de la pirámide no son caros. Un horario de trabajo flexible y la flexibilidad en el manejo de la escuela de los niños, enfermedades, embarazos y necesidades familiares, no son tan costosos y pueden crear lealtad corporativa.

Una estimulación razonable a las personas para que estudien y desarrollen sus habilidades y experiencias ganará dinero de retorno para la compañía, ya que cualquier persona que realmente alcance el cumplimiento de todo lo que se propuso cuando nació en este mundo es un activo colosal para cualquier empresa. De igual manera debe enfocarse en reconocer el desempeño del equipo y de las personas, ya que esto puede ser un gran factor de motivación. Recuerde mantener las recompensas inclusivas y no exclusivas; no es necesario que las recompensas tengan un alto valor monetario, pero deben venir y ser extendidas con todo el corazón; cuando se entregan, es necesario explicar a todos las razones por las que se entregan.

Uno de los eventos rituales más temidos es la evaluación anual o semestral, especialmente si estas evaluaciones conducen a sorpresas para las personas que están siendo evaluadas. Es mucho mejor lidiar con la alabanza y las áreas de mejoría durante el año, que dejarlas todas para un momento de valoración formal. Si usted les pregunta a las personas cuál es su contribución individual a los esfuerzos de un equipo, ya sea las tareas del hogar de una familia o el trabajo realizado en un equipo, el total de la contribución de los miembros individuales será siempre superior al 100 %. Dale Carnegie describió esto de la forma siguiente: *"El resentimiento que la crítica engendra puede desmoralizar a los empleados, a los miembros de la familia y a los amigos, sin corregir la situación que ha sido criticada."*

Al momento de la evaluación de fin de año, el espíritu de equipo se desintegra, el supervisor se esconde detrás de su *status* y el empleado puede ir a casa humillado, subestimado y afligido por su sentimiento de ser uno más del equipo. En los casos menos inteligentes, las evaluaciones se combinan con un requerimiento de promover o recompensar a X porcentaje de los ejecutores y dejar que queden en el fondo los integrantes del otro X porcentaje. Esto es una forma segura de terminar con personas siendo promovidas más allá de su nivel de confianza y competencia, fenómeno conocido como el Principio de Peter. Las personas dejan la organización con el fin de no terminar en el X porcentaje del fondo, mientras que todos aquellos en el medio se concentran y preocupan acerca de cómo quedaran en la evaluación en lugar de hacerlo en las tareas reales. Sin agregar que las "Revisiones-360"son aún peor, especialmente cuando se conducen de cierta manera anónima. Son simplemente destructivas para el espíritu de equipo y deben ser evitadas. En vez de todo esto, la crítica debe ser continua, mutua, *ad hoc*, abierta y franca.

Por iguales razones, creo que las encuestas anónimas de empleados son también una mala idea. Estas invitan a las personas a quejarse y siembran desconfianza sin traer soluciones. Una mejor opción para saber cómo se están sintiendo los empleados es realizar asambleas abiertas, donde las personas son invitadas a hablar francamente, donde los problemas difíciles son discutidos directamente y se oyen sugerencias. Las personas que no se sienten cómodas hablando francamente en público deben ser invitadas a usar la política de puertas abiertas, ya que esto es mejor que esconderse detrás de un pedazo de papel sin firma. Un gerente a quien le sorprende la crítica anónima que ha obtenido de un "360" o de una encuesta de empleados tiene tres opciones. Puede reflexionar si ha perdido contacto con la base, puede sospechar que hay alguien que está tratando de socavar su autoridad o el espíritu de equipo y la cooperación en el terreno, o puede tratar de resolver el problema que puede o no ser real. En cualquier caso habría sido cien veces mejor si el problema hubiese sido expuesto abiertamente.

Clasificar a los empleados tampoco es una buena idea. En el pre universitario este puede ser un modo favorecido por profesores intelectualmente cuestionados para hacer distinciones artificiales entre los estudiantes, y así limitar su potencialidad diciéndoles que no son buenos para algo. El efecto de esto es una reducción de la creatividad de la persona y del deseo de aspirar a tareas que impliquen mayores retos. Clasificar a un departamento completo, tiene como consecuencia el establecimiento del orden jerárquico interno y elimina por completo la movilidad ascendente. ¿Es un ser humano más valioso que otro? Como mencioné en el ejemplo de la tribu, todos los miembros del equipo deben contribuir con algo que sea esencial para su correcto funcionamiento. Por ejemplo, la recepcionista es tan importante como el vendedor, el diseñador, el asistente de producción o el dirigente; si no es así, no debería ser parte del equipo. En nuestra compañía los equipos de recepcionistas forman una valiosa línea frontal en las áreas de contacto con el cliente y flujo de documentos. Sí, algunas habilidades son más escasas o únicas que otras y esos trabajadores son compensados por esas habilidades, pero la compensación refleja las habilidades y no al ser humano.

Por estas mismas razones, etiquetar a las personas nunca es una buena idea. Cuando nacimos todos teníamos posibilidades y oportunidades ilimitadas dentro de nosotros. Desde el momento que fuimos al *jardín de infantes,* nuestra familia, nuestros profesores y todos los demás que están alrededor de nosotros, limitaron nuestras posibilidades mentales y físicas, encasillándonos en especializaciones cada vez más estrechas. Tu eres varón, de manera que tu no juegas con muñecas, tú disfrutas temas alfa, entonces no serás bueno en temas beta, a ti te gusta la música rock and roll, de manera que no apreciarás la música clásica. Es igualmente así como suponemos que un administrador de activos conduce un auto deportivo, un auditor conduce un Volvo, un vegetariano abraza los árboles, y un amante de la carne es más agresivo. La lista de casillas sigue hasta que los intereses, hábitos y maneras de pensar son condicionados de forma tal que encajen en el patrón de expectativa o, aún peor, hasta que las personas involucradas comienza a creer que ellos son buenos o están interesados, solamente en un número muy limitado de cosas. Este es un patrón de conducta que lo hace a usted usar una porción de su cerebro cada vez más pequeña y limita sus sueños. Como niño usted pudo imaginarse como un piloto en un momento, e inmediatamente después como un granjero criando cerdos. ¿Qué pasó con sus sueños de la niñez? ¿Quién debe escoger de qué es capaz? Eso es algo que sólo puede –y debe- hacer usted por sí mismo.

Las personas deben ser dignas de confianza y ser apreciadas por quiénes y qué son. Yo pienso que toda persona es perfecta, en tanto fue creada de su propia manera. Usted únicamente necesita encontrar el modo correcto de aprovechar el potencial de una persona y atender sus retos y metas en la vida. Sólo si usted es capaz de alinear las metas en la vida de los empleados individuales en su compañía, tendrá éxito dirigiendo una compañía en crecimiento. Usted no logrará esto clasificándolos, encasillándolos, o etiquetándolos; por lo que tendrá que darle su amistad y confianza, nutrir sus sueños, darles la libertad de que cometan errores y persigan retos que los conducirán a ambos, al fracaso y al éxito. Tendrá que ser honesto y duro con ellos. Preséntales retos dignos, de manera que ellos puedan aprovechar todo su potencial y sentirse satisfechos al final del día. Déjelos tensar sus cerebros, enfrentar desafíos, y crecer en la creatividad y el conocimiento. Como los músculos que se ejercitan regularmente, esta es una forma en que ellos se harán más fuertes. Y, desde luego, el sentimiento tiene que ser mutuo. Así es como Steve Jobs formuló esta idea cuando se dirigía a los graduados de Stanford: *"Tienen que encontrar eso que aman. Y eso es tan válido para su trabajo como para sus amantes.* **Su trabajo va a llenar gran parte de sus vidas y la única manera de sentirse realmente satisfecho es hacer aquello que creen es un gran trabajo, y la única forma de hacer un gran trabajo es amando lo que hacen. Si todavía no lo han encontrado, sigan buscando.** *No se conformen. Al igual que con los asuntos del corazón, sabrán cuando lo encuentren. Y al igual que cualquier relación importante, mejora con el paso de los años. Así que sigan buscando hasta que lo encuentren. No se conformen."* Todos en su compañía necesitan ser igualmente importantes, todos deben ser valiosos, pero nadie debe ser indispensable, y nadie debe sentirse por encima de las reglas, más allá de la cooperación, o con derecho a una vida fácil porque ha estado con la compañía durante mucho tiempo. El desempeño pasado no es una razón para relajarse hoy. Cada persona debe añadir valor a su lugar de trabajo cada día. Eso hace a cada persona igualmente valiosa. El lugar de trabajo que usted crea debe ser el lugar preferido por un empleado para pasar el día, todos sus empleados.

Esto implica que cada quien necesitará estar inspirado y empoderado para vivir sus sueños *para* la compañía y *dentro* de la compañía. Usted puede delegar tareas, proyectos y metas, pero la delegación solo funcionará si los empleados se comprometen con la tarea, el proyecto o la meta. Usted puede estimular a sus empleados a tomar la iniciativa, pero en definitiva la iniciativa solo puede ser *tomada;* nunca puede ser *dada.* La autoridad real tampoco es dada; es tomada. Contrariamente al amor, que no puede ser tomado; solo puede ser dado.

A lo largo del camino, el éxito tiene que ser celebrado, los errores tienen que ser analizados y las lecciones tienen que ser aprendidas ya que hay que hacer mejoras constantes. El equipo necesitará reír y llorar junto y sus miembros necesitarán estimularse mutuamente para ser siempre mejores en lo que estén haciendo. El viaje a través del camino debe ser disfrutado por todos, al menos la mayor parte del tiempo, ya que no solo toma al menos ocho horas diarias de su limitado tiempo en la tierra cada día, sino que también es una ruta para el auto descubrimiento. Por cada meta que se logra, una nueva surge, porque no es el momento lo que es significativo, sino el viaje. La meta nunca se alcanzará, pues después de cada cima de montaña que se conquiste, surgirá una nueva.

En Amicorp dependemos mucho de una cooperación internacional estrecha y confiable, de manera que celebramos las diferencias en culturas entre nuestras varias oficinas. Cuando es *Diwali* en la India o Singapur, y *Sinterklaas* en Holanda, o cuando encendemos un *pagara* en Curazao, hacemos un esfuerzo para explicar las razones de la celebración al resto del grupo. Cuando es el *Ramadam* les explicamos a todos que algunas personas no pueden comer o beber hasta la puesta del sol y pueden ser menos productivas que lo normal. Nos deseamos mutuamente Felices Navidades, feliz Eid, un buen año del Dragón y el Nuevo año en Rusia después del nuevo año europeo. Los empleados se comunican diariamente por teléfono y vía Skype, y lentamente aprenden a apreciar las culturas de sus colegas. Tenemos un libro de cocina de Amicorp con recetas de muchos lugares y muchas de las oficinas están adornadas con pequeñas banderas de los diferentes países con que estas trabajan. Pequeñas estatuas de Ganesh protegen nuestros espacios de trabajo alrededor del mundo. Las personas van a bodas internacionales y se visten con el atuendo de otras partes del mundo. Las discusiones iníciales sobre que comida, enfoque o cultura es mejor que la otra han sido sustituidas por más y más interés en la vida de los colegas y aprecio por la riqueza de la diversidad.

> *"No era la recompensa lo que importaba o el reconocimiento que podría cosechar. Era la profundidad de su compromiso, la calidad de su servicio, el producto de su devoción, esas eran las cuestiones que importaban en una vida. Cuando usted daba pureza, el honor venía en la entrega, y eso era suficiente honor"*
>
> –Scott O'Grady

Capítulo 18: ¿Quién paga los salarios y quién toma las decisiones?

"Un cliente es el visitante más importante de nuestras instalaciones. Él no depende de nosotros, somos nosotros quienes dependemos de él. No es una interrupción de nuestro trabajo, es la finalidad de éste. No es un extraño en nuestro negocio, forma parte de él. Al servirle no le estamos haciendo un favor, es él quien nos hace un favor al darnos una oportunidad para servir."

–Mohandas Gandhi

Cualesquiera que sean sus ideas, por muy grande que sea su misión, o por muy deliciosas que sean las galletas que usted hornea, si no hay clientes que las compren, tiene un problema. La prueba concluyente de cualquier servicio y cualquier producto es: ¿lo comprarán los clientes? Ningún negocio puede existir sin clientes. El Gurú de la gerencia Peter Drucker dijo: *"La cuestión individual más importante que se debe recordar acerca de cualquier empresa es que los resultados no están dentro de sus paredes. El resultado de cualquier negocio es un cliente satisfecho."*

Sus relaciones con los clientes caminan por una línea muy delgada. En un extremo a muchas personas, incluyendo todo su personal de ventas, les gusta complacer a los clientes y acceder a todos sus deseos. Esto se traduce frecuentemente en el adagio: *"El cliente es rey."* Por muy tentador que esto sea, realmente se requiere que el cliente permanezca como un cliente y que no se convierta en un déspota absoluto. Yo discrepo completamente del enfoque del expresidente de los Estados Unidos Richard Nixon, quien dijo: *"Nunca diga no cuando un cliente le pida algo, incluso si le pide la luna. Usted siempre puede tratar, y en cualquier caso, siempre hay tiempo después para explicar que no fue posible lograr el objetivo".*

De igual manera, tendrá que cobrar una cantidad justa de dinero por sus servicios y puede tener que negociar precio y calidad cada cierto tiempo. A veces los requerimientos del cliente son simplemente irrazonables, y usted tiene todo el derecho del mundo a demostrárselo. Asimismo, los buenos clientes siempre pagan sus facturas a tiempo; por lo tanto, nunca acepte demoras en el pago de los clientes con la excusa de que ellos son *buenos* clientes. Las personas que no le pagan en tiempo dejan de ser clientes. No permita que le envenenen su organización, elimínelos tan pronto como sea posible.

En el otro extremo, hay personas que ven a los clientes como alguien que perturba su trabajo diario, que siempre se quejan y que nunca quieren pagar lo suficiente. En su organización estos no son usualmente los vendedores sino la gente de la producción y la oficina de apoyo. *Podemos ofrecerle cualquier color de automóvil que usted quiera, siempre que sea negro*, se convierte en un lema de limitación para ellos. Yo comprendo de donde vienen, y cada organización requiere luchar por la eficiencia, pero en la realidad diaria del negocio, este necesita producir lo que el mercado demanda. Para ellos tengo estas palabras de Albert Schweitzer: *"Yo no sé cuál será su destino, pero una cosa sí sé: entre ustedes, serán realmente felices aquellos que hayan buscado y encontrado como servir."*

La verdad reside en algún lugar en el medio. El cliente debe convertirse en su mejor amigo y un socio en el negocio, ya que él lo necesita a usted tanto como usted lo necesita a él. Aceptar esto lo lleva a recorrer la mitad del camino. Como el dueño de supermercados Sam Walton dijo de manera franca y precisa: *"Solo hay un jefe, y este es el cliente. Él puede despedir a todos en la compañía desde el Presidente hacia abajo, simplemente gastando su dinero en algún otro lugar."* Es posible que usted pueda tener un negocio sin empleados, de hecho existen muchos negocios que trabajan bajo esta modalidad, pero no se puede tener un negocio sin clientes. Los empleados están ahí para prestar servicios al cliente y trabajar en su mejor interés. *Nunca* lo contrario.

Muchas compañías, grandes y pequeñas, son lo suficientemente sabias para establecer relaciones estrechas con los clientes. Por ejemplo, un fabricante de piezas de automóviles o un suministrador de la industria de la aviación no puede planificar sin tener un entendimiento determinado con sus clientes: los fabricantes de autos o aviones.

En un negocio pequeño no es diferente. Si usted tiene una cafetería, tendrá que venderse de una manera que resulte atractiva a su cliente. No puede vender al doble de precio de su vecino calle abajo si el producto o ambiente que ofrece no son mejores. Henry Ford decía insistentemente: *"No es el empleador el que paga los salarios. Los empleadores simplemente manejan el dinero. Quien paga los salarios es el cliente."*

Cuando nosotros éramos relativamente nuevos como compañía fiduciaria en Curazao, llegó un momento en el que comenzamos a tener clientes demandantes y malcriados en Europa, por lo que habitualmente nos asegurábamos de que hubiera personal en la oficina desde las 6:00 a.m., para cubrir de manera parcial la diferencia de husos horarios. En los días festivos locales, como el cumpleaños de la reina por ejemplo, nosotros siempre teníamos, y aún tenemos, un personal mínimo para atender necesidades urgentes del cliente. Los clientes que llaman del otro lado del mundo y no obtienen respuesta, pueden sentir pánico y preguntarse si alguien huyó con su dinero.

Durante los días previos al traspaso de Hong Kong el 1ro de julio de 1997, nosotros trabajamos veinticuatro horas al día, fundando compañías para dueños de propiedades que en el último momento llegaron a la conclusión de que ellos un día podrían necesitar la protección del Tratado Holandés de Protección de Inversiones. Este tipo de flexibilidad es muy importante para hacerse de un nombre como un negocio orientado al cliente y sin dudas le traerá excelentes resultados.

Nuestra inversión más oportuna fue cuando Dinamarca cambió drásticamente su legislación de impuestos corporativos de manera sorpresiva, justamente antes del fin de 1998, convirtiéndose efectivamente en un paraíso fiscal para inversores extranjeros. Nosotros visitamos Copenhague la primera semana de enero de 1999 para aprender más sobre las consecuencias de este cambio legislativo, y, desde una helada cabina telefónica, organizamos los recursos y el vuelo de los empleados desde el Caribe a fin de abrir nuestra oficina en Copenhague la siguiente semana. Terminamos ganando buen dinero en Dinamarca porque fuimos la primera firma internacional proveedora de servicios que ofertaba las nuevas oportunidades a los asesores de impuestos en cualquier lugar dentro de la red de acuerdos de doble imposición de Dinamarca. Aún más importante, como resultado de esto, fuimos reconocidos como una compañía proveedora de servicios, innovadora, y proactiva, lo cual nos ayudó grandemente con algunos de nuestros otros proyectos activos. Unos años después, cuando la legislación fue lenta pero firmemente revocada, vendimos nuestra operación mediante una compra de la gerencia. Esta continúa siendo una firma local de contadores exitosa, y Jesper Holm Nielsen, el comprador, sigue siendo un buen amigo de nuestra compañía.

En la medida en que usted conoce mejor a sus clientes, podrá ser mayor su unión con ellos y será mayor también la lealtad que obtendrá. Tiene que exceder las expectativas de los clientes mediante la comprensión total de sus necesidades, y por supuesto, nunca defraudarlos en el nivel estándar de su desempeño. Si usted habla frecuentemente con sus clientes, puede sacar conclusiones de la respuesta que recibe en cuanto a cómo mejorar sus servicios o productos. Nunca haga ciegamente lo que sus clientes sugieren. Steve Jobs dijo una vez: *"Usted no puede simplemente preguntarle a sus clientes que es lo que ellos quieren y entonces tratar de darle eso. Para la fecha en que usted tenga eso construido, ellos querrán algo nuevo."*

Nosotros ya vimos que Henry Ford dijo que si él hubiera escuchado a sus clientes ellos hubieran querido solamente un caballo más rápido. Usted es el empresario, por lo tanto le corresponde dar los grandes saltos en el progreso y aportar ideas revolucionarias. Usted es el experto visionario.

En las compañías grandes existe la necesidad de retrotraer los procesos a una dimensión manejable, y se configuran los departamentos para que sean *"centros de ganancias"* o *"negocios"*. Al inicio esto puede comenzar de una manera ingenua, pero si esta dinámica no se vigila cuidadosamente, antes de que usted se percate, lo que comenzó como una simple asignación de gastos e ingresos para medir la ejecución en unidades más pequeñas, se convierte en una herramienta de competencia interna. Los departamentos pueden comenzar a luchar por su balance final con otros departamentos dentro de la organización tan fieramente, e incluso con más intensidad que como lo hacen con los clientes. No hay tal cosa como *clientes internos*; al final todos los ingresos vienen de los clientes externos, no hay excepciones. Es una diferencia fundamental, y hay que recordar a los empleados constantemente que los empleados en otros departamentos son sus colegas y por definición sus metas y objetivos *tienen* que estar alineados. El tiempo y el esfuerzo que se gasta internamente reubicando clientes, mercados, ingresos y gastos, es como reordenar las sillas de cubierta del Titanic la noche en que chocó con el iceberg. Es una pérdida de recursos, y tiene que tratarse como tal.

Los clientes son por definición, solamente personas fuera de su compañía. Manténgase muy cercano a ellos y entienda todos sus deseos. Para citar al ex Presidente de los Estados Unidos Lyndon Johnson: *"Es mejor tenerlos adentro de la tienda orinando afuera que tenerlos afuera orinando dentro."* La cita puede estar ligeramente fuera de contexto, pero en última instancia alega que cualquier mejoría a su organización debe tener como objetivo final el beneficio de sus clientes. Una propuesta de ajuste que haga que sus procedimientos sean más fáciles o mejore su organización interna, pero que no conduce a un servicio mejor, más barato y/o más rápido para sus clientes, *no es* por definición una mejoría.

Pase tanto tiempo como pueda con sus clientes y oiga lo que ellos digan. No saque conclusiones a través de comentarios de segunda mano. El empresario hotelero holandés Gerrit van der Valk una vez me dijo: *"Usted no hará dinero sentado en su oficina"*. Nosotros hicimos una vez un viaje corto para ver una inversión potencial en un hotel en Venezuela. Terminamos comprando contenedores llenos de plantas en macetas, muebles, azulejos y otros, pero decidimos cinco minutos después de llegar al hotel que este no era adecuado para los propósitos del grupo.

Cuanto más personal su servicio a los clientes, será mejor. El magnate alemán de supermercados Karl Albrecht dijo: "No hay tal cosa como clientes internos. Si usted no está sirviendo al cliente, sería mejor que esté sirviendo a alguien que lo sea". Asegúrese de que usted y sus empleados nunca olviden esto. Yo he visto que en la medida que nuestra organización crece, es fácil para algunos olvidar que ésta existe solamente para servir al cliente. Las personas pueden desviarse a pensar que las funciones internas son igualmente importantes. Sin embargo, estas lo son, solamente en tanto sirvan directamente a quienes brindan servicios a los clientes. Usted tiene que ser muy cuidadoso en no desarrollar propósitos separados, y nunca debe permitir la creación de metas que no estén directamente alineadas con las necesidades de los clientes.

Los servicios internos tienden fácilmente a crecer fuera de control, por lo que requieren constante observación, en tanto las personas que trabajan en estos no tienen contacto directo con el cliente. En los momentos en los que escucho a las personas en nuestra organización *sugerir* que los clientes deben esperar, que no se les puede atender porque estamos elaborando el presupuesto, haciendo un entrenamiento, reuniéndonos o elaborando informes; me doy cuenta de que es tiempo de sacar mis herramientas de poda, pararme frente a mis tropas y recordarles para quien trabajan realmente.

"Los verdaderos líderes sirven; sirven a la gente, sirven sus mejores intereses y haciendo esto no siempre serán populares, puede suceder que no siempre impresionen. Pero como los verdaderos líderes están más motivados por sus sentimientos de amor que por un deseo de gloria personal, ellos están dispuestos a pagar el precio."

–Eugene Habecker

Capítulo 19: ¿Es importante tener a sus proveedores como sus socios en el negocio?

"La calidad de un producto o un servicio no es lo que el proveedor pone en este. Es lo que el cliente recibe y está dispuesto a pagar. Un producto no tiene calidad porque sea difícil de construir o cueste mucho dinero, como los fabricantes típicamente creen. Esto es incompetencia. Los clientes pagan solamente lo que es útil para ellos y les proporciona valor. Nada más constituye calidad."

–Peter F Drucker

Muchos libros sobre temas de dirección dedican al menos un capítulo a explicar cuál es el actor más importante para una compañía. Al contar las posibilidades, la mayoría de los votos tienden a ir a los empleados. Naturalmente, muchos Gurús de temas gerenciales votan por el empleado pues ellos proveen a los asalariados que aspiran un día a convertirse en *CEO* y necesitan el apoyo de otros asalariados para llegar allí.

Los sindicatos, así como muchos *CEOs* de grandes corporaciones, también votan por el empleado. Se requiere que el empleado esté contento a fin de que sea capaz de hacer feliz al cliente, que a su vez usará aún más los servicios de la compañía. Herb Kelleher de South West Airlines dijo: *"Si los empleados son la prioridad, entonces ellos estarán felices. Un empleado motivado trata bien al cliente. Por lo tanto, el cliente estará feliz, y volverá, lo que agrada al accionista. Este no es uno de los perdurables misterios verdes de todos los tiempos, es solamente el modo en que estas cosas funcionan."*

Otros gerentes, la mayoría de los empresarios y los dueños de negocios familiares votan por los clientes como los más importantes. Ellos, por supuesto, reconocen que el empleado es parte de la familia y debe cuidarse de una manera razonable. Sin clientes simplemente no hay negocio. Los empleados son su medio para obtener más clientes.

Los banqueros, los administradores de activos y los inversores usualmente votan por los accionistas como líderes, ya que ellos proveen los fondos sin los cuales, para empezar, no habría compañía. Con independencia de lo que haga la compañía, esta debe en primer lugar y ante todo velar por las necesidades de sus inversores, accionistas y financistas.

Los académicos y los sociólogos votan por la sociedad en general como el actor clave. El triple balance de compañías como Tata, y más recientemente, firmas europeas y americanas con responsabilidades corporativas sociales, reflejan este punto de vista. Más adelante veremos que más y más compañías asumen este enfoque. Un reducido número de diversos expertos tienen otros actores claves en mente como Larry Julian, el escritor de *Dios es mi CEO*, que tiene un candidato obvio para esta posición.

Cuando llega el momento de la recepción de despedida, surge otro contendiente que es mencionado muy pocas veces: la familia. Por lo general, las parejas y los hijos son ignorados en la práctica diaria del negocio corporativo, pero ocupan un lugar predominante en el momento de las promociones y en los últimos días de la carrera de alguien. Los discursos de retiro usualmente incluyen sentimientos como: *"Sin mi pareja defendiendo el hogar, esto no habría sido posible."* o *"Finalmente voy a pasar más tiempo de calidad con la familia."*

Muchas de las partes interesadas reciben pocos o ningún voto en esta tonta competencia de "Quién es el más importante". Los proveedores, aunque parezca extraño, son parte de ese grupo. En algunos países, a ellos usualmente les toca la parte estrecha del embudo si una reestructuración corporativa obliga a una compañía a transitar a través de una reorganización *"Capítulo 11"* (quiebra) a fin de incrementar el pago a los empleados o mejorar márgenes para los accionistas. Esto mantiene volando a inadaptados corporativos como American Airlines y a productores automotrices de segunda produciendo, todo mientras los proveedores sufren.

Durante las malas épocas económicas, los proveedores son los primeros a quienes se les pide prescindir de parte o del total de sus márgenes a fin de mantener los márgenes de la compañía que ellos suministran. A veces tienen que pagar por los hábitos de derroche de algunas grandes industrias, la parte de la industria bancaria que es demasiado grande para perder, y los negocios no viables pero protegidos políticamente.

Muchas veces las compañías no se dan cuenta de que los proveedores son simplemente una parte tan vital de la cadena de valores de la compañía como cualquier otro actor. Dándole más importancia a algunas partes involucradas que a otras, uno abraza la mentalidad de la escasez y pone mucho énfasis en solamente un aspecto de la compañía.

Yo diría que todos los actores son importantes ya que la totalidad de los intereses en la compañía requieren ser atendidos a fin de proveer el mejor servicio posible para sus clientes. Los proveedores, los clientes, y empleados, tienen que salir ganando de manera que el dinero pueda ser obtenido para los accionistas y la sociedad en general. Nosotros, en Amicorp, nos apoyamos fuertemente en nuestros proveedores en momentos difíciles, pero siempre nos aseguramos de que sean bien atendidos en los tiempos buenos. Siempre tratamos de dejar algún dinero sobre la mesa para todos aquellos con quienes trabajamos. Por eso, es necesario trabajar solamente con gente buena. Nunca se podrá hacer un buen negocio con personas malas.; por lo tanto, no haga negocios con personas no confiables, inmorales, o deshonestas. Nunca. Ni como empleados, ni como clientes y tampoco como proveedores. Si lo hace, tarde o temprano lo decepcionarán.

Una vez más, al establecer las prioridades en el acto de balance de una gran corporación, usted tendrá que usar sus valores y su brújula moral. Esto también es válido para una pequeña compañía, una gran multinacional, y la sociedad en general. Los valores que nosotros escogemos determinan las prioridades que establecemos. Tenemos que mantenernos siempre fieles a nuestros valores y atrevernos a vivir con las consecuencias de actuar íntegramente. Esto significa que cada cierto tiempo tendremos que escoger alegremente no tener ganancias, perder personal y dejar de hacer negocios a fin de mantenernos fieles a nuestros valores, servir el medio ambiente, ser un valioso colaborador de la sociedad, y no obtener dinero procedente de oportunidades de negocios contaminantes, ilegales o inmorales.

"No podemos ser al mismo tiempo los campeones líderes de la paz y los líderes mundiales proveedores de armas de guerra."

–Presidente Jimmy Carter

Capítulo 20: ¿Con quién compite usted?

"La primera y más importante regla a observar... es usar todas nuestras fuerzas con la máxima energía. La segunda regla es concentrar nuestro poder en todo lo posible contra la sección donde se dará el golpe principal e incurrir en desventajas en otro lugar, así nuestras posibilidades de éxito se incrementan en el punto decisivo. La tercera regla es nunca desperdiciar el tiempo. A no ser que existan ventajas importantes que puedan ser ganadas de la duda, es necesario comenzar a trabajar enseguida. Con esa velocidad cientos de medidas que pueda tomar el enemigo serán cortadas de raíz, y la opinión pública se ganará muy rápidamente. Finalmente, la cuarta regla es seguir nuestros éxitos con máxima energía. Solamente perseguir el enemigo derrotado nos da los frutos de la victoria."

–General Carl von Clausewitz

Los negocios no son una guerra, ya que la guerra es la forma más antigua de competencia entre organizaciones humanas, los negocios son relativamente unos recién llegados. No había grandes organizaciones de negocios (con unas pocas excepciones tales como las Compañías de las Indias Orientales Holandesa y Británica) hasta hace solo doscientos años. Los humanos hemos estado peleando en las guerras por milenios, y las guerras han impulsado la evolución de las técnicas para organizar, suministrar, dirigir y motivar a grandes cantidades de personas. Para usar las palabras del General Carl von Clausewitz: *"En vez de comparar la guerra con el arte deberíamos compararla más precisamente con el comercio, que es también un conflicto de intereses y actividades humanas, y está aún más cercano a la política, que a su vez, puede ser considerada como una especie de comercio a mayor escala."*

Casi todos los negocios tienen competidores. Si usted fabrica un gran vino, estará compitiendo no solamente con los grandes vinos de la región, sino también con todos los grandes vinos del Mundo Antiguo y del Nuevo Mundo. Además, está compitiendo con vinos de baja calidad, que pueden competir en precios pero no en calidad y gusto, y básicamente con cualquier otra bebida en el mundo, incluyendo el agua. Su tarea es diferenciar su vino de manera tal que parezca tener tan pocos competidores como sea posible. Tony Alessandra dijo: *"Estar a la par en precio y calidad solo lo introduce en el juego. El servicio gana el juego."*

Hace algunos años, fui invitado a una exclusiva degustación de vinos en Shanghái. Un vanidoso exportador de vinos francés tuvo el honor de introducir aún mejores y más exclusivos vinos franceses. En la más genuina tradición china, el precio de venta de cada botella abierta fue pronunciado en voz alta, y en la medida que el precio aumentaba, eran mayores los silbidos y otros sonidos de admiración. Al final de la tarde, llegamos a un vino muy exclusivo; pienso que era Chateau d'Yquem. Su precio era exorbitante. Uno de los huéspedes a mi lado, un industrial chino muy rico, le pidió al exportador de vino, que estaba sirviendo el vino como si fuera oro líquido, que rellenara su copa con Seven-Up. El francés actuó como si hubiera sido picado por cien abejas al mismo tiempo y quedó en estado de *shock*. La persona que estaba sentado al lado del industrial intercedió en ayuda del francés y dijo: *"No, usted no puede beber ese vino con Seven-up."* El exportador de vinos volvió en sí y comenzó a respirar otra vez. Sin embargo, el segundo *connoisseur* chino dijo: *"Es mucho mejor con Diet Coke."* Este fue el final de la velada para este francés. Casi quedó sin habla ante el sacrilegio. Pero el mercado de vinos chino está creciendo rápidamente en tamaño y muchos chinos tienen dinero para comprar vinos exclusivos que complacen su gusto. Los vinos chinos están comenzando a ganar ciertas catas a ciegas a un paso lento pero seguro, pero pasarán años antes que los vinos chinos ganen la aclamación internacional que los vinos franceses o del Nuevo Mundo han logrado. La reputación es un componente mayor que lo distingue en la competencia.

Una compañía que ha tenido excelentes resultados es diferenciarse de la competencia es Cirque du Soleil. Está descrito maravillosamente en el libro *Ocean Blue Strategy* de W. Chan Kim y Renée Mauborgne. Básicamente Cirque du Soleil ha creado una categoría totalmente nueva de entretenimiento tomando elementos atractivos tanto del circo clásico como del teatro, mientras deja fuera los elementos menos deseados de ambos. El resultado ha sido un negocio que aun hoy, veinte años después, tiene una competencia virtualmente nula.

Cuando South West Airlines comenzó, desarrollaron vuelos de salto corto, sin lujos, punto a punto, a precios muy bajos. Haciendo esto, compitieron con las aerolíneas de servicios completos en precio; así como con los viajes en auto, creando una categoría totalmente nueva de pasajeros frecuentes.

La estrategia Blue Ocean como concepto, no es nuevo. Cristóbal Colón navegó a través de los océanos azules hacia el oeste en vez de hacerlo hacia el este a fin de encontrar una ruta más corta hacia China. Él estaba tratando de reducir significativamente los costos de transportación de las mercancías del mencionado país. Aun cuando la meta directa no fue alcanzada, esto después resultó ser una de las mejores inversiones de capital privado de la historia. En última instancia, su objetivo es que su competencia se convierta en algo irrelevante en gran medida. Usted debe querer finalmente competir con usted mismo. No se distraiga con lo que otros en su industria hacen; esto lo puede llevar a imitarlos. Competir lo hará infeliz, y lo puede llevar a creer que lo que otro hace o es, es igualmente o más importante que lo que usted es o usted hace. No caiga en esta trampa, fije sus propios estándares y trate constantemente de superarlos haciendo que la competencia sea algo irrelevante. Busque constantemente modos de colocar su negocio aparte de la competencia por medio de la oferta de productos, enfoques o acudiendo a un mercado novedoso. Aun cuando la estrategia *Blue Ocean* es fácil de entender, el libro no dice realmente cómo o dónde encontrar tal océano azul. Encontrar las áreas donde existe la oportunidad de diferencias significativas en su negocio no siempre es fácil, pero si concentra toda su atención en ello y se percata de que todas las oportunidades están a su alcance, podrá encontrar segmentos del mercado y medios de distribución previamente desconocidos; encontrará una nueva política de precios para hacer el mercado mayor; creará la gran innovación y desarrollará un producto completamente nuevo. Como experto en *su* negocio, usted está idealmente preparado para encontrar oportunidades "*Blue Ocean*" siempre y cuando concentre su mente en hacerlo.

Básicamente la competencia es irrelevante. Nosotros hacemos lo que hacemos, y tratamos de hacerlo de la mejor manera que podemos, basados en el conocimiento, la creatividad, las habilidades de ejecución y el servicio perfecto. El momento en que usted comienza a mirar a la competencia es el momento en que se siente tentado a copiarla. En ese mismo instante está perdido, justamente como los corredores y los ciclistas son dejados atrás si comienzan a dudar y a mirar por encima de sus hombros. Este es un principio tan importante que nosotros lo incluimos en nuestro lema principal: *Sobresalir de la multitud*. Hemos tratado de acercarnos al mercado de una manera distinta que nuestros competidores, tratando de pensar algunos años hacia adelante, nos concentramos desde el primer día en países que en ese momento eran llamados subdesarrollados, pero que más tarde se convirtieron en naciones en desarrollo y ahora en mercados emergentes: BRICS o Tigres. No solamente esos países han mostrado un crecimiento más notable en los últimos veinte años que la mayor parte de los mercados desarrollados, sino que también allí ha habido mucha menos competencia.

La competencia con las partes externas es esencialmente una pérdida de tiempo y de recursos; además de que distrae la concentración que debe haber en quien lo es todo: el cliente. El cliente es el que fija los estándares de su negocio. La competencia interna es aún peor. Conduce a que se gasten recursos en disputas internas en vez de conquistar el mercado. Internamente es permisible tener cierto nivel de rivalidad amistosa que contribuya a un buen desempeño, pero no se puede permitir que bajo ninguna circunstancia esa rivalidad desvié nuestra atención, concentración y servicio fuera del cliente.

"Yo no trato de bailar mejor que ningún otro. Yo solo trato de bailar mejor que yo mismo."

–**Mikhail Barysnikow**

Capítulo 21: ¿Cómo se financia una compañía?

"Nadie puede hacer que te sientas inferior sin tu consentimiento."

—Eleanor Roosevelt

Más tarde o más temprano la mayoría de las compañías necesitarán financiamiento externo de una u otra forma. Si usted está contemplando iniciar un negocio, va a necesitar algún dinero para vivir mientras hace que su negocio despegue. Si comienza con algo muy pequeño, puede que sea capaz de depender solamente de sus ahorros, incurrir en algunas deudas de tarjetas de crédito o tomar algún dinero prestado de sus amigos y familiares. Una vez que su negocio ha levantado vuelo, puede necesitar moverse a un local mayor, crear productos más profesionales, invertir en una campaña de promoción, contratar empleados y construir una fábrica o adquirir una empresa competidora, proveedora o que tenga un negocio complementario. Como consecuencia, va a tener que enfrentarse a diversos problemas de financiación a lo largo del camino.

La primera de estas cuestiones es ¿Quiere realmente financiamiento externo?

Toda forma de financiamiento externo implica una gran responsabilidad para usted como empresario, ya que cualquier financista, prestatario o inversor, espera en primer lugar que se le reembolse y en segundo lugar tener una ganancia sobre los fondos prestados. Además de que cualquier financiamiento es una enorme responsabilidad, este significa que usted está cediendo parte de su libertad. Tendrá que acordar tasas de interés y periodo de devolución que restringirán su capacidad de tomar otras decisiones. Tendrá que ofrecer información que preferiría mantener confidencial, tales como cuando efectivo tiene, detalles de su estado civil o acuerdos prenupciales, el valor de su casa y otros activos, o su estado de salud (para propósitos del seguros de vida) y otros.

Aceptar financiamiento también incrementa sus riesgos. Con frecuencia, concertar un préstamo implica otorgar garantías comprometiendo activos fuera de su negocio. Esto significa garantizar obligaciones en nombre de su compañía, aceptar restricciones que, dependiendo del tamaño del préstamo en relación con las ganancias de su compañía, pueden ser muy onerosas. Esto incluye derechos de conversión, derechos de suscripción, y prendar acciones que lo pueden conducir a la pérdida de su negocio si no logra cumplir las condiciones del préstamo.

Lo que se ha mencionado anteriormente es la buena noticia. Eso significa que alguien quiere y es capaz de concederle un préstamo. Desde la crisis financiera de 2008, con muchos prestamistas reduciendo el endeudamiento y recortando sus préstamos, para los empresarios ha sido especialmente difícil encontrar financiamiento en términos comerciales aceptables.

Las fuentes más comunes de financiamiento incluyen: amigos y familia, bancos, compañías de leasing, inversores ángeles, capital a riesgo, capital privado, y ofertas públicas iniciales. Cuando se está comenzando, usualmente es una pérdida de tiempo tratar de obtener financiación de los bancos, así que es mejor que se ahorre la frustración. A los bancos les gusta analizar el pasado a fin de sacar conclusiones sobre el futuro; miran las huellas que usted ha dejado en la nieve para determinar hacia donde se dirige. De manera de que como usted no tiene un pasado para analizar, los bancos dudarán mucho si deben prestarle dinero, independientemente de lo bien que luzca su plan de negocios y de lo promisoria que sea su proyección financiera. Las excepciones son cuando tiene un historial verificado (como empresario, no como empleado), cuando trabaja dentro de un marco probado (tal como una franquicia), cuando tiene mucho aval (el dinero de la familia) o cuando realmente no necesita el dinero, ya que tiene un balance general muy robusto.

Los amigos y la familia son su mejor apuesta cuando está comenzando. En el lado positivo, los amigos y la familia pueden ser flexibles en los términos del préstamo, puede que no demanden una garantía firme, pueden aceptar su palabra como su obligación y probablemente serán flexibles cuando su negocio no tenga en la realidad el comienzo deslumbrante que usted había anticipado. En el lado negativo, usted estará mezclando la amistad y la familia con los negocios, lo cual puede traer como resultado que los problemas en el ámbito de los negocios se desborden hacia el círculo de los amigos y la familia si las cosas no se desarrollan como se habían planeado. ¿Y realmente quiere a su tío o a su abuela de ochenta años hurgando en sus asuntos de negocios? Independientemente de algunos casos, en la mayoría de las familias hay una cantidad muy limitada de dinero que usted puede obtener de esta manera.

De manera que una vez que usted ha usado sus ahorros personales, ha tomado prestado lo más que ha podido de los amigos y la familia, y muchos bancos han rechazado darle financiación adicional, puede verse en la necesidad de acudir a inversores ángeles, capitalistas a riesgo y financistas de capital privado.

En ese preciso momento, es necesario que piense en detalle acerca de por qué quiere el dinero, por qué necesita crecer y por qué está dispuesto a vender su alma al diablo. Ese es el momento de releer el *Fausto* de Johann Wolfang von Goethe.

Los capitalistas a riesgo pueden darle el dinero requerido para expandirse cuando usted más lo necesita, pueden tomar riesgos conjuntamente con usted cuando usted ve oportunidades notables de crecimiento, pueden proveer experiencia en cuestiones financieras que excede la suya propia, contactos que usted no tiene y un enfoque duro, y mucho más orientado a los negocios que el suyo. Ellos pueden también pensar a muy corto plazo (su horizonte de inversión típicamente no se extiende más allá de tres a cinco años), imponer reducciones de costos a corto plazo y medidas de maximización de ganancias, y limitar su libertad de tal forma que puede que usted se pregunte en primer lugar por qué demonios se convirtió en empresario. Si incumple una de las varias restricciones que aceptó cuando obtuvo la inversión, puede encontrarse rápidamente en una situación en la que, quien una vez fue un inversionista muy amistoso, tiene todas las monedas de cambio en sus manos y amenaza con tomar el control de su compañía a precios de ganga o poner en vigor decisiones gerenciales que usted nunca habría tomado. Si ha habido alguna vez un área de negocios donde el tradicional *caveat emptor* (comprador sea cuidadoso) aplica, es esta. Si usted opta por el capital privado, asegúrese de encontrar un inversor que esté interesado en la compañía por algo más que el dinero.

Una vez que su compañía tenga un historial, un registro probado de generación de ganancias, y un flujo de caja estable, resulta más fácil tomar dinero prestado. Ya que para ser aceptado para un financiamiento bancario, necesitará mucha documentación.

Su misión, visión, y valores tienen que ser formulados dentro de un plan de negocios, donde debe demostrar cómo generará suficiente efectivo para pagar el préstamo, aun si las cosas se desarrollan muy por debajo de lo planificado. Necesitará estados financieros anteriores que muestren un historial verificado así como proyecciones financieras que pronostiquen un futuro que será suficientemente brillante para pagar fácilmente el préstamo solicitado.

Adicionalmente, es casi seguro que necesite un aval, esto le dará al banco una fuente de efectivo de apoyo, en caso de que su fuente primaria de ingresos por cualquier razón, se estanque. Muchos bancos tratan de obtener una segunda fuente de aval (garantías, activos personales) en caso de que la primera (cuentas por cobrar, inventarios, activos del negocio) no tuviese suficiente valor para cubrir el préstamo. Básicamente, para obtener un préstamo, usted tendrá que probar que no lo necesita; y *por favor* tenga siempre presente en lo más profundo de su mente que cuando las cosas van mal, los banqueros entran en pánico y reclaman el reembolso de su dinero. Hay mucho de cierto en el adagio de que los bancos le prestan una sombrilla cuando brilla el sol y le piden que se la devuelva cuando comienza a llover.

Nunca se endeude hasta el máximo; nunca crea todo lo que su amigo el banquero le diga. Las personas con las que usted habla no son nunca las que toman las decisiones; estas últimas serán un grupo anónimo de personas con quienes nunca ni siquiera se encontrará. Ellos no tendrán idea de cuáles son sus sueños ni de lo que usted está tratando de alcanzar. Y finalmente, nunca acepte financiamientos que dependan de que todo salga bien para poder cumplimentar las condiciones del préstamo. Todo lo que puede ir mal, tarde o temprano, irá mal.

No tiene necesariamente que ser usted quien caiga en los tiempos difíciles; puede ser también su banco. En los últimos años, muchas compañías saludables han tenido serios problemas precisamente porque sus bancos han fallado. Inversiones en activos tóxicos, deuda soberana de países excesivamente endeudados, deuda de tarjetas de crédito, burbujas inmobiliarias, y la reducción de endeudamiento y la supervisión más estricta de los bancos centrales, les han creado problemas a muchos prestatarios que no han sido generados por ellos mismos. No piense que su banco es inmune a esto. Ningún banco es demasiado grande para cometer errores estúpidos. Después de todo, las decisiones de los bancos las toman seres humanos, que, por definición, cometen errores.

Cuando usted necesite grandes sumas a fin de llevar adelante adquisiciones significativas, comprar la participación de accionistas mayoritarios, crear un nuevo producto, construir grandes instalaciones de producción, o convertirse en un actor global, puede recurrir a la colocación de bonos en la bolsa o convertirse en una compañía pública.

Convertirse en una compañía cotizada requiere desnudarse en público, hacer totalmente transparente todo aquello a lo que usted se dedica, documentar toda decisión que tome, ceder control, crear un gran número de revisiones y balances y ponerse bajo el escrutinio de personas que pueden o no entender su negocio, su misión y su visión.

Por otra parte, una compañía cotizada en bolsa también significa convertirse en una institución visible, beneficiarse de una imagen más positiva, distinguirse de las compañías con dueños privados y crearse una imagen de tamaño, calidad, transparencia y cumplimiento de las reglas. Si toma esto en cuenta, su situación competitiva puede mejorar considerablemente.

En nuestra compañía, en un momento u otro hemos trabajado con casi todas las formas de financiación. Nuestra mejor experiencia ha sido con los amigos y la familia, así como con algunos inversores ángeles, ya que las relaciones personales informales, aunque estrechas, funcionan bien en un ambiente de confianza. Nosotros tuvimos una experiencia terrible con una compañía de capital privado que pinceló la letra pequeña cuando estábamos buscando dinero en un momento en que surgió la posibilidad de una adquisición atractiva. Resultó que la compañía tenía todo tipo de trucos ocultos en la letra pequeña; y cuando cayó en problemas durante la burbuja punto-com, la compañía vino a golpear nuestra puerta, para cobrar la inversión.

La lección principal que yo he aprendido a través de los años es que el dinero le hace cosas extrañas a las personas. Recuerde mi experiencia personal de trabajar en un banco, reseñada en el capítulo introductorio. Es mejor que se mantenga en el lado seguro; no se deje atraer a una influencia excesiva para usted o su compañía; no deje que la codicia lo impulse hasta los límites; no piense que la *rentabilidad del capital* es más importante que una red de protección, y no piense que sus co-accionistas serán más felices si usted obtiene el máximo rendimiento de sus inversiones este año mientras que pone la vida de la compañía en riesgo. Asegúrese que los proveedores de financiamiento tengan un interés en su compañía que vaya más allá de lograr un retorno de la inversión. Siempre es más fácil hablar a personas que son sus amigos y que comparten intereses comunes, que hablar con frías máquinas de hacer dinero.

Como empresario, lo primero que tiene que hacer es salvaguardar la continuidad de su compañía. Usualmente eso significa ir más despacio de lo que querría. La mayor parte de las compañías no viven mucho tiempo; de hecho solo una de cada diez vive hasta cinco años. La mayoría no logra salir adelante porque su flujo de caja es insuficiente para mantener sus operaciones.

La vida de los negocios es altamente incierta, y hay poca o ninguna misericordia en el mercado para las pequeñas compañías que afrontan problemas financieros. Sea muy conservador en el ámbito financiero, contrate buenos expertos financieros, encuentre usted mismo un experimentado *CEO* (una vez que llegue a ese tamaño), asegúrese de tener proyecciones de flujo de caja al menos mensualmente, asegúrese que su administración esté siempre actualizada y sea fiable, y tan pronto como tenga los recursos para hacerlo, audite sus libros, con independencia de que sea un requerimiento legal en su país o no. Esta es un área donde los expertos son muy útiles y donde puede ser necesario que su intuición tome asiento detrás del enfoque conservador y de un esquema mental de "*más vale precaver que tener que lamentar.*"

> "*Yo habría querido que mi querido Karl hubiera pasado más tiempo adquiriendo capital en vez de solamente escribir sobre este.*"
>
> **–Jenny Marx**

Capítulo 22: ¿Cómo combinar los amigos y la familia con los negocios?

"No es tanto la ayuda de los amigos lo que nos ayuda, como el sentimiento de confianza de que ellos nos ayudarán."

—Epicuro

Ser un empresario lo obliga a hacer selecciones difíciles, siendo una de las más difíciles cómo equilibrar los deseos y necesidades de su negocio con los deseos y necesidades de su familia y amigos.

En nuestro negocio existe la oportunidad, y también la necesidad, de viajar mucho. Durante los últimos veinte años yo he pasado alrededor de la tercera parte de mi tiempo en el camino, visitando clientes e intermediarios así como nuestras propias oficinas internacionales. Durante las vacaciones escolares siempre tratamos de combinar las necesidades de los negocios y el tiempo con la familia. Disfrutamos visitar los países que durante el resto del año no serán otra cosa que una sucesión de oficinas anónimas, habitaciones de hoteles, y viajes en taxi. En el proceso hemos adquirido una magnífica colección de amigos internacionales y hemos conocido personas y culturas que nunca habríamos conocido viajando únicamente como turistas.

Vivimos durante quince años en el Caribe. Allí, disfrutamos de las playas, la vida en una isla, y navegar, entre otras cosas. Mi esposa se convirtió en una campeona de navegación a vela, mi hijo en un experto *skateboarder*, y mi hija es aun culturalmente más antillana que cualquier otra cosa. Más tarde, vivimos por cuatro años en Barcelona y admiramos la arquitectura de la ciudad, gustamos de las *tapas* y la *cava*, las numerosas bodegas, y las montañas para esquiar en el invierno e ir de excursión en el verano. Después nos mudamos a Singapur, donde gozamos de todas las cosas modernas, las maravillosas culturas de los misteriosos países asiáticos de la región y el hecho de que todo funciona perfectamente. En medio de esto hemos participado en bodas y fiestas en todos los lugares. En cierto momento pasamos un año en Sudáfrica trabajando en un proyecto de aloe vera y la construcción de una fábrica. Organizamos muchos safaris y llegamos a conocer la fauna silvestre, la administración de áreas de especies salvajes y patrones estacionales. Hicimos esto mientras aprendíamos a afrontar los remanentes de la cultura del *apartheid,* los problemas abrumadores de la pobreza, el SIDA, el crimen, la falta de educación y de oportunidad en la búsqueda de un nuevo escenario para Sudáfrica.

Mis hijos crecieron con todo esto. Ellos hablan varios idiomas y están menos parcializados culturalmente que lo que yo nunca estaré. Ellos han pronunciado frases tales como: *"Tenemos que ir a Hong Kong otra vez para unas vacaciones de primavera"* o *"¿Podemos pasar por Singapur en nuestro viaje de Johannesburgo a Curazao? porque realmente necesito ir a ese peluquero."* Por otra parte, también recuerdo a mi hijo a la edad de seis o siete años echándose sobre el capó del auto con el propósito de tratar de detenerme para que no fuese al aeropuerto una vez más, y mi esposa llamándome en más de una ocasión durante mis viajes de negocio por alguna emergencia familiar. Los aspectos placenteros de este estilo de vida tienen un balance en los menos placenteros; no pueden separarse uno del otro.

Viajar mucho significa no asistir a eventos escolares y familiares, perdiendo algunos de los *primeros momentos* en la vida de sus hijos. Algunas veces los cumpleaños se celebran por teléfono, y, lamentablemente, usted no está siempre en su casa cuando debería estar.

Como empresario, y especialmente uno que viaja, no siempre es posible lograr un balance entre la familia y los negocios que satisfaga a ambas partes. Mi esposa ha decidido mantener una participación limitada en mis negocios y nunca trabajar en estos, una decisión que no siempre ha sido conveniente, pero que en general ha funcionado bien para nosotros. Como resultado, ella no ha estado involucrada ni en los vaivenes significativos de la compañía, ni con buena parte de su personal. Ella muchas veces ha calificado Amicorp como una tribu o secta, que excluye a cualquiera que no sea uno de sus miembros. Esta es una parte de mi vida emocional y social, y tiene lugar fuera de su y nuestros intereses compartidos. Al no estar involucrada en la parte del negocio de estos, su vínculo con la compañía ha sido escasamente algo más que conocer a parte de las personas participantes, visitar algunas de las oficinas en ocasiones especiales y pintar el calendario del año del grupo, que nosotros envíanos anualmente a nuestros asociados comerciales.

La decisión difícil está siempre presente. En las palabras de Katz y Liu: "Muchos de los profesionales presumen de una total dedicación como un prerrequisito para avanzar. Como resultado de esta presunción, ha crecido el mito del tiempo de calidad, en el que las relaciones maritales, sociales y familiares son encasilladas en momentos simbólicos, mientras que la Carrera, con C mayúscula, es la pieza central alrededor de la cual se mueve todo lo demás."

Se dice con frecuencia en los funerales que "nadie lamenta no haber pasado más tiempo en la oficina" y que todos quisieran haber pasado más tiempo con la familia y los amigos. Los niños en particular crecen muy rápidamente, y cuando usted se concentra en su trabajo, pierde una parte importante de su desarrollo. Pienso que es necesario lograr un balance. No puede ser cierto que aquello en lo que utiliza la mayor parte de su tiempo despierto, o que le provee sus medios de vida y un gran sentido de orgullo y desarrollo personal, pueda ser de una importancia secundaria. Todos los aspectos de su cuerpo, mente, alma y espíritu tienen que estar balanceados. Su vida es más gratificante si como en el circo chino, puede mantener girando numerosos platos al mismo tiempo. Y sí, de vez en cuando uno de esos platos caerá al suelo; pero mediante la práctica y la perseverancia puede aprender a balancear muchas cosas y graciosamente recoger otra vez lo que haya podido dejar caer en el piso.

En este proceso, espero que mis hijos hayan aprendido mucho, hayan visto la enorme y ridícula diferencia de oportunidades e ingresos que existe en el mundo, hayan visto cuántos niños nunca tienen la posibilidad de ir a una escuela adecuada o divertirse con sus juguetes y hayan entendido que ellos tienen decisiones que tomar en su vida. Espero que hayan visto cuales son las posibilidades que ellos pueden crear por sí mismos y comprendan que hacer dinero, construir una vida y hacer algo que tenga sentido, requiere perseverancia, disciplina, creatividad y concentración significativa. Yo sinceramente pienso que hemos sido capaces de darles una gama más amplia de experiencias que la mayoría de los padres. Lo que ellos puedan hacer con esta depende de ellos. Pero yo tuve una gran satisfacción cuando mi hijo a los diez años descubrió que en Canadá había más postes totémicos que en el Caribe, y que ahí pudiera haber la posibilidad de un negocio de importación-exportación. También me alegré mucho que cuando enseñaba como un interno en un orfanato en Bangalore a la edad de diecisiete años, aprendió lo difícil que es la vida de un maestro que tiene que hacer frente a cuarenta niños en un aula.

Aproximadamente 70% o más de las compañías en el mundo son negocios familiares. Pero la mayoría no sobrevive más allá de la primera generación, y solo el 6% dura hasta la tercera generación. Estos fallan por una larga lista de razones predecibles y prevenibles. Muchos negocios familiares están plagados de conflictos. Hay historias de padres muy ricos que tienen serias disputas con sus hijos, hermanos demandando ante las cortes a las hermanas y toda clase de variedades imaginables de conflictos familiares. Los miembros de la familia se sienten más libres de decirse mutuamente la verdad y mantener menos distancia que los extraños que trabajan juntos, que se concentran en las fortalezas y usualmente ignoran o compensan las debilidades. Los negocios familiares felices se parecen entre sí; los negocios familiares infelices son infelices, cada cual a su manera única.

Desde una temprana edad yo les dije a mis hijos que no tenía ni la intención ni el plan de que ellos se volvieran parte del negocio. Es una decisión a la que se enfrentan muchos empresarios. ¿Usted construye su negocio como un negocio familiar, donde siempre les da la prioridad a los miembros de la familia o construye un negocio con extraños y mantiene afuera a los miembros de la familia? Muchos negocios familiares en algún momento toman la decisión de no dejar más que la familia maneje el negocio, pues este se ha vuelto demasiado grande para ser dirigido sin gerentes experimentados, especialistas o dirigentes de carrera. En nuestro caso, como dependemos principalmente de la experiencia y el conocimiento para dar servicios a los clientes, no pienso que haríamos a nuestros hijos o a nuestros colegas muy felices si las posiciones principales fuesen traspasadas a los hijos de los fundadores. Afortunadamente, mis dos hijos han desarrollado distintos intereses. También pienso que es más satisfactorio en casi cualquier situación que los hijos tengan la oportunidad de ganarse sus propias posiciones, cometer sus propios errores y fomentar su propio talento, sin ser alimentados a la fuerza por sus padres. En los pequeños negocios familiares, granjas y tiendas por ejemplo, la sucesión dentro de la familia puede ser razonable; en compañías mayores o más profesionales puede ser más recomendable crear una meritocracia y relegar a los miembros de la familia al nivel de accionistas dentro de una estructura de oficina de familia. Si alguien, ya sea un familiar o un extraño total, no tiene el conjunto específico de competencias demostrables que probablemente se corresponda con necesidades previamente identificadas de la compañía, ni siquiera le dé un empleo dentro de la compañía ni un asiento en la junta de directores. No le estaría haciendo un favor ni a ese miembro de la familia ni a la compañía.

En cierta ocasión, yo invité a uno de mis mejores amigos a unirse a nuestra compañía. Habíamos sido amigos por muchos años pero habíamos desarrollado diferentes carreras hasta ese momento. El primer año fue realmente bueno, ya que es siempre un placer trabajar con personas que uno realmente aprecia. Después de esto, empezaron a surgir problemas, ya que mi amigo, según mi opinión, asumió una posición privilegiada en comparación con otros miembros de la organización. Como consecuencia, después de un tiempo tuvimos varios enfrentamientos y decidimos que era mejor mantenernos como buenos amigos que mantenernos como colegas, lo que terminó siendo una buena decisión. Es difícil ser buenos amigos y colegas al mismo tiempo. Todo negocio requiere cierto trabajo en equipo con inevitables jerarquías formales o informales y la confianza en que los miembros del equipo deben ser tratados igualmente y comprometidos igualmente con sus tareas. Esto se relaciona la vieja historia del desayuno de huevos y jamón. La gallina está involucrada, pero el cerdo está comprometido. En un equipo que funcione bien, usted necesita que todos estén igualmente comprometidos.

"En tanto usted busca el placer, está atado a las fuentes del placer; y en tanto esté atado a las fuentes del placer, no podrá escapar del dolor y el sufrimiento. El alma resplandece en los corazones de todos los seres vivientes. Cuando ve el alma en otros, olvida sus propios deseos y temores, y se libera en el servicio a los demás. El alma resplandece igualmente en las personas en las islas más lejanas, y en las personas cercanas."

–Mundaka Upanishad

Capítulo 23: ¿Qué es la Responsabilidad Corporativa Social?

"El capitalismo es la asombrosa creencia de que los hombres más malvados harán las cosas más malvadas para el bien de todos."

–John Maynard Keynes

¿Para qué existe un negocio? ¿Existe solamente para hacer una ganancia para los accionistas? En el enfoque anglosajón, los financistas de una compañía son sus dueños, y los empleados son tratados como propiedad y se contabilizan como costos. Aunque esto pudo tener sentido en los días tempranos de la industrialización, esto no refleja la realidad de hoy. Ahora los activos de una compañía son en gran medida sus empleados, quienes contribuyen con su tiempo y talento, en vez de los accionistas, quienes permanentemente o, en los casos de compañías listadas en bolsa temporalmente, contribuyen con su dinero.

Quienes tienen la propiedad intelectual de la compañía, quienes contribuyen con su tiempo y talento en vez de con dinero, deben participar activamente en el futuro de la que es también *su* compañía. Sin embargo, en nuestro superficial escenario de corto plazo, solamente lo que es visible cuenta, y los sistemas de contabilidad tienen años de atraso en reconocer lo que crea valor y lo que no lo crea. Estos están básicamente concentrados en la era de la industrialización, cuando los activos materiales eran los únicos que aparecían en el balance general, los empleados podían reemplazarse inmediatamente, y los activos menos tangibles eran contabilizados hasta cierto punto.

El conocimiento en la cabeza de los empleados, las ideas e impulso de los empresarios, y la buena reputación y el nombre de una marca, son intangibles; la contribución de una medicina que salva vidas, o los progresos en Internet que ahorran tiempo son también intangibles. De hecho, todos estos y otros: un avión más rápido, una invención revolucionaria, una gran infraestructura o red de distribución, una gran idea y una cura para el SIDA; nunca serán adecuadamente expresados en el balance general de las compañías, y por tanto, por definición permanecen sub-valorados y sub-apreciados.

En los próximos diez o veinte años esto cambiará. La economía global cada vez más integrada llevará todas las facilidades de producción a los lugares con el menor costo por unidad. China tiene suficiente población para ser el centro de producción del mundo para todas las mercancías manufacturadas a gran escala, y países más baratos como Vietnam y Filipinas ya están pisándole los talones. Los valores añadidos menos tangibles en otras partes del mundo tendrán que ser expresados tarde o temprano de diferentes maneras.

En la economía del conocimiento, un buen negocio es una comunidad con un propósito y no solamente un pedazo de propiedad. El propósito no es solo hacer una ganancia sino hacer una ganancia con el fin de hacer algo mejor. Usted tiene que hacerse siempre la pregunta: *¿Si esta compañía no existiera, nosotros la inventariamos?* Y la respuesta tiene que ser algo como: *Solamente si esta compañía hace algo mejor o más útil que ninguna otra.*

Además, los negocios tienen un desempeño sobresaliente en la solución de los problemas sociales de hoy, incorporando las mejores ideas de los gobiernos y de las instituciones sin fines de lucro. Las necesidades de la comunidad son realmente oportunidades de desarrollar ideas y poner en práctica tecnologías aplicables a los negocios. La responsabilidad corporativa puede conducir a nuevos mercados y a la solución de los problemas de la empresa como tal.

En Japón, muchas compañías trabajan bajo el credo de negocios llamada *kyosei*, que significa *"el espíritu de cooperación"*, en el cual los individuos y las organizaciones trabajan en conjunto por el bien común. La implementación de *kyosei* puede dividirse en cinco fases distintas, y cada cual se construye sobre la precedente.

En la primera fase, las compañías trabajan para construir un flujo de ingresos confiable y estable para proceder a establecer una fuerte posición en el mercado. Luego, en la segunda fase, los gerentes y los empleados acuerdan trabajar juntos, reconociendo que ambos grupos son vitales para el éxito de la compañía. En la tercera fase, el sentido de cooperación se extiende más allá de la compañía para incluir a los clientes, proveedores, la comunidad e incluso a los competidores. En la cuarta fase, la compañía lleva el espíritu de cooperación más allá de los límites nacionales y hace frente a algunos de los desequilibrios globales que están presentes en el mundo. Finalmente, en la quinta fase, una fase que las compañías rara vez alcanzan, la misma insta al gobierno nacional a trabajar para rectificar los desequilibrios globales.

Esto puede sonar muy moderno, pero sorprendentemente *kyosei* está basado en lineamientos formulados bajo el nombre *Shuchu Kiyaku* por los comerciantes japoneses y los académicos confucianos en el siglo dieciséis. Ellos reconocían que para que el comercio internacional fuese exitoso, no solamente todos deberían ser tratados con igualdad a pesar de las diferencias de razas, color de la piel, y cultura, sino que también habría que crear una situación ganar-ganar, no solamente para los comerciantes y productores involucrados, sino también para las comunidades que forman parte del proceso.

Entonces, ¿Cómo se puede integrar este concepto dentro de su pequeña empresa? En Amicorp, creamos una visión general de qué queremos hacer y qué no queremos hacer. Simplemente, decidimos que clase de clientes aceptamos, y cuales evitamos (por supuesto, además de lo que ya está regulado por la ley y las autoridades de supervisión). De la misma manera que un auto puede ser usado para llevar a un niño herido a un hospital o puede atropellar a alguien con un conductor borracho, y un cuchillo puede ser usado para cortar un pedazo de pan o el rostro de alguien, en nuestro negocio el mal uso puede ocurrir muy fácilmente. Desde luego, usted no puede hacer responsable al fabricante de autos por un conductor borracho o al fabricante del cuchillo por un apuñalamiento. Pero en nuestro negocio, nosotros identificamos grupos con un riesgo significativo de terminar del lado equivocado de la ley a partir de lo que es ético o parece bien. Empezamos por eliminar categorías de negocios en los que, aunque técnicamente son legales, no queríamos estar involucrados. Decidimos que no queríamos facilitar la expansión internacional de la industria de armas (aunque son legales y en su mayoría autorizadas por los gobiernos). Tampoco queríamos estar involucrados con la industria de los juegos de azar (aunque en nuestro negocio esa pudiera ser una importante fuente de ingresos). Drogas, pornografía y negocios relacionados con el sexo también terminaron en el mismo lado. Igualmente rechazamos como clientes a oficiales gubernamentales y políticos de alto nivel, a fin de evitar vernos envueltos en escándalos de corrupción; personas de países sujetos a embargos de las Naciones Unidas y en general estados fallidos o altamente inestables (tales como en el momento de escribir este libro Afganistán, Irán, Siria, Corea del Norte, y varios países de África Central) y países donde nuestro negocio tiene poco sentido tales como Estados Unidos y Japón (a menos que obtengamos asesoramiento escrito sobre impuestos o una copia de la declaración de impuestos, mostrando cómo los ahorros en el pago de impuestos están siendo informados). Tampoco ayudamos a estructurar inversiones que contribuyen innecesariamente a la contaminación o a la degeneración de la tierra, tales como minas a cielo abierto, deforestación o flotas de pesca industriales. Es obvio que hacemos esto para proteger nuestro propio negocio y prevenir que terminemos en medio de escándalos o problemas legales, pero también lo hacemos porque no parece bien ni correcto trabajar en algo que precisamente va en detrimento de la sociedad en general.

Tenemos un departamento que evalúa todas las estructuras y soluciones antes de implementarlas. Está integrado por personas separadas de aquellos que descubren la oportunidad y que pueden enamorarse de sus propias ideas y de las magníficas personas con quienes se han reunido. Al final aplicamos la frase latina, *in dubio abstinae* -cuando tenga duda no lo haga.- Hay muchos negocios, entonces ¿por qué molestarse en buscarlos cerca del borde de lo que es posible o legal? Sé que es difícil resistirse a las flores exóticas que crecen cerca del borde del abismo, pero una vez que haya cometido algunos errores, aprende rápidamente que no vale la pena la molestia y la agonía de caer en ciertos tipos de errores que pueden ser fácilmente evitados.

Un negocio debe ser sostenible en todos los escenarios económicos y en todas las situaciones del mercado. Debe proveer resultados significativos altamente diferenciados a sus clientes, de no ser así, no sobrevivirá por largo tiempo y causará sufrimientos a sus empleados, clientes, suministradores y financistas. En las palabras de Michael Gerber: *"Un negocio es una entidad económica que conduce una realidad económica, creando así certidumbre económica para la comunidad en la que ésta se desarrolla."*

El triple balance general y los estándares para prácticas éticas de negocios, han estado presentes desde tiempos inmemoriales. Puede leer prácticas de tres mil años de antigüedad en las escrituras asirias y budistas, cuando el dinero y los bancos apenas habían sido inventados. La Biblia tiene alrededor de dos mil anotaciones dedicadas solamente al dinero. Sus versículos prohíben la inversión en productos peligrosos a la salud de los individuos o la sociedad (tales como cigarrillos y alcohol). También advierten contra el uso de productos financieros tales como futuros y opciones (no venderás las frutas que están aún creciendo en los árboles) y prohíbe la usura mediante el cobro de intereses en los préstamos. Los académicos frecuentemente argumentan que en la Europa Cristiana comenzó el verdadero progreso en comparación con el Islam, cuando esas reglas fueron ignoradas y los prestatarios (primero los judíos y después los cristianos) acumularon crecientes fortunas que permitieron proyectos cada vez más temerarios y mayores inversiones. El financiamiento islámico, que está actualmente haciendo un importante regreso en los países musulmanes, no es otra cosa que el retorno a esas antiguas normas éticas. Los bancos en otras culturas, tales como Triodos Bank en Holanda y otros fondos mutualistas éticos, siguen principios similares.

Amicorp tiene cerca de quince mil clientes, una cifra que es una fracción de lo que nuestros mayores competidores tienen. Si uno cree en las economías de escala, una pequeña institución financiera que provee el mismo servicio que otras más grandes, no debería ser capaz de sobrevivir frente a competidores mucho más grandes. Sin embargo, es fácil pasar por alto las deseconomías de escala. Mientras que usted puede medir y demostrar las economías de una mayor oficina de apoyo o el ahorro por la fusión de dos pequeñas compañías fiduciarias, es más difícil identificar el impacto negativo de colegas que compiten por sus respectivos empleos, los sistemas computarizados incompatibles, o la falta de cooperación entre oficinas. Y a pesar de que nosotros proveemos el mismo servicio fiduciario y de secretariado corporativo, competimos en dimensiones donde tenemos una clara ventaja sobre instituciones mayores tales como: relaciones, flexibilidad, cuidado, independencia y velocidad de servicio, por solo mencionar algunas ventajas.

Estas cualidades son muy solicitadas, pero nosotros comprendemos que solamente podemos suministrarlas en una escala humana relativamente pequeña. No tenemos máquinas contestadoras de teléfono, ni ventanillas de ayuda, ni respuestas fuera de oficina. Para nosotros es importante conocer personalmente a nuestros clientes, y solamente podemos atender un número relativamente limitado; por esa razón, rechazamos un número bastante significativo de clientes potenciales. Insistimos en tiempos de respuesta de veinticuatro horas en todas las decisiones y comunicaciones con el cliente, y podemos hacer esto únicamente porque conocemos a cada intermediario y a la mayoría de los clientes personalmente.

Hay dos vías fundamentales para hacer crecer un negocio. Una vía es trabajar más y la otra ser más inteligente. Tratando de permanecer a una escala humana, nosotros confrontamos anualmente el segundo reto, creciendo solo gradualmente en cantidad de empleados y clientes.

La independencia tiene un significado diferente para personas distintas. Una faceta de esto es nuestra propiedad; los propietarios de Amicorp son alrededor de cincuenta de sus empleados, y no tratamos solamente de maximizar las ganancias. Tratamos de optimizar la calidad y minimizar los riesgos, al tiempo que nos ganamos la vida en el negocio de los servicios fiduciarios y la administración de compañías. A los clientes y los empleados les gusta el hecho de que nosotros no tratamos de forzar ningún producto financiero o de planeación de impuestos, y solamente negociamos con productos y servicios que entendemos totalmente, con personas que conocemos y en quienes confiamos. Nunca tratamos de imponerles nuestras opiniones a los clientes. A los clientes que necesitan asesoramiento sobre inversiones, opiniones legales u opiniones sobre impuestos, los dirigimos hacia especialistas confiables en esas áreas. Los valores tienen un papel prominente en nuestra compañía y tratamos a los clientes como quisiéramos ser tratados. Tenemos una Fundación de la Comunidad y estimulamos a nuestros empleados a donar parte de su tiempo y esfuerzos a proyectos caritativos y que beneficien a la comunidad. Una parte importante de nuestro personal participa en estas actividades.

Pienso que la propiedad de los empleados es una estructura de propiedad adecuada para negocios potencialmente riesgosos y de servicios personales altamente especializados, incluyendo el nuestro. Sin embargo, en algún momento la creciente necesidad de transparencia óptima, puede requerir que nos convirtamos en una empresa pública, pero sin sacrificar nuestros valores en el altar del dinero. En nuestro caso, nuestro enfoque ha sido efectivo cuando han surgido dificultades económicas, ya que nos ha mantenido operando según lo establecido por determinadas políticas conservadoras y nos ha librado de escándalos. A su vez, también ha facilitado nuestra decisión de no maximizar ganancias en detrimento de otras metas.

A veces nos preguntan cómo conservamos los buenos empleados, y la verdad es que mientras que algunas personas quieren ganar grandes sumas de dinero como banqueros privados o de inversiones, hay muchas otras, usualmente con caracteres más agradables, motivadas por hacer un buen trabajo para un empleador razonable y tener al mismo tiempo una vida privada. Debemos estar haciendo algo bien, en tanto mucha de nuestra gente ha trabajado aquí por diez años o más, y algunos ya son de la segunda generación -y todo esto en una compañía que cuenta solamente con veinte años de antigüedad. En todo momento nos esforzamos por equilibrar los intereses del personal, los clientes y los empleados-accionistas, y tratamos de hacer la existencia fructífera y socialmente placentera. Hacemos esto permaneciendo a una escala humana y fieles a nuestra filosofía, que no está lejana de los principios económicos budistas, y si continuamos armonizando los intereses de las ganancias, las personas y el planeta, esta empresa deberá funcionar por un largo tiempo.

Un negocio pequeño crea un estándar contra el cual se miden todos los negocios, ya que sea exitoso o no, mejora la posibilidad de todos los pequeños negocios de prosperar más allá de los estándares que existieron anteriormente, se hayan o no establecido. Cuando las compañías se vuelven grandes, su responsabilidad hacia el medio ambiente y la sociedad crece. Muchos países tuvieron o tienen *pueblos de la compañía*, donde comunidades enteras están a merced de los problemas económicos de una o un pequeño número de compañías. Los destinos de ciudades como Detroit, Michigan y los cinturones industriales a lo largo y ancho de Europa, Japón, los Estados Unidos y China, están directamente relacionados con las altas y bajas de sus principales industrias. Ciudades como Nueva York, Hong Kong y Londres, viven de las extravagancias de sus respectivas industrias financieras. En estos casos es obvio que muchas veces (al menos temporalmente) los negocios se convierten en estructuras *"muy grandes para caer"*. En el largo plazo, todo negocio, independientemente de su tamaño, requiere tener un valor económico añadido, cumplir con las leyes económicas estándares subyacentes (como ha sido claramente indicado por Warren Buffet) y contribuir a la sociedad.

Para una pequeña compañía es un poco diferente, pero no en gran medida. Desde luego, usted no puede contar con la ayuda del gobierno de la manera que lo hacen los grandes negocios, y por supuesto, su impacto en la sociedad es más pequeño que aquel de las grandes industrias y compañías que realizan grandes innovaciones. Pero también contribuye a la vida de la gente directamente relacionada con su compañía, y tiene que desempeñar un papel positivo en su comunidad local.

Nuestra oficina de Curazao no está lejos de una de las vecindades más pobres de la isla. Hace algunos años, decidimos celebrar nuestro decimoquinto aniversario creando un centro diurno de cuidado de niños. Renovamos un edificio de acuerdo con las más recientes estándares de este tipo de centro, contratamos personal bien calificado y obtuvimos los mejores métodos y materiales educacionales que pudimos obtener de los Estados Unidos y Europa, y lo pusimos a la disposición de los niños de nuestros empleados, así como de los hijos de familias pobres o mono parentales de la vecindad. Financiamos este en parte mediante la generosidad que los clientes y proveedores mostraron *"adoptando"* niños, lo cual trajo como resultado un sentimiento que excedió el típico principio *"siéntase bien."* Experimentamos menos delitos en nuestro vecindario, nos hemos acercado más a algunos de nuestros empleados y proveedores, y algunas otras compañías en la isla han seguido nuestro ejemplo y adoptado el concepto llevando adelante proyectos propios, con los cuales, por supuesto, colaboramos de todo corazón.

Nuestra oficina de la India asumió proyectos de entrenamiento, de los que se pueden beneficiar muchos de nuestros empleados que poseen excelentes habilidades de computación, del hardware depreciado que tenemos pero que aún puede usarse, y de las posibilidades de pasantías que podemos ofrecer a personas bien educadas pero inexpertas en un duro mercado laboral.

En Indonesia, contribuimos a un proyecto desarrollado por un viejo amigo, Charles Jacobs, quien se ha retirado a la villa de Desa Les. Esta villa se encuentra en la empobrecida parte norte de la isla. El proyecto busca crear empleos haciendo de las cataratas locales una atracción turística. Creamos un sitio web, mejores caminos, una magnífica señalización y mapas, y en el proceso, aprendimos mucho acerca de la cultura y hábitos locales, y nos sentimos como si estuviéramos contribuyendo a algo positivo en esta más o menos olvidada parte de esta maravillosa isla. Actualmente estamos revisando otras necesidades de esa comunidad, para ver si podemos hacer más.

Cualquier compañía donde quiera, puede hacer algo. En cualquier vecindad hay algún tipo de sufrimiento que podemos aliviar; en cualquier industria hay un segmento del mercado que se puede beneficiar de sus habilidades y conocimientos, y de los servicios que puede brindar y los productos que fabrica. Siempre hay una obra de caridad que necesita sus productos, personas sin hogar que necesitan su comida sobrante, y personas que necesitan pasantías o puestos de aprendiz. Cuando se siente bien con usted mismo, y sus empleados se sienten bien con ellos mismos, usted irradiará eso, y a su vez, atraerá más negocios para su compañía. Para ser un ciudadano corporativo responsable, tiene que escuchar su corazón y hacer lo que sea capaz de hacer. Frecuentemente, esto será recompensado diez veces, en respeto, aprecio y finalmente en negocios. Usted y sus empleados, quienes se sentirán bien con ustedes mismos, irradiarán esto y a su vez atraerán más negocios a la compañía.

"Si un hombre es llamado a ser barrendero, debería barrer las calles incluso como Miguel Ángel pintaba, o como Beethoven componía música o como Shakespeare escribía poesía. Debería barrer las calles tan bien que todos los huéspedes del cielo y la tierra puedan detenerse y decir: aquí vivió un gran barrendero que hizo bien su trabajo"

–Martin Luther King Jr.

Capítulo 24: ¿Cómo se crea la conciencia ambiental?

"Haga lo que haga, no corra."

–Guardaparque de animales de caza en Botsuana

Si alguna vez se cruza accidentalmente con un león mientras camina por un desierto africano, lo único que no puede hacer es huir. Usted hará funcionar el instinto de persecución del león, lo cual resultará en que éste lo alcanzará y lo dominará.

Esto puede que no sea automáticamente algo negativo. Tenemos la tendencia a hablar sobre el progreso en la sociedad en términos de longevidad, seguridad o bienestar, pero si comparamos la vida de los animales del zoológico con los de las sabanas africanas, podemos darnos cuenta que la ley de la selva, libertad, salud y ser lo mejor que se pueda ser -comer o ser comido- también tiene sus ventajas para mejorar la calidad de la sociedad.

Todas las noches en la sabana, el león más lento tiene que correr más rápido que el antílope más lento para conseguir su comida; el antílope más lento, a su vez, tiene que ganarle al león más rápido para no convertirse en su cena. Es lo mismo en los negocios. Todo negocio tiene que probar su razón de existir una y otra vez. *Demasiado grande para quebrar* es una tontería; el mayor elefante en el bosque y el león más fuerte en la llanura serán débiles algún día, morirán y serán reemplazados por una versión más joven. Lo viejo debe, de manera constante, hacer espacio para lo nuevo.

Esta es precisamente una realidad de la que no puede huir, pero adicional también hay otros problemas. Su negocio, como todos los negocios, tiene un impacto en el medio ambiente. En el caso de la industria maderera, la minería o la pesca industrial, el impacto puede ser gigantesco. En otros casos, su efecto directo es más modesto. Sin embargo, cada negocio tiene algún impacto, incluyendo el suyo y el mío. El impacto debe ser justificado por el valor que el negocio crea, por lo tanto, si su negocio no añade suficiente valor a la sociedad como un todo, debe ser liquidado, aun cuando pueda ser rentable y constituya una fuente de placer para usted, los accionistas y los empleados.

Yo pienso que los negocios deben tratar de perseguir un resultado final triple de Ganancias, Personas y Planeta. Esta no es solamente la decisión ética que uno tiene que tomar, sino que el *Economist* también ha investigado y probado que: *"Las compañías con sus ojos puestos en su 'resultado final triple' le ganan a sus homólogos menos exigentes en la bolsa de valores. "Las* riquezas de la tierra son finitas; esta tiene una cantidad limitada de recursos naturales, una cantidad limitada de sustitutos y una capacidad limitada de lidiar con los residuos, los gases que generan el efecto invernadero y la destrucción.

He estado batallando con preguntas como: ¿Es aceptable desde el punto de vista ambiental, arruinar un pedazo de naturaleza virgen en el Monte Ararat, Curazao, con sus maravillosos periquitos verdes e iguanas cada vez más raras, solamente para que yo pueda construir una torre de oficinas que hospedará a una serie de personas que están simplemente tratando de ganarse la vida? o, ¿es aceptable destruir ciertas raras *hoogveld* africanas donde deambulan los antílopes o anidan las serpientes, para desarrollar una plantación de *aloe vera* y producir bebidas que fortalezcan el sistema autoinmune y eviten que las personas mueran de SIDA o diabetes? o, ¿es aceptable planificar un viñedo en las laderas secas de los Andes de manera que vinos deliciosos puedan ser disfrutados por personas lejanas a miles de kilómetros? No tengo seguridad, pero para tomar prestadas las palabras trilladas del ex presidente de Cuba Fidel Castro *"la historia me absolverá"*, por lo que espero que la historia demuestre que he hecho lo correcto.

La tierra no fue creada para mantener a la raza humana o, más específicamente solo a nuestra generación. Se supone que la tierra debe durar para siempre y debe satisfacer las necesidades de muchas generaciones de personas y también de otras especies.

Albert Einstein escribió en 1950: *"Un ser humano es una parte del todo, llamado por nosotros 'Universo', una parte limitada en tiempo y en espacio.* Él experimenta por sí mismo, sus pensamientos y sensaciones como algo separado del resto - una especie de ilusión óptica de su consciencia. Esta falsa ilusión es una especie de prisión para nosotros, que nos restringe a nuestros *deseos* personales y al afecto por unas cuantas personas cercanas a nosotros. Nuestra tarea debe ser liberarnos de esta prisión al ampliar nuestro círculo de *compasión* para abrazar a todas las criaturas vivientes y a toda la naturaleza en su belleza."

En 2000, dos candidatos presidenciales de Estados Unidos propusieron la internacionalización de la Cuenca del Amazonas, a cambio de la reducción de una parte de la deuda externa brasileña. Cristovam Buarque, un Senador brasileño, respondió que como brasileño él se oponía a la internacionalización de la región de Amazonas. Aun cuando el gobierno brasileño no le ha dado a este recurso natural la atención que merece, este sigue siendo brasileño. Pero como un humanista, que comprende el riesgo de destrucción ambiental que amenaza la región de Amazonas, él puede imaginar los efectos de su internacionalización.

Profundizando en esta idea, si la región del Amazonas, desde un punto de vista humanístico, debiera ser internacionalizada, entones las reservas mundiales de petróleo deberían serlo también. El petróleo es en estos momentos tan importante para el bienestar de la humanidad como la región de Amazonas. Sin embargo, los dueños de las reservas de petróleo creen que tienen derecho a incrementar o reducir la producción de petróleo y aumentar o disminuir su precio. Los ricos del mundo piensan que tiene derecho a quemar este valioso recurso. Igualmente, las capitales financieras de las naciones ricas debieran ser internacionalizadas. Si la región de Amazonas no debe ser destruida por decisión de un terrateniente o de un país, de manera análoga no deberíamos permitir que las reservas financieras del mundo destruyan a naciones enteras, de acuerdo con los caprichos de banqueros y especuladores.

De igual forma, también deberíamos internacionalizar los grandes museos del mundo; el Louvre no debería pertenecer solamente a Francia, ni el Hermitage solamente a Rusia. Cada Museo en el mundo es un guardián de las obras más maravillosas producidas por el ingenio humano. No debería permitirse que estas posesiones culturales, como la propiedad de la región de Amazonas, sea manipulada o destruida de acuerdo con los caprichos de un dueño o de un país. Hace unos pocos años, un millonario japonés decidió enterrar con él, en su tumba, una pintura de un gran maestro. Esta pintura debió haber sido internacionalizada.

Nueva York, como la base de las Naciones Unidas, también debería internacionalizarse. Al menos Manhattan debería pertenecer a toda la humanidad. De modo similar, París, Venecia, Roma, Londres, Rio de Janeiro, Brasilia, Recife y cualquier otra ciudad de gran belleza e historia debería pertenecer al mundo.

Si los Estados Unidos quieren internacionalizar la región de Amazonas a cambio de reducciones de deuda en Brasil, entonces las Naciones Unidas deberían internacionalizar el arsenal nuclear de Estados Unidos, especialmente considerando que ellos han demostrado que son capaces de usar estas armas para causar una destrucción mayor que los incendios en los bosques brasileños.

Cristovam Buarque concluyó esta idea sugiriendo que también se podría internacionalizar los niños y tratarlos a todos, con independencia de su lugar de nacimiento, como un activo de la humanidad que merece el cuidado y la atención de todo el mundo. Cuando los líderes del mundo atiendan a todos los niños pobres del mundo como posesiones de la humanidad, ellos no permitirán más que estos niños trabajen cuando deberían estar estudiando o que mueran cuando deberían vivir. Es de señalar, que propuestas tales como la internacionalización de recursos brasileños no se han vuelto a escuchar más, ya que la deuda brasileña se ha reducido como un porcentaje del PBI, mientras que la deuda de los Estados Unidos se ha incrementado sustancialmente como porcentaje del PBI.

En los lugares del mundo donde las personas viven más cercanas a la naturaleza que en el mundo post industrial, el concepto de una gestión cuidadosa de los recursos naturales está frecuentemente más arraigado en la ética, la política y la manera cotidiana de pensar. Recuerdo vívidamente cuando hacía un viaje de larga distancia en autobús como mochilero; en algún lugar entre Cuzco, Perú y la frontera Boliviana, el autobús hizo una parada para comer en un restaurant al lado del interminable camino. En el restaurant, el tamaño de la ración se ajustaba al tamaño de los indios del Altiplano, de manera que cuando consumí mi comida, quise ordenar otra ración. La señora que dirigía el lugar, que claramente no era una persona rica, se negó rotundamente a aceptar mi demanda. Había mucha comida para los autobuses adicionales que pudieran o no pasar por el restaurant. Su argumento fue que yo no debería querer más que mi cuota razonable. Fue suficiente para los demás, de manera que también debería serlo para mí. Si en vez de aceptar de mala gana una magulladura en mi ego, yo hubiera escuchado más atentamente y entendido mejor su mensaje, tal vez hoy no tendría mi actual sobrepeso.

Anteriormente describí como mide Bhutan la Felicidad Nacional y el importante peso que pone en su medio ambiente. Previamente mencioné *Ubuntu*, una filosofía ética y humanista africana que se concentra en la lealtad de las personas y las relaciones entre ellas. Es una filosofía que apoya los cambios que son necesarios para crear un futuro que sea económica y ambientalmente sostenible.

Desde la transición de un régimen de apartheid hacia un sistema de representación igualitaria, Sudáfrica ha introducido una gran cantidad de nueva legislación, y especialmente jurisprudencia que está más basada en las afinidades culturales de la mayoría negra que en las leyes anglosajonas, o en las tradiciones de los Boers europeos que habían gobernado el país previamente. El Juez Colin Lamont se extendió en las definiciones de *Ubuntu* durante su sentencia sobre el ampliamente seguido *juicio por el discurso del odio* de Julius Malema (Malema era un líder del ala juvenil del ANC que se oponía fuertemente a que continuara la presencia y poder económico de los blancos en Sudáfrica). De acuerdo con el Juez Lamont: *"Ubuntu es reconocido como una importante fuente de derecho dentro del contexto de relaciones tensas o rotas entre individuos o comunidades y es una ayuda para proveer remedios que contribuyan a lograr soluciones mutuamente aceptables para las partes en tales casos."*

Ubuntu es un concepto que:

- Debe contrastar con la venganza; ya que la venganza solo alimenta el odio;
- Dictamina que se debe adjudicar gran valor a la vida del ser humano - cualquier ser humano;
- Está intrínsecamente adscrito a los valores de, y pone un gran énfasis en la dignidad, la compasión, la humanidad y el respeto por la humanidad del otro;
- Dictamina el cambio desde la confrontación a la mediación y conciliación;
- Dictamina buenas actitudes y preocupaciones compartidas;
- Favorece el restablecimiento de la armonía en las relaciones entre partes en disputa y que esa armonía debe restaurar la dignidad del demandante sin arruinar al acusado;
- Favorece una justicia restauradora antes que retributiva, y promueve el entendimiento mutuo en vez del castigo;
- Opera en una dirección que favorezca la reconciliación antes que el distanciamiento de las partes en disputa;
- Trabaja por la sensibilización de un demandante que litiga en cuanto al impacto hiriente de sus acciones en la parte demandada y por el cambio de esa conducta en vez de meramente castigar al acusador;
- Favorece el encuentro cara a cara entre las partes en disputa con la visión de facilitar que las diferencias sean resueltas antes que el conflicto y la victoria del más fuerte;

- Favorece el dialogo civilizado y respetuoso basado sobre la tolerancia mutua.

Este es un concepto que podría beneficiar al mundo. En otros contextos, tales como el ambiente de los negocios y en la política occidental moderna, Ubuntu podría significar un ambiente menos contencioso y una sociedad más armoniosa.

¿Cómo puede hacer que su pequeña compañía de servicios sea más responsable ambientalmente? Hay muchas pequeñas cosas que podemos hacer que cuando se suman hacen un total. Nosotros comenzamos por inspirar a la gente en Amicorp a establecer una declaración o política ambiental. Usamos los medios y tecnología electrónicos para disminuir nuestro consumo de papel, y utilizamos conferencias de video o *Skype*, en vez de hacerlas físicamente. También, limitamos el número de vuelos y viajes de larga distancia para reuniones *personales* a las ocasiones en que es *realmente* necesario vernos los unos a los otros. Introdujimos una práctica visible y fácilmente accesible de reducción, re-utilización y reciclaje para el papel, las baterías, el metal, el plástico y el vidrio. Si viajamos, tratamos de hospedarnos en hoteles que son más conscientes desde el punto de vista ambiental que aquellos que simplemente instalan un vulgar programa de re-utilización de toallas y ropa de cama, impreso en la única hoja de papel ecológico en el hotel. Aunque puede parecer un gesto insignificante, yo rechazo el sobre en el que quieren poner mi factura cuando liquido mi cuenta. ¿Usted tiene una idea de cuantas personas se hospedan en los hoteles de todo el mundo cada noche? Seleccionar comidas vegetarianas, que usualmente se confeccionan con productos locales de estación, e imprimir en papel reciclado con tinta que tenga una base vegetal, son simples acciones con las que puede contribuir. Nosotros tratamos de organizar las facilidades de nuestra oficina de manera tal que la energía, las luces, y el aire acondicionado se desconecten automáticamente cuando los locales no están siendo usados. Estimulamos a todos a que formulen otras ideas para ahorrar energía y que sean positivas desde el punto de vista ambiental, que se correspondan con sus valores personales.

A una escala mayor, Barack Obama se comprometió: "*Este es el momento en que tenemos que unirnos para salvar el planeta. Decidamos que no vamos a dejar a nuestros hijos un mundo donde los océanos suban de nivel, y la hambruna se extienda y terribles tormentas devasten nuestras tierras.*"

Afortunadamente, hay una creciente conciencia entre los pueblos en todos los lugares del mundo de que no podemos continuar tratando a la tierra como lo hemos hecho en el pasado. Esto es ya una buena noticia, pero no hay razón para que aguardemos por otros a que enfrenten y resuelvan los muchos problemas involucrados en este asunto. Es mucho mejor que seamos proactivos y, haciendo nuestra parte de manera entusiasta, actuemos como un ejemplo para las personas con quienes trabajamos y para nuestro medio social. La pequeña parte que hagamos individualmente en nuestras compañías, ayuda.

"En mi opinión, la empresas exitosas del futuro serán aquellas que integren los negocios y los valores personales de los empleados. Las mejores personas quieren hacer un trabajo que contribuya a la sociedad con una compañía cuyos valores compartan, donde sus acciones cuenten y sus opiniones importen."

—Jeroen van der Veer

Capítulo 25: ¿Por qué es importante la transparencia?

"Podemos hacer lo que deseemos, pero no podemos desear lo que deseemos."

–Arthur Schopenhauer

Uno de los problemas que tienen que enfrentar muchos empresarios en ciertos momentos, es cuanta información deben compartir con los demás, tanto dentro como fuera de su organización. Parece que tenemos un temor innato de que la información que se comparte pierda valor, se pierda, o en última instancia que sea usada contra nosotros. *"Todo lo que usted diga, puede y será usado en contra suya"* se escucha frecuentemente en los salones del Consejo. Las formas más extremas tales como *"Las paredes tienen oídos"* (*"Der Feind hört mit"*) también resuenan hasta nuestros días. Esto me hace recordar una historia simpática cuando yo comenzaba en el negocio fiduciario. El edificio de nuestra oficina estaba siendo remodelado, y nos vimos forzados a celebrar una reunión con un cliente en la oficina de mi entonces mentor, Pim Ruoff. Él le explicó a nuestros clientes latinoamericanos, quienes no se sentían muy cómodos en el ambiente ruidoso y polvoriento, que en el negocio fiduciario se observa una máxima confidencialidad *"Todo lo que discutamos quedará dentro de estas cuatro paredes."* El apenas había finalizado su oración cuando una de las paredes colapsó, dejando ver a los hombres que trabajaban en el otro lado de la pared. Fue una clara demostración aunque accidental, de que la confidencialidad ya no existe.

Pero cuando piensa sobre esto, una compañía tiene muy poca información secreta. Por supuesto, usted querrá preservar el secreto de la receta de su famoso pastel de manzana o mantener oculto el diseño de su colección para el próximo año, pero además de esto, una compañía no tiene una gran cantidad de secretos reales.

La información sobre los salarios tiene que ser completamente transparente (como sucede en muchos gobiernos o grandes corporaciones) o mantenerse totalmente confidencial, ya que una información incompleta conduce a la especulación y la especulación puede ser dañina para cualquier organización.

Hacer transparente la información salarial ayudará a evitar la discriminación dentro de su compañía, basada en la raza, el sexo, la religión, la educación, o el país de nacimiento. Investigaciones científicas han demostrado que personas altas y guapas, ganan significativamente más que personas de menor estatura y menos atractivas. Por lo tanto, ustedes deben estar conscientes de esto y evitar que pase en su compañía. En la mayor parte de Europa y los Estados Unidos, su vida es mucho más fácil si es blanco, y en la mayor parte del Caribe y Sudáfrica es mucho más fácil ser negro. En Pakistán es más fácil ser musulmán que hindú, y en India lo contrario. Incluso en los países que ponen un gran énfasis en la igualdad y en tratar a todas las razas igual como Singapur, casi todos los edificios de apartamentos tienen elevadores separados para los residentes y para el personal de servicio. Como líder, tome nota de esto. No podrá cambiar los sesgos culturales y la discriminación directa, pero puede al menos asegurarse de que las diferencias sean transparentes, conocidas, y se tomen por lo que son. El empoderamiento positivo es tan erróneo como la discriminación. La Legislación de Empoderamiento Económico Negro en Sudáfrica, con independencia de lo bien intencionada que sea, es tan racista como lo fue la legislación del apartheid; las cuotas noruegas de la cantidad de mujeres que una compañía tiene que designar en su junta directiva son tan degradantes para las mujeres como lo son para los hombres. Esté al tanto de las diferencias, conózcalas y celébrelas pero asegúrese que estas no influyan en su política de compensación, sus planes de promoción y sucesión, y sus programas de recompensas.

La mayoría de la información corporativa puede ser, y en algún punto será, hecha pública. La creciente utilización de Internet ha reducido en gran medida la cantidad de información que es, o puede ser mantenida confidencial. Uno no puede esperar que la información que es compartida a través de correo electrónico, blogs o las redes sociales permanezca confidencial. No solamente cualquiera dentro de la organización puede transferir fácilmente esta información electrónica, los hackers y los gobiernos pueden, sin pensarlo mucho y sin mucho esfuerzo, recuperar cualquier correo electrónico que usted haya escrito en su vida. Literalmente lo que su mente expresa electrónicamente queda grabado en el silicio y es fácilmente recuperable incluso muchos años después.

Cuando Internet se popularizó alrededor de 1995, Amicorp se convirtió en una de las primeras compañías en Curazao en tener un sitio web. Realmente teníamos el segundo sitio web en la isla, superados solamente por la Oficina de Turismo. Publicamos no solamente alguna información básica sobre la isla en el sitio web, sino también como funcionaban nuestras soluciones y cuanto cobrábamos. Una vez que esto se conoció, recibimos una avalancha de comentarios negativos de los otros cinco grandes asesores de impuestos y competidores de nuestro entorno. Si nosotros hacíamos nuestro negocio transparente, los asesores perderían negocios y los competidores terminarían en una guerra de precios en espiral a la baja. Tres años después todos tenían sitios web.

En vez de tratar de proteger la información para que no caiga en las manos equivocadas, que por supuesto es una batalla perdida, debe asegurarse ante todo, que solamente se produzca la clase correcta de información. Tenga códigos éticos internos estrictos para el uso de Internet así como de otros medios de comunicación, aunque sean privados. Cerciórese que todos se expresen solamente con el debido respeto por otros seres humanos y otras organizaciones. No debe usarse lenguaje indecente, mentiras, ni información engañosa, ni fotografías embarazosas, y nada de bromas de mal gusto; no hay excusas para esto.

Asegúrese que la calidad de sus procesos y procedimientos son tales que no tiene nada de qué avergonzarse. El ojo público puede ayudarlo a mantener a todos honestos. Si no quiere ser avergonzado porque se filtre que sus productos son fabricados en algún taller chino de trabajo esclavo, entonces vaya allí y revise por usted mismo si las condiciones son razonables o no. No descanse en una mentalidad de *"no preguntar, no decir."*

Sus clientes tienen el derecho de conocer cómo se fabrican sus mercancías, y más tarde o más temprano ellos querrán verlo por ellos mismos, de manera que cerciórese que sus fábricas son instalaciones modelos y que se siente orgulloso de mostrarlas. ¡Aunque se beneficie de trabajo barato, este puede ser usado de una manera humana y justa! Si opera granjas de pollos, los animales pueden criarse de manera orgánica y amistosa, o si opera una cocina con mucho trabajo, esta puede mantenerse limpia. Cuando se registran comentarios sobre los libros, la venta de los libros se incrementa. Ser abierto y transparente ayuda a promover sus productos y servicios. Brinde toda la información que pueda en sus folletos, su sitio web, en videos de YouTube, etc.

Si todas las instalaciones de producción tuviesen cámara de video, la calidad obviamente aumentaría. Si la cocina de todo restaurante se hiciese visible desde el comedor, la limpieza sería sin duda una prioridad. Con una total transparencia, se incrementa la confianza en sus productos. La conducta de los empleados mejora también porque es difícil torturar a un pollo, escupir en la sopa, o maltratar a un colega menor si sabe que está siendo visto y corre el riesgo de ser atrapado.

Pudiera argumentar que cuidar mejor de sus pollos, mantener la limpieza de la cocina y mejorar las condiciones de trabajo de sus empleados traerá como resultado un incremento de sus costos. Pero la respuesta a esto es un *no* resonante. Cuando los consumidores se acostumbran a la transparencia, ellos también se interesan más en la calidad de lo que usted vende, y son más propensos y dispuestos a pagar extra. Ellos ciertamente cruzarán la calle para comprarle a un proveedor ético; y una vez que las personas comienzan a moverse en esa dirección, el costo de ser un proveedor no ético se vuelve tan alto que se limita a cambiar o a desaparecer.

Un magnífico ejemplo es la producción de café. Hace muchos años los trabajadores cafetaleros se señalaban como claros ejemplos de trabajadores explotados. Un pequeño grupo de vendedores de café comenzaron a usar el hecho de que ellos estaban pagando y tratando justamente a sus trabajadores como una herramienta de mercado. En la actualidad muchas marcas de café proclaman que sus granos de café son recogidos a mano por trabajadores felices y bien recompensados, quienes aparecen siempre sonrientes en sus flamantes trajes tradicionales, mientras cosechan solamente granos de café perfectos.

Una vez que la información sobre productores éticos y limpios se convierte en algo común, los clientes buscarán a estos con más empeño y recompensarán a aquellos que consistentemente cuidan más a sus clientes, a sus proveedores y a sus trabajadores. El comercio o la profesión en su totalidad no sufren, solamente sufren los productores descuidados.

En cualquier caso, la luz del sol es antiséptica, y el mercado recompensa a aquellos que se comportan bien. Todo el mercado crece cuando los estándares suben. Los consumidores y aquellos que quieren su reconocimiento deben premiar a quienes están a favor de la transparencia.

En Amicorp, siempre tratamos de ser tan transparentes como sea posible con todas las partes con quienes nos relacionamos. Tenemos regularmente sesiones los viernes por la tarde, y algunas veces los fines de semana fuera de nuestra oficina, con proveedores, intermediarios y asesores de impuestos en el terreno. Hacemos tormentas de ideas sobre nuevas soluciones para nuevos desafíos de planeación de impuestos en la medida que estos se desarrollan.

Todos nos beneficiamos de estas sesiones. No solamente se comparte información y se crean nuevas soluciones a través del dialogo a partir de diferentes puntos de vista, sino que también se forjan nexos espirituales entre las compañías e individuos. La información que se comparte, se multiplica. Las ideas que se ponen sobre la mesa se convierten en materia de reflexión y frecuentemente traen como resultado ideas o iniciativas adicionales.

Muchas veces emprendemos esfuerzos conjuntos de marketing y ventas, en los cuales los asesores de impuestos se concentran en los aspectos relativos a la planificación de impuestos y nosotros en los aspectos vinculados con su ejecución práctica. Esta cooperación funciona en tanto exista confianza mutua, basada en un intercambio abierto de información.

Abordamos de igual forma las relaciones con nuestros clientes: organizamos reuniones de mesa redonda, foros de discusiones, sesiones de entrenamiento interno, y reuniones informales durante el descanso para el almuerzo a fin de compartir información importante, intercambiar nuevas ideas y presentar componentes básicos para soluciones novedosas. De nuevo, no es solamente información lo que se comparte de este modo, ya que la transparencia, la franqueza, y el intercambio, tienen como fin crear confianza mutua, la cual es la base de cada una y de todas las ventas. Nosotros no tenemos secretos; estamos abiertos sobre como facturamos por nuestro trabajo y como elaboramos nuestras soluciones; le presentamos nuestros empleados a los clientes, tanto los que están al frente de las oficinas como los que realizan el trabajo de apoyo, e invitamos a nuestros clientes a que vengan y vean nuestras instalaciones por ellos mismos.

Internamente, siempre nos aseguramos de que cada cliente, cada intermediario y cada proveedor conozcan a diferentes personas dentro de nuestra organización, de manera que siempre haya más canales de comunicación. Los vendedores traen posibles clientes, el departamento de cumplimiento revisa sus antecedentes, y un tercer equipo, independiente de los dos primeros, decide si se deben aceptar a estos clientes potenciales. Usamos el principio de dos firmas y cuatro ojos en todo lo que hacemos. Esto impide que nadie pueda hacer negocios ocultos, aprobar transacciones inaceptables, o actuar en connivencia con los clientes. Todo empleado debe tomar unas vacaciones de dos semanas, durante las cuales otra persona maneja su cartera y todo empleado tiene un *"compañero de correo electrónico"* que tiene acceso ilimitado a sus mensajes de entrada. No permitimos mensajes de voz o mensajes externos fuera de la oficina. Estas últimas medidas no solo mantienen la continuidad en caso de que alguien viaje o se enferme, sino que también permite que todos sepan que lo que hacen dentro de la oficina tiene que ser abierto y puede ser y será monitoreado cuando surja la necesidad. Los clientes son siempre clientes de la organización y no de ningún individuo particular dentro de esta.

Aparte de lo que es posible hacer por nosotros mismos, también podemos obtener ayuda de otros. Por ejemplo, en nuestro negocio hay un creciente deseo de supervisión y regulación, pues grandes cantidades de dinero cambian de manos y quienes lavan dinero pueden en ocasiones penetrar furtivamente. Siempre hemos promovido la transparencia en nuestro negocio, hemos proclamado la necesidad de más supervisión y regulaciones razonables, y hemos revelado cada transacción a los bancos involucrados en las transferencias. Apoyamos la necesidad de producir rastros en papel, antecedentes y estados financieros, preferiblemente auditados. Solo lentamente se ha ido arraigando en nuestro negocio la noción de que es mucho mejor ser totalmente *transparente* que ser *confidencial*. Algún día, no muy lejano en el futuro, estaremos sujetos a supervisión consolidada, tal y como los bancos lo están actualmente; pudiéramos incluso convertirnos en una entidad listada en la bolsa de valores. Con toda nuestra ropa lavada colgada en las tendederas afuera, todos los vecinos pueden ver si nuestras sábanas no tienen manchas.

"Si usted pone gente buena en sistemas malos, obtiene malos resultados. Tiene que regar las flores si quiere que crezcan."

–Stephen R. Covey

Capítulo 26: ¿Por qué es necesario un buen gobierno corporativo?

"Más allá de la noche que me envuelve,
Negra como el abismo insondable,
Agradezco a los dioses que pudieran existir
Por mi alma inquebrantable.

En las azarosas garras de la circunstancia
No me he lamentado ni he llorado.
Bajo los golpes del destino
Mi cabeza esta ensangrentada, pero erguida.

Más allá de este lugar de ira y lágrimas
Yace el Horror de la sombra,
Y sin embargo la amenaza de los años
Me encuentra y me encontrará sin miedo.

No importa cuán estrecha sea la puerta,
Cuan cargada de castigos la sentencia,
Soy el amo de mi destino:
Soy el capitán de mi alma."

–William Ernest Henley

Como se ha explicado anteriormente, una compañía es una entidad legal sin vida. No es *un ser humano*. No tiene *sentimientos*, ni *alma* ni *mente*, ni *conciencia*, ni *concienciación*, ni *ética*. Sin embargo, sí tiene un cuerpo o cuerpos. Cuando comienza, el empresario realiza todas las funciones por sí mismo; él es el gerente y el accionista; no necesita supervisión o arbitraje. Cuando la compañía crece, las responsabilidades y funciones son inevitablemente separadas.

En el momento en que una compañía es ya grande y atrae capital de diferentes fuentes, tendrá muchos cuerpos: el cuerpo de personas que desempeñan sus funciones en su nombre. Estas son las personas que subsecuentemente tienen que dar a la compañía su *inteligencia*, su *alma*, su *mente*, su *conciencia* y su *ética*. En las compañías más grandes, la gerencia, la supervisión y el gobierno se ven usualmente como funciones distintas que deben ser realizadas por cuerpos separados, aun cuando las membrecías de algunos de esos cuerpos se solapen. Este es el equivalente corporativo a la división de poderes. La gerencia es una función ejecutiva responsable de lograr resultados; la supervisión es la función judicial responsable por lograr resultados de acuerdo con la ley y costumbres del país. La supervisión asegura que los estándares sean respetados, que las personas sean tratadas con justicia, que se tenga en cuenta al medio ambiente, que se sirva a la sociedad en general, y se observen los principios éticos. El gobierno es la función legislativa responsable de supervisar la gerencia y monitorear y, lo más importante, gobernar el futuro de la compañía en cuanto a estrategia, política y dirección.

De acuerdo con el Harvard Business Review, "Cuando estas tres funciones se combinan en un mismo cuerpo, el corto plazo tiende a prevalecer sobre el largo plazo, y los problemas mensuales de gerencia y supervisión se roban el tiempo y la atención necesarios para el gobierno. Entonces las grandes decisiones van mal". Es por eso que, cuando su compañía crece y atrae financiamiento externo, es necesaria una junta de directores independientes, separados de la gerencia día a día.

La junta de directores se concentra primariamente en cuatro áreas:

1. La estrategia. La estrategia y la ejecución a largo plazo son vitales. La misión, la visión, y las metas corporativas, así como un plan claro en cuanto a cómo alcanzarlas, se reseñan en el Capítulo 8. La junta concentra su atención cada vez más en equilibrar las necesidades de los diferentes actores (empleados, accionistas, clientes, proveedores, comunidad local) como parte de la estrategia y la ejecución. La junta también tiene la responsabilidad de ver que la sustentabilidad también está integrada en la estrategia, meta y ejecución de la compañía.

2. La gestión del desempeño. La gestión del desempeño formula la siguiente pregunta *"¿Qué está usted como empresario, o la gerencia, haciendo con relación a la misión y la visión de la compañía, y qué recursos adicionales y medidas se necesitan para alcanzar las metas?"*

3. Talento. La discusión del talento es la piedra angular de todos los ejecutivos y tiene que ver con el liderazgo y la gerencia, incluyendo la sucesión del empresario/CEO.

4. Gestión de riesgos. La junta pone en vigor un perfil de riesgos claro y actualizado (incluyendo el apetito de riesgo de la compañía) en conformidad con las metas de la compañía. El riesgo viene de cualquier cosa que usted haga que no entienda de manera adecuada. La junta tiene que estar segura de que comprende plenamente los riegos que una compañía asume y asegurarse que todos en la compañía también entienden esos riesgos.

Muchas juntas de compañías listadas en bolsa consideran que recompensar a los gerentes con opciones de acciones es un incentivo efectivo que contribuye al valor del accionista a largo plazo. La propiedad de acciones, por definición, alinea a los gerentes y a los accionistas. Pero un incentivo efectivo implica una motivación para realmente hacer algo, en contraste con un simple deseo de ver subir el precio de las acciones. Sin embargo, la mayoría de los altos ejecutivos le dirán que los movimientos en los precios de las acciones en un lapso de varios años, usualmente depende más de factores externos que de decisiones y acciones de los gerentes.

Las decisiones de los gerentes son importantes; influyen indirectamente en un largo periodo de tiempo y usualmente de modo impredecible, lo que hace de la propiedad de acciones una motivación débil. Aun cuando el alineamiento que provee la propiedad de acciones realmente motive a los gerentes a impulsar el valor del accionista, los fondos propios por si mismos son inherentemente incapaces de proveer una guía suficientemente detallada a los gerentes para la creación de valor. Y, por supuesto, el valor consiste en muchas más cosas que solamente el incremento en el precio de las acciones. Si una compañía tiene como fin contribuir mucho más que solo valor a los accionistas, tiene que proveer seguridad de empleo a sus trabajadores leales y competentes, necesita ser cuidadosa con el medio ambiente, y debe ser una fuerza positiva de la sociedad.

Recompensar a los gerentes tomando como base indicadores de desempeño limitados es pedirles que se concentren en un aspecto a costa de otros aspectos. Además, existe un límite de cuanto un gerente puede ganar en una compañía en comparación con sus trabajadores. Al final, *todos* contribuyen al éxito de la compañía (o no deberían ser empleados por esta) y el éxito financiero es el resultado de los esfuerzos e ideas del equipo, no exclusivamente de los altos directivos. Toda compañía debe tener un límite moral de cuanto más pueden ganar los gerentes (en salario y otros beneficios) en comparación con los ingresos promedio de sus empleados. En nuestra compañía observamos cuidadosamente este parámetro.

Por su naturaleza, las metas y objetivos de los accionistas externos; en el mejor de los casos inversores pasivos, y en ocasiones invasores corporativos buscando valor despiadadamente; son de corto plazo y basadas en el dinero, mientras que la misión, visión y objetivos de la compañía están basados en las personas y son de largo plazo. Al final, los gerentes son responsables, no ante la *institución* que dirigen, sino ante los accionistas, empleados y clientes. La compañía no puede funcionar de manera efectiva si uno de estos tres grupos está insatisfecho. Si esto sucede, los accionistas retirarán capital, los empleados retirarán fuerza de trabajo, y los clientes simplemente se irán hacia otro proveedor de servicio.

Aunque no todos están de acuerdo con esto, Arie de Geus, un líder sindical en Holanda, sostiene su convicción de que "En la mayoría de los países la ley otorga al accionista el poder de contratar y despedir a las personas que operan la compañía. Estos poderes estaban bien en el pasado, en tanto el accionista tenía coincidencia de propósitos con las personas que operaban la compañía. Pero en la actualidad, en nueve de cada diez casos, los accionistas primarios son gerentes de otras entidades corporativas con metas y propósitos propios. Los gerentes son en última instancia responsables de proteger y mantener la institución que ellos dirigen. Entonces, los directores se convierten en los árbitros que deben asegurar que los gerentes están realmente haciendo su trabajo de proteger a la corporación."

Yo no estoy totalmente convencido de que los directores pueden realmente hacer esto. Me inclino más bien a coincidir con Peter Drucker, quien dijo: *"Cuando una institución no funciona bien, como consistentemente ha sucedido con las juntas de directores en casi todos los mayores fiascos en los últimos cuarenta o cincuenta años, es inútil culpar a los hombres. Es la institución la que funciona mal.* "Pongámoslo en una forma diferente: reclute a un grupo de personas de fuerte mentalidad, coordine que ellos se reúnan no mucho más que cuatro a seis veces en el año, tenga metas de desempeño vagas o no existentes para ellos, e incluya en el grupo un número de personas ajenas que no tienen conocimiento de la industria o de la compañía. ¿Funcionarán ellos como un equipo? Altamente dudoso. Sin embargo, así es como las juntas de las corporaciones están típicamente integradas, y se espera que ellas provean un liderazgo decisivo y consigan un desempeño corporativo de altos estándares de exigencia. En adelante, se requerirá desarrollar un formato más realista a fin de crear controles y equilibrios adecuados dentro de una compañía.

John Kenneth Galbraith, un famoso economista británico, lo explica de este modo: "Los accionistas, los dueños y sus supuestos directores en cualquier compañía de ciertas dimensiones están totalmente subordinados a la gerencia. Aun cuando se ofrece una impresión de autoridad de los dueños, ésta realmente no existe. Se invita cada año a los accionistas a una junta general, evento que, de hecho, se asemeja a un rito religioso. Hay un discurso ceremonial y, con raras excepciones, no existe ninguna voz discordante. Los infieles que incitan a la acción son ignorados, y la posición de la gerencia es, por lo general, aprobada. Las propuestas de los accionistas que sugirieron previamente alguna política social o preocupaciones ambientales se imprimen con argumentos que las apoyan. Estas son invariablemente rechazadas por la gerencia."

Berkshire Hathaway, una de las más exitosas compañías de inversión del mundo, dirigida por Warren Buffett, que invierte solo en industrias que puede entender y en estrategias edificadas sobre el sentido común, se considera una de las raras excepciones y por eso algo excéntrica. Las asambleas generales de accionistas anuales de esa compañía, se han convertido en interesantes ferias, con debates e interacción real, y genuina influencia de los accionistas. En un discurso en Salomón Brothers, Buffet dijo: *"Si ustedes pierden nuestro dinero, seremos indulgentes. Si pierden nuestra reputación, seremos implacables. Ustedes hacen que la situación quede clara estipulando sus intenciones y las sustentan en el diseño de sus programas de compensación. Si hay algún indicio de mala conducta, el dinero vuelve a la compañía. Esta es la única fórmula justa y creíble. Cualquier CEO que no proceda sobre esas bases es alguien por quien ustedes no deben apostar porque él no quiere apostar por sí mismo."*

Un ex presidente de un banco central en Europa, completamente equivocado, expone una idea exactamente opuesta: *"Ser un gerente y ser un accionista importante en el mismo banco es un conflicto de intereses."* Por suerte, en algunos otros países, los miembros de las juntas están obligados a arriesgar al menos una parte *"de su piel en el juego"*, poseer al menos algunas acciones, de manera que tomen su tarea seriamente. Afortunadamente, la mayoría de las personas comprenden que para que una compañía sea exitosa, su gerencia y su junta deben ser ambas competentes y estar profundamente involucradas, comprometidas a los valores compartidos de la corporación y trabajar al unísono para servir los mejores intereses de los accionistas, los empleados y los clientes. Es necesario que estos intereses se mantengan alineados en todo momento con una declaración de misión y visión comunes. Para expresarlo sin rodeos, cuando los directores entren a una reunión de la junta tienen que hacer solamente dos preguntas: La primera, ¿vamos a despedir al *CEO* hoy? Y la segunda, si no lo vamos a hacer ¿cómo podemos ayudar? La ayuda no puede limitarse a hablar. El buen gobierno tiene que ver principalmente con la buena conducta. La junta será capaz de influenciar la conducta de la gerencia y del personal solamente si da un buen ejemplo retando y estimulando a todos en la compañía a dar lo mejor de ellos. Esto puede hacerse únicamente siendo realmente práctico.

"Usted no puede mejorar el gobierno de la corporación estableciendo reglas. Mientras más reglas usted formula, más se violan. En contraste, si mejora su sistema de valores, puede mejorar las prácticas de gobierno de la corporación."

–**B. Muthraman**

Capítulo 27: ¿Qué causa felicidad y dónde lo podemos encontrar?

"Si usted quiere que los demás sean felices, practique la compasión. Si quiere ser feliz, practique la compasión."

–El Dalai Lama

Todos nos esforzamos por ser felices. La felicidad es más importante para nosotros que la salud y la riqueza. Pero la felicidad, a diferencia de la salud y la riqueza, es algo que podemos obtener por nosotros mismos, sin la necesidad de ayuda externa. La felicidad es básicamente una elección, una de muchas que podemos hacer cada día. De acuerdo con Aleksandr Solzhenitsyn: *"Un hombre es feliz en la medida en que decide ser feliz y nada puede detenerlo."*

Genghis Khan, que fue responsable de la muerte de alrededor de cuarenta millones de personas, más que Hitler, Mao y Stalin, dijo lo siguiente: *"No hay mayor felicidad que derrotar a tus enemigos y perseguirlos. Robarles sus riquezas, ver a sus seres queridos bañados en lágrimas, y estrechar contra tu pecho a sus hijas y esposas"* Un soporte científico de esta afirmación se logra analizando el mapa genético de cromosomas "Y" en Asia, que muestran que una de cada quinientas personas de esa región está directamente relacionado con él.

Afortunadamente, para la mayoría de las personas, la felicidad es diferente. Para alcanzar la felicidad se requiere un buen temperamento y tener sentimientos positivos tales como la paz, la alegría, el amor y la serenidad. Necesitamos mantener estos sentimientos la mayor parte del tiempo (y preferiblemente todo el tiempo), y debemos eliminar de alguna forma sentimientos tales como la ansiedad, el miedo, la codicia y el resentimiento.

Inicialmente esto requerirá grandes esfuerzos, ya que nos inclinamos a desarrollar muchos sentimientos negativos durante el transcurso de nuestra vida. Donde vivimos y el clima de que disfrutamos también parece tener un impacto. De acuerdo con una encuesta de Ipsos, el 53 % de los indonesios son muy felices la mayor parte del tiempo. El 40 % de los mexicanos y los indios también son muy felices, mientras que solo el 8 % de los rusos y los surcoreanos son felices la mayor parte del tiempo.

Eliminar sentimientos negativos comienza con la introspección. Significa que usted necesitará aprender a observar sus propias sensaciones, emociones y pensamientos. Después de un tiempo verá como estos están constantemente apareciendo y desapareciendo bajo la superficie. Su vida está llena de cambios y transformación. Sus ideas cambian, como lo hacen sus emociones.

Verá que todo en el universo está conectado; nada puede existir por sí mismo; todo está interrelacionado en el campo unido de la interdependencia y la causalidad mutua. Usted verá que sufre sentimientos y pensamientos negativos, porque no ha entendido o no ha percibido que nosotros compartimos la misma naturaleza que todos los seres transitorios. Entender la interconexión mutua de todas las cosas y todo el mundo disuelve la ansiedad, la codicia, la ira, el miedo y otros sentimientos y pensamientos negativos. Hace que usted comprenda que su negocio no será exitoso si sus empleados, sus proveedores, sus clientes, sus accionistas y la sociedad no se benefician de este.

Lo que nos frena es nuestro ego. El ego es la percepción que nosotros tenemos de nosotros mismos. Nos inclinamos a identificarnos con nuestras posesiones materiales, nuestro *status* financiero, o nuestro papel social. El ego nos hace creer que nosotros somos lo que tenemos (más cosas nos hacen más importantes) que somos lo que hacemos (mientras más alto sea el rango, más importante somos) que somos lo que otros piensan de nosotros (el deseo del status, una mejor oficina, poder) y que estamos separados de todos los demás, y que siempre estamos incluso separados de lo que está faltando en nuestras vidas (que lo que está fuera de nosotros está fuera de nuestro control). Es el aferramiento mental de nuestro ego a los objetos o sujetos con que nos identificamos lo que causa nuestro sufrimiento.

Para liberarnos nosotros mismos de nuestro ego, necesitamos entender los principios de la interdependencia y la no-autonomía. La interdependencia es fácil de entender, nada puede existir sin la existencia de todo lo demás. Precisamente como una hoja no puede existir sin el árbol, la lluvia, la tierra y el mundo que la rodea, una compañía no puede existir sin sus empleados, proveedores, clientes y productos o servicios. Sus lápices son fabricados por una compañía a un lado del mundo, su papel viene de los árboles que un día crecieron en el lado opuesto del planeta, y otros tuvieron que hacer grandes inversiones en infraestructura y tecnología, para crear la industria del petróleo que proveería el combustible para transportar los lápices y el papel a su oficina. Mientras tanto, todas las personas involucradas necesitarán consumir alimentos producidos por granjeros también en otras partes del mundo y vivir en casas construidas por otros, todo financiado por bancos y organizado por funcionarios, gerentes, políticos, asesores, etc.

Si los árboles no fueran perecederos sino que tuvieran una naturaleza por ellos mismos, sería imposible convertirlos en su papel para escribir; el petróleo no podría volverse transportación y los granos no podrían convertirse en pan.

La realidad de la vida es que todo es perecedero; las cosas nunca permanecen lo que son. No hay nacimiento o muerte, ni creación ni destrucción, y tampoco uno o muchos. Estas son falsas distinciones creadas por nuestra mente. La realidad es que las cosas están cambiando constantemente. Heráclito dijo una vez: *"Lo único permanente es el cambio."* Las situaciones cambian, nuestros cuerpos cambian, nuestras mentes cambian y todas estas cosas están relacionadas con, e influyen en, la existencia de todas las demás cosas. Nada puede existir con independencia de todo el resto.

La lección que debemos aprender de todo esto es que no se puede vivir apegado a algo o a alguien. No estar atado a nada ni a nadie nos libera del sufrimiento. El sufrimiento se deriva de la separación de lo que usted quiere o de la unión con lo que usted odia. Necesitamos entender que las cosas y las personas cambian constantemente, y que todos están conectados con los demás, y desarrollar así un sentimiento de desapego. Esto es lo que los budistas llaman *Visión correcta*; el primer paso en el noble óctuple sendero a la Iluminación.

El segundo paso en ese camino es *Pensamiento Correcto:* esto se refiere a aquellos pensamientos en los que no hay confusión ni distracción, ni ira ni odio, ni tampoco deseo ni lujuria. Para vencer la distracción usted tendrá que aprender a concentrarse. Para vencer la ira, el odio y todas las demás emociones negativas, usted tendrá que plantearse qué las origina en su mente y en la mente de todos aquellos que han hecho que surjan en usted. Para vencer los deseos, piense sobre lo perecedero, y para vencer la lujuria piense sobre los efectos de la muerte. Al mismo tiempo construya pensamientos positivos: amabilidad, compasión, alegría compartida y no apego.

Discurso correcto, actuación correcta y medio de vida correcto, son preceptos morales: haga a los demás lo que usted quiere que ellos le hagan a usted. Porque hacer lo contrario le crea culpa y sufrimiento. *Esfuerzo correcto* es la voluntad de implementar las vías correctas para vivir su vida, y *Voluntad correcta* o *Conciencia plena* consiste en concentrar su atención en el mundo que lo rodea e interactuar con él. Esto se conoce como presencia en la realidad, y nos enseña a no concentrarnos obsesivamente en nuestros propios pensamientos internos (que no son más que eso, solo pensamientos) sino concentrarnos en el mundo externo, la realidad, a través de la *Correcta Concentración*.

Necesitamos aprender a observar nuestros pensamientos con desapego, para darnos cuenta que estos no son el producto de nuestra voluntad, sino que crecen de manera autónoma en nosotros y son alimentados por nuestros temores y ataduras. Concentrándonos en el testigo dentro de nosotros y mirando nuestros pensamientos con desapego, nos liberaremos de las ideas, las emociones, las sensaciones, la voluntad y la conciencia. La mejor manera de lograr esto es practicando la meditación.

Así que, en otras palabras, comprendiendo que todo está constantemente cambiando, podemos aprender el desapego, y mediante esto ganar el control de nuestra mente. Al tener el control de nuestra mente, alcanzamos la presencia en la realidad. Apreciando la verdadera naturaleza de la realidad y cómo todo está relacionado, podemos aspirar a llegar al amor universal, donde a través de la compasión y la devoción hacia otras personas, intentamos lograr la felicidad de todos y no queremos nada a cambio. Esto nos trae como resultado una vida llena de paz y alegría. Ana Frank, cuando tenía quince años, escribió unos pocos meses antes de su muerte en un campo de concentración: *"Quien sea feliz, hará feliz también a otros. El que tenga coraje y fe, nunca perecerá en la miseria."*

¿Cómo producimos los pensamientos que causan sufrimiento? Ellos son generados automáticamente por nuestro subconsciente (memoria) como una manifestación de la tensión derivada de traumas, temores, pérdidas, errores e incertidumbres que existen en nuestra memoria. Los pensamientos que causan sufrimiento y crean tensiones, constituyen casi el total de nuestra actividad mental, porque estos pensamientos se reproducen y perpetúan por sí mismos. Observando nuestros pensamientos negativos con desapego (siendo el *testigo imparcial*) los podemos neutralizar. También podemos reemplazar pensamientos negativos que no deseamos por otros más placenteros de amabilidad, amor y compasión.

Debe comprender que los pensamientos que su "mente" origina son solo producto de su cuerpo; es similar a la forma en que su cuerpo produce calor y deshechos. Puede manipular su mente mirando dentro de ella y usando sus sentidos para tomar conciencia de que sus pensamientos son el producto de su mente subconsciente. Usando técnicas como *Vipassana* puede con gran facilidad poner su mente en blanco y neutralizar o eliminar los pensamientos negativos. Meditar y orar pueden también ayudar. Verá que las fantasías de su mente no son reales. Son generadas por su atadura a la gente, las cosas y las memorias, o incluso por usted mismo, y por tanto, por su ira, su odio, sus temores, sus deseos. Y nosotros los aceptamos como verdades. Las únicas cosas que son reales en este concepto, son las cosas que vemos a nuestro alrededor, en nuestro aquí y ahora; todo lo demás existe solo en nuestra mente. Se vuelve infeliz, y sufre, por las expectativas que crea en su mente, porque se aferra a su ego.

El desapego a cualquier cosa impide su sufrimiento. Esto no quiere decir que no pueda amar, que no puedan importarle otras personas, o que deba ser indiferente; simplemente significa que usted no desea *poseer* a la otra persona, cosa material, riqueza, *status,* poder, o cualquier otra cosa deseable.

Es lo que es, por supuesto, y yo supongo, que aunque sea doloroso, al final es bueno. Todas las cosas en la vida tienen un fin y se transforman en algo nuevo. Si los mismos sentimientos se mantuvieran siempre, nos volveríamos insensibles a ellos.

Un proverbio español dice: *"El amor es como una ola, cuando llega, te besa te abraza, y con facilidad te abandona."* Efectivamente, el amor es siempre como una ola, cuando llega te alza muy alto, te estremece, quizá incluso te atemoriza un poco, te deja sin aliento, y entonces sencillamente se marcha. Más tarde o más temprano otra ola vendrá, tal vez más fuerte o no, pero el mar siempre te deja esperando por otra, y quizás mejor ola.

El amor siempre parece hacernos sufrir, ¿En qué otro momento reímos solos si no es cuando estamos enamorados? Pero pienso que es también donde el desapego es de gran utilidad. La comprensión de que todas las cosas son perecederas le permite desarrollar el desapego. Las cosas y las personas en nuestra vida no son eternas. Todos aquellos con quienes nos encontramos saldrán también de nuestra vida, no podemos decidir sobre su presencia. Si queremos ser amados por alguien, esto refleja una necesidad propia, una necesidad de la presencia, el amor, y la dedicación de la otra persona. Tenemos que darnos cuenta de esto y aprender a disfrutar de otra cosa cuando ellos no están más con nosotros. Podemos hacer lo mismo con las ataduras materiales e incluso, después de alguna práctica, con los vicios, ansias, adicciones y deseos por cualquier cosa que no está a nuestro alcance, apreciando y disfrutando lo que sí está, en el momento que estamos viviendo.

Una vez que alcance el desapego, no querrá más algo a cambio de lo que usted hace y de lo que comparte. Su objetivo será la felicidad de todos. Entonces estará en contacto con el universo, y básicamente se habrá convertido en todo el universo. De acuerdo con Gautama Buddha: *"La comprensión y el amor son lo mismo, sin comprensión no puede haber amor."* La comprensión conduce a la compasión, porque conocemos sobre la vida pasada y los problemas de nuestros amigos, familias y colegas. Nos interesamos en su pasado, sus intereses y deseos y así nos identificamos con ellos. La compasión que sentimos por los demás, de hecho, es la compasión que sentimos por nosotros mismos. En la medida en que seamos capaces de incluir a todos, más felices seremos y más sentido tendrá nuestra vida.

El verdadero amor es el amor a los demás, preferiblemente a todos, sin la necesidad de ser amado a cambio por nadie más. El verdadero amor no espera nada a cambio. Por ejemplo, una madre no necesita nada de su hijo. Es amor incondicional.

Entonces, ¿por qué toda esta teoría budista en un libro sobre negocios? Un viejo adagio tibetano dice: "Hay una solo modo totalmente seguro de evitar que una persona se escape de la cárcel. Y este es, en primer lugar, que la persona nunca se dé cuenta que está en una cárcel." Si quiere cambiar su esquema mental y ser feliz, primero tiene que aceptar que es infeliz, y que usted hace las cosas que le impiden ser feliz. Si no conoce cómo trabaja la mente, ni cuál es su papel en el universo, ni cómo puede hacer que el universo haga lo que necesita para alcanzar sus metas, entonces nunca las podrá alcanzar. Puede que no sea capaz de apartarse del sufrimiento y puede que no llegue a ser feliz.

No muchos pueblos, compañías o países se plantean la felicidad como un objetivo básico. Los Estados Unidos tienen la *búsqueda de la felicidad* insertada en su constitución. En la práctica, pienso que la búsqueda del dinero y el poder en el corto plazo parecen ser más importantes. Bután, por otra parte, es el único país que mide su progreso como nación no por el crecimiento de Producto Nacional Bruto *per cápita,* sino por la Felicidad Nacional Bruta *per cápita.* Las áreas que el gobierno de Bután considera cruciales para reflejar los valores de la Felicidad Nacional Bruta son: bienestar psicológico, uso del tiempo, educación, cultura, buen gobierno, ecología, vitalidad de la comunidad y estándar de vida. El gobierno de Bután promueve la felicidad como una política nacional, toma esto muy en serio. Esto tiene un gran impacto en las políticas del gobierno. En vez de promover turismo masivo, que pudiera beneficiar la economía en general, mantiene un bajo flujo de entrada de turistas imponiendo altos honorarios de visado y así mantiene en un mínimo su impacto en la cultura e infraestructura locales. Un indicador de lo dispuesto que está el gobierno a tomar medidas duras que considera que maximizará la felicidad general, es una prohibición de la venta de tabaco. Los butaneses pueden importar una pequeña cantidad de cigarros o puros de la India para su propio consumo pero no para vender, y deben llevar consigo el recibo de los impuestos de importación siempre que fumen en público.

Mi país de residencia, Singapur, donde por ejemplo, no puede comprar goma de mascar, para que las calles puedan mantenerse limpias y relucientes, y China, un país al que con frecuencia se le reprocha por la falta de una democracia funcional, son dos países que están dando pasos en la misma dirección de políticas gubernamentales encaminadas hacia la felicidad y el bienestar. En 2011 la Asamblea General de la ONU aprobó, sin discrepancias, una resolución propuesta por Bután invitando a los estados miembros a desarrollar medidas adicionales para conquistar mejor la meta de la felicidad. En Francia y en menor grado en los países nórdicos y germánicos, el progreso en *bienestar* es más y más preferido que el progreso en *riquezas*. En Italia, y en una gran parte de América Latina, *La Dolce Vita* provee una perspectiva alegre de la vida con independencia de la situación económica del país.

En Amicorp, somos más felices si todo funciona con fluidez, si nuestros empleados son felices con el modo en que las cosas están organizadas, si nuestros productos y servicios son innovadores y competitivos, si nuestros clientes disfrutan del servicio que están recibiendo de nuestro equipo, si los proveedores consideran que les ofrecemos condiciones justas, y si nuestros competidores saben que nosotros no hablamos mal de ellos y sienten que competimos honesta y abiertamente. En la misma medida en que somos capaces de darle a cada parte lo que merece, mejor funciona la compañía. Cuando contratamos personas que no entienden esto, la maquinaria comienza inmediatamente a "echar chispas", pues los clientes, los proveedores, los banqueros y la sociedad en general reaccionan a cualquier cosa que hacemos. Acciones positivas generan reacciones positivas; acciones negativas crean reacciones negativas. En las palabras de Jey Rimpoche, *"Cualquier cosa que usted quiera de la vida, debe hacerla por otro antes. Si hace algo por alguien más, todo lo demás funcionará."* El maestro tibetano del primer Dalai Lama, Chandra Kirti, comentó que si hace esto *"Las posibilidades de éxito en todas las cosas serán del 100%."*

¿Dónde puede encontrarse a sí mismo? En casa, su verdadero yo está más allá de su ego. Su mente no puede decirle como llegar allí; su corazón ya ha estado allí. Y su alma nunca se ha marchado de allí. En su camino hacia ese lugar, no olvide divertirse y disfrutar. En las palabras de Priscilla Lotman, *"La vida es corta, rompa las reglas, perdone rápidamente, bese despacio, ame verdaderamente, y ría incontrolablemente."*

"Atienda a su propia salud y felicidad interna; la felicidad se irradia como la fragancia de una flor y atrae todas las cosas buenas hacia usted. Permita que su amor lo nutra tanto a usted como a otros. No se tense en pos de las necesidades de la vida. Es suficiente estar silenciosamente alerta y consciente de ellas. De esta manera la vida transcurre más naturalmente y sin esfuerzo. La vida está aquí para disfrutar."

—Maharishi Mahesh Yogi

Capítulo 28: ¿Y qué hay sobre al amor, el deseo y el sexo en el lugar de trabajo?

"Ella descubrió con gran placer que uno no ama a los hijos solo porque son sus hijos, sino por la amistad que se forma mientras los cría"

–Gabriel García Márquez

La vida pasa un momento a la vez, y solo podemos vivirla según pasa. Necesitamos usar cada día lo mejor que podamos, ya que el número de días que tenemos es limitado. Friedrich Nietzsche explicó en una ocasión, que tenemos una vida pública, una vida privada y una vida secreta. El trabajo es en gran medida una parte de nuestra vida pública, pero no podemos vivirlo en total separación. No puede ir a su lugar de trabajo dejando parte de quién y qué es en su hogar. No puede separar su vida pública de la privada. No puede tener una personalidad y un conjunto de emociones en el trabajo y una diferente personalidad y conjunto de emociones en el hogar.

Todo lo que se habla sobre un equilibrio trabajo-vida y tratar de separar los dos, está básicamente equivocado. El trabajo es una parte esencial de la vida, y la vida es una parte esencial del trabajo. Tiene que estar vivo para ir al trabajo (al menos en mi mundo) y tiene que disfrutar y aprender de lo que hace (al menos la mayor parte del tiempo) si no es así, está en el ambiente de trabajo equivocado. El trabajo es una parte tan importante, de no solamente donde pasa su tiempo, sino también de donde vive su vida, por lo que no tiene sentido estar allí a menos que esté totalmente presente. No puede estar mirando el reloj cada día y esperar que éste marque las cinco antes de comenzar a vivir su vida. Si piensa como los cínicos personajes en los dibujos animados de Dilbert, está perdiendo parte de su vida.

Vivir, amar, aprender y dejar un legado, todos desempeñan su papel cada día mientras usted está en el trabajo, con independencia de que sea un líder, un gerente o tenga un cargo secundario. Por supuesto, todos nos ponemos una máscara e interpretamos un papel mientras estamos en el trabajo. Tenemos lecciones que enseñar, ejemplos que dar, metas que alcanzar y tareas que cumplir. Tenemos la visión y la misión corporativa en las que debemos trabajar y los valores que debemos observar en nuestra vida. Pero también tenemos nuestras propias metas personales, y nuestros propios deseos personales que traemos al trabajo cada día.

También traemos al trabajo nuestro deseo personal de amar y ser amado. Yo pienso que el deseo de amar y ser amado es uno de los impulsores principales que hace a las personas buscar la compañía de otros en el lugar de trabajo. El deseo de amar y ser amado ha sido conocido por lo menos durante los últimos tres mil años. El *Bridadaranyaka Upanishad* señala: *"El Ser Cósmico creó el mundo porque él solo no conocía la alegría. Él quería ser dos."* Siempre necesitamos la interacción con otros a nuestro alrededor para disfrutar lo que hacemos, celebrar nuestros éxitos, compartir nuestras penas y llorar nuestras pérdidas.

En los tiempos que éramos hombres de las cavernas esto era más sencillo, había un equilibrio perfecto trabajo-vida ya que todos en la tribu contribuían a la caza y a la recolección de acuerdo con sus habilidades, y a cambio, recibían respeto, amor, vida social y una parte justa de los frutos de su trabajo. Muhammad Yunus dijo: *"Todos los seres humanos son empresarios. Cuando vivíamos en las cavernas todos éramos trabajadores por cuenta propia... buscando nuestra comida, alimentándonos, socializando. Allí es donde la historia humana comenzó... En la medida en que vino la civilización suprimimos esto. Nos convertimos en trabajadores porque nos marcaron: 'Usted es mano de obra.' Olvidamos que somos empresarios."*

Cuando avanzamos hacia la agricultura de subsistencia y pequeños talleres, esto realmente no cambió. En la mayor parte del mundo, los comerciantes todavía viven en o sobre la tienda, las familias de los grajeros comparten todas las tareas, y muchas empresas familiares proveen al mismo tiempo ingresos, una vida social y satisfacción emocional a los miembros de la familia que participan en estas.

La siempre creciente parte del planeta que emergió dentro del mundo industrial o post industrial creó la agricultura industrial, las grandes fábricas, las oficinas impersonales, los asientos por cubículos, las congestiones de tráfico, las redes, bio-descansos, el pensamiento aislado, el estrés relacionado con el trabajo y las intrigas de oficina. Para aquellos de nosotros que vivimos en el hemisferio Occidental, es frecuentemente difícil entender que el mundo que hemos creado en los últimos 100 a 150 años, niega en gran medida nuestros orígenes, quienes somos y que somos como seres humanos. Hemos llegado a pensar que un modo impersonal de tratar con cada cual, basado en organigramas, diagramas de flujo, indicadores clave de desempeño *(KPIs)* e interminables reuniones de control, son una forma aceptable de organizar la conducta humana.

Yo no pienso que lo sea. La conducta humana está estructurada en gran medida alrededor de dos impulsos básicos, el amor y el miedo. La mayoría de las organizaciones modernas controlan bastante bien el factor *miedo,* pero no necesariamente el factor *amor*. Los Organigramas y los *KPIs* introducen el miedo en las personas: miedo de dejar la casilla en que uno está, miedo de no alcanzar los objetivos, miedo de violar una regla, miedo de quedarse estancado y no poder sacar lo mejor de uno mismo.

En la medida en que está mejor organizada una oficina (mientras existan más reglas, más control corporativo y obligaciones y metas más estrictamente definidas) más miedo se crea.

Por otra parte, si una compañía se concentra en explicar su misión y su visión de cómo trabajar para lograr esos objetivos, el miedo disminuirá. Si una compañía define sus valores como la banda ancha dentro de la cual se debe operar, y estimula a sus empleados a ser creativos, a cometer errores, a pisar fuera de los bordes, y a encontrar su propia voz, entonces sus empleados ya no temerán. Si una compañía ofrece vías para alcanzar las metas y la misión, para trabajar juntos sobre la base de las habilidades y preferencias personales y para complementarse mutuamente en vez de estructurarse sobre la base de jerarquías y organigramas, esa organización florecerá porque sus empleados florecerán.

Las personas tienen que amar su lugar de trabajo, a aquellos con quienes trabajan, y lo que ellos hacen, con el fin de hacer de ese lugar un éxito. Cuando no hay amor, nada se crea, y nada tiene la posibilidad de florecer.

John Lennon, aunque en un contexto ligeramente diferente, lo explica de la manera siguiente: "Hay dos fuerzas básicas de motivación: el miedo y el amor. Cuando tenemos miedo, nos salimos de la vida. Cuando estamos enamorados, nos abrimos a todo lo que la vida puede ofrecer con pasión, entusiasmo y aceptación. Tenemos que aprender a amarnos a nosotros mismos en primer lugar, en toda nuestra gloria y nuestras imperfecciones. Si no podemos amarnos a nosotros mismos, no podremos abrir nuestra capacidad de amar a los demás o nuestro potencial para crear. La evolución y todas las esperanzas de un mundo mejor descansan en la valentía y la visión con el corazón abierto de las personas que abrazan la vida."

¿Qué hace que las personas amen su trabajo? ¿Qué hace que las personas esperen con júbilo la llegada de un nuevo día de trabajo? En los capítulos previos vimos que se trata de cosas tales como disfrutar del trabajo que se tiene, sentirse parte de la misión de hacer del mundo un mejor lugar, brindar servicios a los clientes, trabajar en proyectos o productos útiles, y la posibilidad de aumentar sus habilidades, conocimientos y experiencias. Ser apreciado y sentirse parte de un equipo es igualmente esencial, de la misma manera que las necesidades más elementales de ganar dinero y ser capaz de sostener a la familia también lo son.

Siempre me ha sorprendido lo fácil que ha sido para los líderes militares de todos los tiempos e ideologías, conducir a sus soldados a la batalla y hacerlos vencer su muy realista miedo a la muerte, a fin de alcanzar metas que muchas veces son poco inspiradoras como tomar una colina en particular. Cuando se les pregunta a esos soldados por qué lo hicieron, muy pocos se refieren a la ideología subyacente de la batalla estratégica que ellos estaban librando, o a las ideas por las que su ejército estaba peleando, sino más bien todos ellos mencionan el amor y la camaradería que sentían por sus colegas, el respeto que tenían por sus líderes directos, y el orgullo que tienen en el éxito de un pequeño grupo dentro de un gran ejército. El amor que tenían por sus camaradas era substancialmente más fuerte que el miedo a perder sus vidas.

Como empresario, usted quiere que sus empleados *"crucen el fuego"* para alcanzar las metas de la compañía; quiere que ellos arriesguen sus vidas en beneficio del equipo. Por supuesto, no puede infundir la camaradería que se requiere para esto con una disciplina letal, ni con interminables y exhaustivas marchas, ni con penurias compartidas ni con fuego enemigo. La relación que un jefe militar tiene con sus hombres, y las razones por la que ellos trabajan de conjunto es algo muy diferente de la que tiene un líder corporativo e empresario con sus hombres.

Debe al menos ganarse el respeto de su gente, pero es aún mejor ganarse su amor. En *Anna Karenina*, Leon Tolstoi escribió: *"El respeto fue inventado para llenar el espacio vacío donde debiera estar el amor."* El respeto se puede ganar siendo un especialista en una materia específica, un duro trabajador individual y/o una persona de altos valores que hace las cosas correctas. Sin embargo, para hacer las cosas correctas, es necesario algo más.

El amor es un tema sobre el cual es difícil hablar en el ambiente de los negocios, ya que rápidamente se le confunde con el deseo y el sexo. La sabiduría convencional dice que el amor pertenece a la vida privada. El amor en la vida pública es una amenaza al amor en la vida privada, y los deseos en el lugar de trabajo no deben siquiera salirse del reino de la *"vida secreta."*

Sin embargo, nuestros deseos son la base de cualquier logro. El acto de buscar en sí mismo, es ya una fuente de alegría. El *Mahabharata* lo describe de esta manera: *"Aquel que no desee el placer, no buscará enriquecerse a sí mismo. Sin deseos, tampoco un hombre desea cumplir con su deber. Aquel que no tiene deseos no envidiará nada. Por eso el deseo es la cosa más importante. Nunca ha habido, no hay y nunca habrá algo que sea superior a lo que deseamos. El deseo es la esencia de todas las acciones, sobre las que se basan todas las nociones del deber y la riqueza. De la misma manera que la crema es la esencia de la leche, el placer es la esencia del deber, la fuente de la riqueza."*

Las personas necesitan disfrutar constantemente lo que hacen. Necesitan el aprecio de sus colegas, la palmada en la espalda de sus superiores, la envidia de sus competidores y el sentimiento de realización que genera un equipo cuando las metas se alcanzan, las compañías se construyen y el mundo cambia para mejor.

Si un grupo de personas ama lo que hace, ama trabajar juntos, y ama la experiencia de hacer las cosas, no hay nada que no pueda lograr; no hay nada fuera de su alcance.

En una pequeña compañía de emprendedores, es mucho más fácil que en un gigante corporativo crear un ambiente en que las personas amen lo que hacen, amen por lo que están trabajando y amen a aquellos con quienes están trabajando. Habiéndome perdido en los años de *"flower power", Osho y Woodstock,* he recordado, sin embargo, las palabras de los *Beatles* cuando se busca una solución para problemas difíciles.

"No hay nada que puedas hacer que no se pueda hacer.
No hay nada que puedas crear que no se pueda crear.
Nadie que puedas salvar que no pueda ser salvado.

No hay nada que puedas saber que no se sepa.
Nada que puedas ver que no sea mostrado
Ningún lugar donde puedas estar que no sea donde estés destinado a estar. Es fácil
Todo lo que necesitas es amor, todo lo que necesitas es amor."

–John Lennon y Paul McCartney

Como empresario o como líder, tendrá que promover ese amor en su gente. Tendrá que crear un ambiente en el que las personas amen lo que hacen y hagan lo que amen y por supuesto amen a las personas con quienes trabajan. Esta no es una tarea sencilla y no puede lograrse simplemente organizando una cena y un baile anual de Navidades o ni siquiera con una hora feliz semanal. Las personas necesitarán básicamente trabajar juntas alegremente durante cuarenta o más horas cada semana, y esto no debe lograrse porque tengan una cerveza frente a ellos.

No es algo que se pueda forzar, poner en un manual y ni siquiera empoderar a las personas para que lo hagan. Carl Jung dijo en 1912 en sus escritos *On the Psichology of the Unconscious* "*Donde reina el amor, no existen ansias por el poder, y donde el poder predomina, falta el amor*". El amor solo puede ser dado, no puede ser tomado. El respeto solo puede ser ganado, no impuesto. Tendrá que emplear mucho tiempo y esfuerzo para fomentar estas cualidades.

Hasta ahora este capítulo se ha referido a la necesidad de amor de un modo casi abstracto. Pero al final, el "*amor por la compañía*" como una tercera parte independiente, tiene que verse como el disfrute de su conciencia colectiva, como una red neuronal, trabajando en armonía. De otro modo, una compañía no es más que un montón de papeles para un abogado, un conjunto de estados financieros para un contador, un equipo de personas para un gerente, o una cifra de activos para un inversor. Nuestros papeles dentro de la compañía pueden verse como *karma*, bueno o malo, en un ambiente que provea sentido, propósito y disfrute, y dejando el *karmaphala* (los frutos de nuestras acciones) a la disposición del colectivo.

En un lugar de trabajo, las personas pasan juntos ocho o más horas diarias. Se ven unos a los otros en sus momentos buenos y sus momentos malos, en momentos de desesperación y de grandes éxitos, en momentos de luto y de celebración. La amistad duradera se forma en estos ambientes; se forjan nexos estrechos. Los colegas socializan fuera del trabajo, disfrutan los deportes y pasatiempos juntos; y así construyen la amistad. La amistad es inevitable en la medida en que las personas comparten sus intereses y pasan tiempo juntas. Todos o la mayoría de los momentos más poderosos de la vida –aquellos momentos en que sentimos que realmente hemos vivido- son momentos en los que nos sentimos amados o estábamos enamorados. Como León Tolstoi escribió: "*Aproveche los momentos de felicidad, ¡ame y sea amado! Esa es la única realidad en el mundo, todo lo demás es locura. Es la única cosa en la que estamos interesados aquí.*"

El amor es en última instancia, la unión entre seres humanos. Las personas disfrutan estar juntas, trabajar juntas, reírse juntas, y lograr cosas juntas; y en un buen número de casos hay también una atracción sexual, ya que, por definición, las personas comienzan a amar a aquellos con quienes se codean. El Dalai Lama resolvió la tentación cuando dijo: *"A veces en mis sueños hay mujeres… Cuando tengo estos sueños, inmediatamente recuerdo, 'soy un monje'… Es muy importante analizar '¿Cuál es el verdadero beneficio del deseo sexual?' La apariencia de una cara encantadora o un cuerpo encantador -como muchas escrituras describen- con independencia de su belleza se descomponen en un esqueleto. Cuando penetramos sus carnes y huesos, no hay belleza ¿la hay? Una pareja en una experiencia sexual es feliz en ese momento. Entonces, muy pronto, los problemas comienzan."*

Cuando la atracción existe en el lugar de trabajo entre personas que disfrutan mutuamente su compañía, surgen frecuentemente los deseos sexuales.

Muchas personas comienzan relaciones en el lugar de trabajo, se casan, y viven felices para siempre. Otros mantienen romances con sus colegas e incluso tienen relaciones sexuales en el lugar de trabajo. Hay muchas estadísticas disponibles sobre el tema, y en todos los casos, muchos más hombres que mujeres parecen estar involucrados (es extraño, pero así es como operan las estadísticas). En nuestra compañía tenemos un buen número de parejas que se conocieron en el trabajo. También tenemos un grupo de personas que al final dejaron la compañía porque la relación que construyeron en el trabajo no funcionó. Las cuestiones del corazón son muchas veces la razón por la que las personas solicitan un traslado, son infelices en el trabajo o alcanzan éxitos extraordinarios.

En un ambiente corporativo, la noción de que el *sexo* está en la mente de sus empleados es usualmente ignorada, negada, subestimada o referida al departamento de recursos humanos. Pero la atracción entre las personas es natural; los impulsos incontrolados que cruzan el límite son los que necesitan ser "subsanados". Como empresario, tiene que definir ese límite de alguna manera que sea fácil de interpretar, de modo tal que la transgresión sea fácil de identificar. Es necesario contar con una red de seguridad, teniendo en cuenta que los escándalos dañan la imagen del colectivo.

La conciencia de nuestra sexualidad es diferente. Tratar de tomar conciencia de nuestra sexualidad en el lugar de trabajo, pues bien, eso es otra cosa, y puede crear muchas dificultades En un conjunto social impulsado por la diversidad, el equilibrio de la conciencia es sacudido y a veces llega a la conmoción.

La mayoría de los hombres piensan sobre el sexo frecuentemente. Los estudios sugieren que alrededor de la mitad del tiempo que están despiertos. He revisado esto con amigos y colegas, y casi todos están de acuerdo. Esto significa que los hombres tienen pensamientos sobre el sexo cuando ven a la recepcionista a la entrada de la oficina, a la muchacha de la cafetería al comprar su café, cuando están en reuniones con clientes, proveedores o jefes, y cuando están solos trabajando en cualquier tarea del día. Las mujeres aparentemente *piensan* mucho menos sobre el sexo y *hablan* mucho más sobre este, pero repito, ellas son mucho mejores para realizar tareas simultáneamente que los hombres.

La gran mayoría de estos pensamientos y sentimientos nunca conducen a una acción consciente. No son expresados y no se convierten en acciones. Pero están ahí todo el tiempo, y determinan por qué algunas personas trabajan bien juntos y otros se evitan mutuamente. Dan respuesta a la pregunta acerca de por qué algunas personas son promovidas más allá de su nivel de competencia o por qué hay personas que trabajan más duramente en las tareas de algunos colegas que en las de otros. De la misma manera que James Bond puede lograr cualquier cosa que quiera de la Srta. Jane Moneypenny, toda compañía tiene sus Bonds y sus Moneypennies. No hay nada en contra de esta atracción, ya que es parte de la conducta humana normal y hace la vida más agradable y más gratificante, aún, o tal vez especialmente, si esta nunca se consuma. Consciente o inconscientemente, reprimida o no, la atracción sexual está constantemente en juego en la colaboración, o en lo que aparenta ser un esfuerzo en equipo.

En total contradicción con esto, las políticas de la mayoría de las compañías son escritas de manera tal que se ignora totalmente el amor y el sexo. Las diferencias entre los géneros no son ya permitidas y hombres y mujeres son tratados escrupulosamente como iguales. En los países nórdicos se llega al extremo de conceder a los hombres vacaciones parentales/de maternidad. Y algunos países, como Francia y Noruega, obligan a las compañías listadas en bolsa a tener cuotas de mujeres en sus juntas directivas y comités. Esto, por supuesto, socava la esencia misma de tratar a las personas igualmente pero celebrando sus diferencias. La civilización humanoide se ha degradado hasta cierto punto, porque las descripciones puras de los deberes de trabajo se han vulnerado (cazador, recolector). Hoy, el recolector puede cazar. El cazador puede hacer alguna recolección. La evolución de la sociedad ha progresado mucho más rápido que la evolución de nuestra mente o nuestro cuerpo. En un intento de proveer inclusión, confundimos el bosque con los árboles y hablamos en términos de cuotas. En mi lugar de trabajo quiero que las personas sean recompensadas por lo que logren, que desempeñen papeles específicos como resultado de lo que son como persona y de sus fortalezas, y que tengan un género, es solamente uno de las muchas cualidades que poseen.

Muchas de las compañías de emprendedores no necesitan tales cuotas artificiales, ya que el equipo promedio usualmente tiene una representación razonable de los sexos en su junta. Actualmente todo gerente tiene temor de ser acusado de acoso sexual y evita incluso el más inocente de los abrazos del sexo opuesto (o tercero) cuando está solo y con las puertas cerradas. La esfera personal se ha encogido tanto, que es fácil causar una ofensa incluso con lo que era usualmente una pregunta inofensiva.

Pienso que tiene más sentido celebrar las diferencia entre los géneros que ignorarlas. Respetar la necesidades y sensibilidades de cada cual en vez de negarlas o regularlas, y beneficiarse de las fortalezas de cada cual en vez de crear divisiones artificiales de responsabilidades, hace que un lugar de trabajo sea armonioso.

El ambiente laboral tiene que ser menos sexista y tomar más conciencia de las fortalezas asociadas con cada género. Es indiscutible que los hombres generalmente son mejores persiguiendo de manera directa sus metas y las mujeres son generalmente más orientadas al detalle, más cautelosas y más cuidadosas. Un stand en una exhibición atrae más visitantes, si en adición a los folletos y obsequios, cuenta con presentadores atractivos. Una compañía dará una mejor primera impresión si la recepcionista tiene una voz agradable por teléfono. Una reunión en la compañía es más agradable si uno no tiene que preocuparse por escoger correctamente cada palabra o por dar una palmada en la espalda solamente a los colegas del mismo sexo.

Las diferencias de género dentro del ambiente laboral son la mayoría de las veces ignoradas o estereotipadas; en el momento en que el contacto con el mundo exterior se establece, y la amenaza inmediata al mundo privado se reduce, el sexo vuelve a estar en boga. Casi todos los productos en el mundo son rutinariamente promovidos por señoritas vestidas ligeramente, en posiciones atractivas, tratando de vender un sentimiento más que un producto. El calendario de Pirelli adorna cada taller automotriz. Hay más carteles promoviendo ropa interior que piezas de autos o libros de negocios.

En la tradición hindú, la fortaleza física y el poder de los hombres, así como un pedazo de su alma, tiene su fuente en *viriya,* una palabra que significa energía y diligencia sexual, fuerza de la vida, la esencia de la masculinidad. Viriya puede significar moverse hacia abajo en las relaciones sexuales, donde se emite físicamente como semen o puede moverse hacia arriba, a través de la médula espinal, mediante *kundalini*, directamente hasta el cerebro, en su forma más sutil conocida como *ojas*. Los hindúes consideran el movimiento hacia abajo un gasto debilitador de la vitalidad y la energía, y el movimiento hacia arriba con la observancia de *brahmacharya* (una forma de abstinencia) como una fuente de creatividad, longevidad, poder de voluntad e inspiración. La energía sexual presente en cualquier ambiente de trabajo mixto, puede desbordarse o puede dirigirse mediante la correcta combinación de la interacción, las ideas, la disciplina, y la práctica, hacia una mejor inspiración y una energía creativa.

Como empresario tendrá que marcar el tono. Crear un ambiente en el que amor, confianza y libertad florezcan, y hombres y mujeres trabajen juntos de una forma natural y cuidándose mutuamente. Al mismo tiempo, tenga un fuerte conjunto de valores que evite abusos y excesos. Y con las palabras del Dalai Lama *"Nunca arruines al equipo"* O para citar uno de los pasajes del Bhagavad Gira favoritos de Mohandas Gandhi:

> *"Si se reflexiona sobre el objeto de los sentidos brota la atracción, y de la atracción crece el deseo. El deseo enciende la fiera pasión, la pasión alimenta la imprudencia; entonces la memoria –completamente traicionada- deja que se ausenten los nobles propósitos y mina la mente, hasta que los propósitos, la mente y el hombre están definitivamente desatados."*

Capítulo 29: ¿Puede su negocio convertirse en una adicción?

> *"Le parecía tan bella, tan seductora, tan distinta de la gente común, que no entendía por qué nadie se trastornaba como él con las castañuelas de sus tacones en los adoquines de la calle, ni se le desordenaba el corazón con el aire de los suspiros de sus volantes, ni se volvía loco de amor todo el mundo con los vientos de su trenza, el vuelo de sus manos, el oro de su risa. No había perdido un gesto suyo, ni un indicio de su carácter, pero no se atrevía a acercársele por el temor de malograr el encanto."*
>
> –Gabriel García Márquez

Ser un empresario brinda muchas recompensas en muchos diferentes niveles, pero tiene también sus seducciones y trampas. Es muy fácil perder de vista lo que es valioso en la búsqueda implacable del valor. Ser distraído por las riquezas en su búsqueda de la autoestima, puede finalmente traer como resultado su falta de valores.

Una vez que su pequeño negocio deviene un éxito y está en marcha como empresario, es natural que quiera hacer que su negocio crezca. No hay nada malo en esto por sí mismo. Hacer que crezca una buena idea o multiplicar cien veces un buen servicio o producto, es bueno para su negocio, empleados y clientes, así como para la sociedad.

Pero hay muchos lugares donde puede salirse fácilmente del camino, Como dijo John Lennon, *"Una parte de mi sospecha que soy un perdedor y la otra parte de mi piensa que soy Dios Todopoderoso."* Una trampa común es volverse adicto a su éxito. Una vez que es exitoso en una localidad, un negocio, o un producto, puede sentir la tentación de pensar que es invencible en el mundo de los negocios.

¿Sabe por qué los negocios fracasan? La razón número uno por la que un negocio fracasa es porque se queda sin efectivo. Aunque puede haber muchos factores que contribuyan a esto, uno de los más usuales es el resultado de una rápida expansión. Su capacidad de hacer un éxito de una idea, un producto o un servicio, no significa que pueda multiplicarlo automáticamente. Cuando una compañía crece, serán necesarios diferentes habilidades y especialistas. Ciertamente, usted no los tendrá todos.

Esto también me ha pasado a mí, de hecho, unas pocas veces en mi vida. Tuve la tentación de morder más de lo que podía masticar. Esperar que todas las diferentes piezas del rompecabezas cayeran eventualmente en su lugar, me llevó a tener que hacer algunos ajustes muy dolorosos.

Otra trampa muy común es volverse obsesivo con el dinero, el *status,* y el poder. En los negocios, ganar dinero es una manera de mantener la puntuación, una medida del éxito financiero, pero el dinero tiene valor solamente cuando se usa. Es tentador usar el dinero que gana en símbolos superfluos de riqueza tales como espléndidas fiestas, ropa cara, o numerosos autos. Pero esto no añade mucho valor (a no ser, por supuesto, a los negocios que proveen estos servicios y productos). El valor brota del dinero cuando el dinero es usado productivamente para hacer crecer un negocio, crear empleos o ayudar a las personas, el medio ambiente y la sociedad.

Las personas exitosas sienten muchas veces el impulso de rodearse de *status* y símbolos. Esto reafirma su naturaleza narcisista y confirma su posición superior en la compañía así como en la sociedad en general. Dependiendo del tamaño de la compañía, esto puede comenzar con una silla de oficina mayor y un espacio de cubículo mayor y en su camino hacia arriba llega hasta los viajes en primera clase, un jet privado y una esposa-trofeo.

Puede pensar que no hay nada en contra de estos símbolos de *status*, siempre y cuando la cuenta de pérdidas y ganancias y el flujo de caja de la compañía los puedan sustentar, y los accionistas endorsen este uso infructuoso de su dinero. El problema es que estos símbolos de *status* envenenan la mente, hacen que las personas piensen que son más importantes, más inteligentes y mejores líderes que otros, y se vuelvan ciegas con su éxito, dejan de escuchar a quienes los rodean y comiencen a creer que pueden llegar más allá del cielo.

Hace algún tiempo leí sobre el surgimiento y caída de AHOLD, un conglomerado holandés de supermercados. La compañía creció, como la mayoría de las compañías, a partir de un comienzo humilde. Comenzó como una pequeña tienda de alimentos hasta que se convirtió en una cadena multinacional de supermercados. Cuando cumplió los cien años de existencia, obtuvo la condición de *"Royal Supplier"* que es algo altamente preciado en Holanda. Construyó una enorme torre para acomodar a la alta gerencia, muy alejada del diario trajín de proveedores y consumidores, se involucró en complicadas ingenierías financieras, así como en fusiones y adquisiciones puramente financieras. En el momento de la inauguración de su nueva y elegante oficina, se develó una pequeña estatua de una señora vieja con dos bolsas de compra. Tenía el texto: *"Para que no olvidemos para quien trabajamos"* Menos de un año después, la compañía casi va a la quiebra, porque eso fue exactamente lo que hicieron. Olvidaron que *todavía* eran un supermercado.

En nuestra compañía hacemos esfuerzos para mantener tan limitados como sea posible todos los símbolos de status visibles. No hay vuelos en clase ejecutiva ni fiestas demasiado elegantes. No tenemos grandes oficinas ni secretarias atractivas pero poco productivas. Por supuesto, esperamos que haciendo esto, mantengamos a todos con sus pies en la tierra y trabajando como un equipo.

Las fusiones y adquisiciones tienen mucho sentido para compañías pequeñas que quieren añadir nuevos territorios, incrementar su cuota de mercado, comprar conocimiento, nuevos productos o nueva tecnología, o incrementar su base de proveedores y clientes. La fusión entre grandes corporaciones pocas veces genera sinergias y rara vez crean valor añadido para los inversores. Las megafusiones son para los megalómanos. Se trata básicamente de alargamientos de penes para la alta gerencia de la compañía que hace la adquisición y una manera de ganar grandes bonos o de lograr un incremento en las opciones de las acciones que ésta puede adquirir. Las fusiones y adquisiciones pueden convertirse fácilmente en una adicción, liberando adrenalina y creando un sentimiento de éxito, o velocidad, en cuanto al progreso de la compañía, o al menos, de su gerencia. Las quiebras por narcisismo son un evento recurrente. Herb Kelleher, el ex presidente de Southwest Airlines dijo: *"Piense en pequeño y actúe en pequeño, y será más grande. Piense en grande y actúe en grande, y será más pequeño."* Nosotros como compañía, vimos esto en la práctica, cuando en nuestro décimo aniversario para el año 2003, visitamos Southwest Airlines y estudiamos su eficiencia y flexibilidad.

Southwest Airlines hizo un trabajo impresionante manteniendo a todos con ambos pies en la tierra. No tienen una estricta separación de la descripción de funciones. Todos ayudan en hacer que los aviones salgan a tiempo, cargando el equipaje, manteniendo el lugar limpio, y dando servicios a los clientes. Me agradó particularmente su "Mural de la Familia" donde se estimula a los empleados a poner fotos de su vida familiar y cosas que les interesan. Ellos integran su vida personal con lo que hacen en el trabajo. Mezclan todo lo que hacen con una buena dosis de humor, y muchos de los empleados que encontramos disfrutaban evidentemente de su trabajo, por razones que estaban más allá de su paquete de compensación. Solo por diversión, nos dejaron hacer el ejercicio de evacuar un avión lleno de humo tan rápidamente como fuera posible. Mi equipo fue claramente incapaz de vaciar el avión en dos minutos.

Cuando era niño, coleccionaba e intercambiaba sellos, como muchos niños hacían por esos días. En una ocasión, fui tentado por uno de mis amigos a cambiar una serie rara y posiblemente muy valiosa, de sellos de las Indias Orientales Holandesas. Estos sellos carentes de brillo, habían pertenecido a un tío-abuelo mío que recientemente había partido. A cambio de esos sellos, yo adquiriría una serie de grandes sellos triangulares con intensos colores de Paraguay. Yo ni siquiera sabía dónde estaba ese país en el mapa. Cuando mi madre lo supo, me explicó en un lenguaje muy claro que yo había dejado que los colores brillantes y las formas inusuales nublaran mi juicio. Había cometido un error al dejarme engañar por los colores y formas en vez de apreciar su valor intrínseco y emocional. Por supuesto, en ese momento ya era muy tarde para dar atrás al reloj con respecto a este intercambio. Siempre recuerdo esta historia cuando estoy cerca de cerrar una transacción. Trato de pensar por un momento si puedo estar tentado por la forma, el color y el olor de la transacción o por la lógica de negocios y el valor intrínseco de la transacción. Debo admitir que en muchas ocasiones hay por lo menos un indicio de estar enamorado de la transacción involucrada, especialmente cuando soy quien propuso inicialmente la idea.

Una vez adquirimos el negocio de algunos *"amigos"*. Habíamos trabajado con esos socios de negocios continuamente por varios años. Siendo caballerosos, y trabajando sobre las bases de nuestra palabra-nuestra obligación, no tomamos las precauciones de hacer una debida diligencia rigurosa e independiente. Después de un tiempo, resultó que la información financiera que nos habían presentado había sido hábilmente falsificada, y la compañía que compramos (con dinero prestado) no estaba generando siquiera cercanamente los negocios y el dinero que habíamos pensado originalmente. Cuando el banco que financió la operación fue informado que la compañía tenía un juego de libros fabricados, la sombrilla financiera fue rápidamente cerrada. Terminamos perdiendo a nuestros amigos, a una gran cantidad de clientes y a los empleados que abandonaron el barco que se hundía. Tuvimos que vender dos de las mejores partes de nuestros negocios para reembolsar el dinero que perdimos por este estúpido error, y nos tomó algunos años para recuperarnos emocionalmente.

Por supuesto, el error fue mío. Había sido engañado por la forma y el color de los sellos, y no había revisado su valor intrínseco.

Una tercera manera de salirse del camino, es el resultado del efecto de la aureola que se crea alrededor de los líderes en las compañías. En muchas culturas, especialmente en las más paternalistas, tales como Francia, Asia y una buena de parte de Latinoamérica, los líderes reciben poco rechazo de sus colegas, y empleados. Como Sudhir Kakar dice sobre la cultura india *"Un indio tiene una alta dependencia en las figuras de la autoridad externa. Un indio tiende a buscar figuras de autoridad que él pueda idealizar, cuya perfección y omnipotencia pueda entonces adoptar como propia. Por tales razones, la referencia automática a los superiores es un hecho psicosocial casi universal. Y en cuanto al liderazgo en las grandes instituciones sociales de los negocios y el gobierno en India, el carisma juega un papel extraordinariamente significativo."* Las culturas de los negocios en muchas compañías europeas y de los Estados Unidos, no son mucho mejores.

Tiene que estar constantemente consciente de estas trampas. Estas lo atraerán para que se salga del camino y harán que dirija su energía en la dirección equivocada, le harán perder tiempo y dinero en las cosas que no importan. Tendrá que buscar profundamente dentro de sí mismo a fin de encontrar qué es lo que verdaderamente vale la pena.

Su éxito como empresario le dará la oportunidad única de usar dinero, poder, influencia, redes, conocimientos y experiencia de manera tal que puedan cambiar al mundo. Esto puede resumirse mejor en los capítulos de uno mis libros favoritos, *"The Secret Letters of the Monk Who sold His Ferrari:*

"No hay personas que hoy estén de más en este mundo. Cada uno de nosotros está aquí por una razón, un propósito especial, una misión. Sí, construye una vida hermosa para ti y para quienes amas. Sí, sé feliz y diviértete mucho. Y sí, ten éxito en tus propios términos, y no tanto en los que te sugiere la sociedad. Pero sobre todas las cosas, sé importante. Haz que tu vida valga la pena, sé útil. Y sé de utilidad a la mayor cantidad de personas que te sea posible. Es la forma en que cada uno de nosotros puede pasar del reino de lo común a las alturas de lo extraordinario. Y caminar entre las mejores personas que han existido jamás."

—Robin Sharma

Capítulo 30: ¿Qué tiene que ver la religión con esto?

"En las tradiciones monoteístas del cristianismo, el judaísmo y el islam, hay un solo dios y una sola vida. En la tradición hindú hay muchos dioses y muchas vidas. En las tradiciones budistas y taoístas, no hay dioses, pero hay también muchas vidas. Finalmente, usted quiere alcanzar la iluminación, un estado de no más sufrimientos y el fin de una procesión interminable de vidas, muertes, re-nacimientos de la rueda de la vida."

–Dalai Lama

Hemos visto en capítulos anteriores que Albert Einstein descubrió que la materia es energía pura y condensada, y que materia y energía están hechas de algo totalmente etéreo, que en física se denomina *información* o más precisamente *mente*. Nuestras mentes construyeron el universo. La teología bíblica (Proverbios 8:12, 22) realmente lo acepta y dice: que la *"sabiduría"* de Dios construyó el universo. La diferencia entre la ciencia y la religión es que el uso irrestricto de la lógica humana no conduce por sí mismo a una sociedad moral y justa. La base biológica de nuestros juicios morales nos enseña que el genoma humano en nuestros aminoácidos está programado para sobrevivir y procurar placer y no para pensamientos y acciones morales.

El matemático Sir James Jeans, formuló la realidad aceptada acerca de nuestro universo como: *"El universo es más una gran idea que una gran maquinaria"*. Independientemente de que se trate de la teoría del big bang, que afirma que toda la materia fue creada de la luz; o de la Biblia, que dice que toda la materia fue creada a partir de la creación del cielo y la tierra, ambos aceptan que toda la materia fue creada; que todo objeto físico en el universo fue construido; incluyendo toda la vida en la tierra y nuestro cuerpo humano.

Tomando prestadas las palabras mucho más antiguas del Sufi Farid Al-Din'Attar: *"El corazón es la morada de eso que es la esencia del Universo. Dentro del corazón y el alma está la verdadera Esencia de Dios. Como los santos, haga un viaje dentro de sí mismo; como los que aman a Dios eche un vistazo adentro. Como alguien que ama ahora, contemplando lo amado descúbrase por dentro y* vea la Esencia. La forma es un velo para usted y su corazón es un velo. Cuando el velo desaparece, usted será todo luz."

Estadísticamente es absolutamente irrealista asumir que la fabricación del universo y el desarrollo de las diversas formas de vida en la tierra han evolucionado de una manera aleatoria. En las novedosas palabras de George Wald, que le ganaron un Premio Nobel, *"Se me ha ocurrido que las cuestiones del origen de la conciencia en los seres humanos y de la vida a partir de materia no viviente, están relacionadas. Es decir, mediante la suposición de que la 'mente', en lugar de emerger como un subproducto tardío de la evolución de la vida, en realidad ha existido siempre como la matriz, la fuente, la condición de la realidad física: que la sustancia de que está hecha la realidad física es sustancia mental. Es la 'mente' la que ha compuesto un Universo físico capaz de desarrollar vida, capaz de producir evolutivamente criaturas que saben y crean: criaturas que hacen ciencia, arte y tecnología. En ellas, el Universo comienza a reconocerse a sí mismo."*

En una mezcla de protones, neutrones y electrones, usted tiene un grano de arena. En otra mezcla, los mismos protones, neutrones y electrones producen un cerebro que puede registrar hechos, producir emociones, sentir amor, e integrar esos hechos, emociones y experiencias. Ellos son los mismos protones, neutrones y electrones, aun cuando una mezcla parece pasiva y la otra es dinámicamente viva. Por tanto, la mente puede ser integrada en la más pequeña de las partículas. La combinación de las partes individuales de la mente presentes en cada una y en todas las partículas, constituyen la mente colectiva del ser que está formado.

Freeman Dyson afirma que la sensibilidad y la conciencia emergen a niveles muy básicos, "Los átomos son materia muy extraña, que se comportan como agentes activos más que cómo sustancias inertes. Parece que la mente como manifestación de la capacidad de tomar decisiones, es hasta cierto punto inherente a todo átomo." La mente, como información o sabiduría, está presente en todo átomo. La mente es omnipresente en nuestro universo, de la misma forma que la sabiduría es la base de toda la existencia.

Toda planta o animal expresa de modo físico la energía etérea de que está hecha. Y esa energía elemental no es otra que la manifestación de la sabiduría de la cual está construida. Yo comparo esto con los viejos *Bloques de Lego* con que jugábamos cuando éramos niños. Con los mismos bloques se armaban una casa un día, un camión de bomberos al día siguiente, y un caballo y un vaquero el tercer día. Como los bloques de Lego, las *"partes de mente"* integradas en los bloques para armar, cambian de función en función.

Creo que es notable que haya tomado a la ciencia tantos años y tantos Premios Nobel para llegar a aproximadamente las mismas conclusiones que las principales tradiciones de la sabiduría alcanzaron miles de años antes. Polvo al polvo, cenizas a las cenizas. Mientras que la mente, contenida en esas partículas de polvo, se mueve en los vientos del tiempo, de ser transitorio a material inerte, a otro ser transitorio, ésta siempre construye experiencia y conciencia aún mayor.

La mente puede funcionar como un sinónimo de espíritu, alma, o ser; trabajos científicos en particular, frecuentemente consideran la *mente* como un sinónimo de *alma*. La mayoría de las principales religiones o sistemas de creencias enseñan que solo los humanos tenemos almas, mientras otros, fundamentalmente los antiguos sistemas animistas, nos enseñan que todas las cosas vivientes, e incluso objetos inanimados como los ríos, tienen alma. Este último punto de vista está siendo aceptado cada vez más, como más cercano a la verdad científica.

Immanuel Kant identificaba el alma como el *yo* en el más estricto sentido y que la existencia de la experiencia interna, no puede ser ni probada ni no probada. *"No podemos probar la inmaterialidad del alma, sino solamente: que todas las propiedades y acciones del alma no pueden ser conocidas desde la materialidad."* Es desde el yo o alma, que Kant propuso la racionalización trascendental pero advirtió que tal racionalización puede determinar los límites del conocimiento solo si se logra conservar práctica.

El budismo no niega la existencia de entidades inmateriales, y hace una distinción entre estados corporales y estados mentales, pero niega la existencia de una entidad permanente que se mantenga perennemente detrás de los componentes corporales e incorporales cambiantes de un ser viviente. Justamente como el cuerpo cambia de momento a momento, así vienen y van los pensamientos. Y no hay una mente permanente subyacente que experimente estos pensamientos; más bien los estados mentales conscientes simplemente surgen y mueren sin un "pensador" o "testigo silencioso" detrás de ellos. Cuando el cuerpo muere, los procesos mentales incorporales continúan y renacen en un nuevo cuerpo. Como los procesos mentales están cambiando constantemente, el ser que renace no es enteramente diferente de, ni exactamente el mismo que el ser que murió. Sin embargo, el nuevo ser es una continuación del ser que murió de la misma manera que el *usted* de este momento es una continuación del de un momento antes o de cuando era un niño, con independencia del hecho de que usted está cambiando incesantemente.

Carl Jung dijo: "todas las épocas anteriores a la nuestra creyeron en los dioses de una manera u otra. Sólo un empobrecimiento sin igual en el simbolismo podría llevarnos a redescubrir los dioses como factores psíquicos, o sea, como arquetipos del inconsciente. Sin duda, este descubrimiento es aún muy poco creíble."

La gran mayoría de las personas en el mundo cree, hasta cierto punto, en un dios u otro. Durante miles de años, ha habido discusiones, guerras, inquisiciones, juicios, inmolaciones, ex comuniones, etc. Todas relacionadas con la existencia de, y la manera correcta de imaginar a dios.

Justamente como es altamente improbable, e imposible construir científicamente una prueba convincente que el universo y todo lo que hay en él es el resultado de una pura coincidencia, también es imposible ofrecer una prueba de que el universo fue creado por un dios (y si fue creado por un dios, ¿cuál de los muchos que son reverenciados por las diferentes religiones?) Detrás de cada teoría, cada religión hay un *"salto de fe"* en algún lugar. Ninguna religión ha resuelto convincentemente todos los rompecabezas del universo.

Si dios o los dioses existen, aún se mantienen sin resolver muchos misterios. Solo para mencionar algunos, ¿Por qué algunas personas destruyen en nombre de *su* dios, convencidos de que tienen la razón, mientras dañan a otros que creen en *su* dios, que predican algo totalmente diferente? ¿Por qué si dios es omnipresente, no podemos verlo la mayor parte del tiempo, ni siquiera sentir su presencia? ¿Si todo está ya predestinado, estamos nosotros aquí solamente para hacer lo que ya ha sido decidido? Y, si dios es todo misericordia y amor y omnipotente, entonces ¿por qué una gran parte del mundo está sufriendo y en estado de agitación? ¿Por qué hay tantas lágrimas y temores? ¿Cuál es su propósito? ¿Si dios es omnipotente, no debería ser capaz de hacer del universo un lugar armonioso, lleno de amor y misericordia y justicia para todos? Si dios es un juez justo e imparcial, debería recompensar al justo y castigar al malvado. Sin embargo, a las personas buenas les pasan cosas malas. ¿Es que acaso ve cosas que nosotros no vemos? O, ¿es verdad la reencarnación y estas buenas personas están justamente cosechando lo que sembraron en una vida pasada no tan buena? Quizás hay orden y justicia en el mundo, quizás está siendo dirigido por algo que existe que todo lo conoce, que es todo poderoso, y todo amor e inteligencia, pero ¿quién lo sabe? Definitivamente, yo no lo sé.

Gautama Buda trató acerca de todo esto de la manera siguiente: "La iluminación es una forma de decir que todas las cosas son vistas en su naturaleza intrínsecamente vacía, en su verdadera naturaleza, en su impalpable maravilla. Los nombres y las palabras son meramente incidentales, pero aquel estado que no ve división, ni dualidad, es la iluminación. La sabiduría perfecta no puede ser aprendida o distinguida o pensada o encontrada a través de los sentidos. Esto se debe a que nada en este mundo puede ser finalmente explicado, solo puede ser experimentado, y por tanto todas las cosas son justamente como son. La sabiduría perfecta nunca puede ser experimentada separada de todas las cosas. Ver la verdadera naturaleza de las cosas, la cual es su tranquila existencia vacía, es ver justamente de la manera que son."

Las frases de Maharishi Mahesh Yogi son ligeramente diferentes: "Una vez que la mente alcanza la trascendencia, se conoce ella misma. No es la mente la que conoce al ser; el ser se conoce él mismo. En tanto hay alguna actividad, la llamamos mente; cuando la actividad se calma, es puramente conciencia. No es conocimiento, es capacidad cognitiva. El ser es conocido al nivel de la capacidad cognitiva, no al nivel del pensamiento."

Y Lao Tzu en el Tao Te Ching dijo: *"Una mente libre de pensamiento, unida dentro de sí misma, contempla la esencia de Tao. Una mente llena de pensamiento, identificada con sus propias percepciones, contempla la mera forma de este mundo."* Pienso que tal vez no estamos aún lo suficientemente avanzados para entender el funcionamiento del esquema mayor, y nuestras teorías, sabiduría y tradiciones no son aún lo suficientemente detalladas para explicarnos la realidad detrás de lo que experimentamos.

Puedo coincidir con John Lennon, que una vez dijo: *"Yo creo en dios, pero no como una cosa, no como un hombre viejo en el cielo. Creo que lo que las personas llaman dios es algo en todos nosotros. Creo que lo que dijeron Jesús, Mahoma y Buda y todo el resto estaba bien. Es solamente que la traducción se ha equivocado."*

La voluntad de "Dios" ha sido usada incorrectamente a través de los siglos por algunos y todos para propósitos que no tienen nada que ver con la religión. Citas de La Biblia, El Corán y el Vedanta han sido todas sacadas de contexto para justificar casi cualquier vil acción emprendida por el hombre. El Obispo Desmond Tutu ilustró esto de manera dolorosa como sigue: *"Cuando los misioneros vinieron a África ellos tenían La Biblia y nosotros la tierra. Ellos dijeron, "Oremos". Nosotros cerramos los ojos. Y cuando los abrimos nosotros teníamos La Biblia y ellos tenían la tierra."*

La mayoría de las personas en el mundo tienen una religión. Las *"reglas"* para los seres humanos varían de una tradición religiosa a la otra, pero todas proveen una brújula moral en un número de *indicadores de desempeño claves* a los cuales nos tenemos que adherir a fin de alcanzar una vida que tenga sentido y sea moral.

Los Diez Mandamientos (no matarás, no robarás, no cometerás adulterio, etc.)

- No mates ninguna cosa viviente (Budismo)
- Los bonos y los méritos pueden ser alcanzados haciendo el *"bien"* o siendo *"bueno"*.
- Involúcrese regularmente en la oración, la contemplación, la meditación y comuníquese con usted y con dios.
- Realice una peregrinación significativa (Islam)
- Involúcrese en la caridad; comparta una parte importante de lo que tiene y de lo que gane

La religión crea un marco moral para la vida de los hombres, que la naturaleza por sí misma no impone. Para muchos ateos, tal marco, impuesto y no siempre completamente racional, es inaceptable. Karl Marx dijo que la religión es el opio de los pueblos. Que es un sistema creado por el hombre para esclavizar al prójimo dentro de la obediencia, la servidumbre y una sociedad ordenada. Aunque en esencia, puede que no esté muy lejos de la verdad, cien años de sistemas comunistas en el mundo han demostrado que la humanidad necesita algo más que la pura racionalidad para mantenerse dentro de límites morales aceptables.

¿En qué es todo esto relevante para crear y operar, digamos, una cafetería? Es fácil, por supuesto, si usted se ve como dios todo poderoso. Entonces, consecuentemente, usted será el café, será la cafetería, y será el proceso de elaboración y el disfrute del proceso de beber café. Y sería fácil hacer un éxito de la cafetería.

Como una persona religiosa, puede orar y pedirle a dios visión, ayuda y fuerzas para que la cafetería sea un éxito. Y si es un creyente sincero, su fe le dará la sabiduría para entender qué es lo que hay que hacer para que la cafetería funcione; y el poder y la fuerza para hacer todo lo que se requiera para lograr el éxito. Como una persona agnóstica, puede, como se ha demostrado anteriormente, sentirse en control del universo. Poniendo su mente en función del éxito de la cafetería, lo alineará todo a su alrededor, de forma lenta pero segura, de manera tal que la cafetería tendrá que convertirse en un éxito. Al final, para mí, todo no es tan diferente. La mente concentrada creará finalmente el resultado; no hay duda sobre esto. Todos son capaces de señalar eventos en su vida donde el resultado de la situación era muy incierto, pero después de una intensa concentración de la atención en el problema, la situación se tornó mejor; se movió hacia el resultado deseado. Esto no es coincidencia o intervención del cielo; es el resultado de la atención concentrada y de convertir la mente en materia.

Mao Zedong escribió sobre esto lo siguiente: *"Como un hombre moderno soy decididamente indeciso. Firmemente racional cuando todo marcha según los planes, dueño de mi propio destino. Cuando todo va mal, rezo, y debo confesar que ha habido demasiados casos donde la cadena de eventos afortunados poco probables han cambiado la situación totalmente después de intensas oraciones, como para atribuir el resultado a la coincidencia."*

Yo recuerdo muchas situaciones similares en mi propio camino hacia el éxito. He rezado más de una vez, especialmente en los años iniciales de Amicorp, para que una transacción específica se concretara o para que sucedieran una serie de eventos a fin de que la compañía pudiera sobrevivir una mala racha en particular. Y muchas veces me ha sorprendido cómo inexplicablemente todos los pedazos cayeron en su lugar justamente en el último momento.

Durante su vida, se encontrará con personas de diferentes religiones. Ellos traerán su religión al trabajo y a los negocios, justamente de la misma manera que traen su cultura, su casta, su raza, el color de su piel, sus intereses sexuales y sus preferencias personales al trabajo. Debe asegurarse que entiende al menos los principios básicos de las diferentes tradiciones de las creencias de las personas con que trabaja. Esto debe tenerlo en cuenta no solamente con relación a sus empleados, sino también con sus clientes y proveedores. De otra manera, no entenderá porque su cafetería en una vecindad musulmana no venderá productos a menos que sus ofertas sean *"halal"* y durante el periodo del Ramadán solo después de la puesta de sol. Este puede ser el más obvio de los ejemplos, pero tendrá también que entender por qué los indios nunca dirán no a una pregunta directa, por qué los chinos y los japoneses no quieren quedar mal, y por qué un latinoamericano *macho* o una persona de ancestros pashtun se ofende rápidamente si parece que usted está mirando en dirección a su esposa.

En nuestra compañía, tratamos de aceptar y respetar todas las sabias tradiciones. Aunque nuestro Departamento de Información y Tecnología está integrado fundamentalmente por musulmanes, hay una estatua de Ganesh en la sala de servidores. Mi nueva oficina en Singapur fue diseñada en consulta con un maestro de Feng Shui, y hay un cuadro de un pez Koi en el agua, detrás de mi escritorio.

Cualesquiera que sean sus propias creencias, respetar las tradiciones de las creencias de todas las personas con quienes está trabajando (empleados, clientes y proveedores) es extremadamente importante. Las tradiciones de las creencias han sobrevivido por muchos siglos, no solo porque favorecen a aquellos que controlan el sistema, sino también porque proveen esperanza, orden, consolación y explicaciones para los muchos aspectos de la vida que nosotros aún no entendemos.

"Una religión que no toma en cuenta las cuestiones prácticas, y no ayuda a resolverlas, no es una religión."

—Mohandas Gandhi

Capítulo 31: ¿Dónde terminará esto?

"No cesaremos de explorar
Y el final de nuestra búsqueda
Será llegar donde empezamos
Y conocer ese lugar por primera vez"

–Thomas Stearns Eliot

Todas las cosas buenas, así como todas las cosas malas, eventualmente llegan a su fin. Esto incluye su vida activa como empresario. Puede estar mal de salud o volviéndose viejo, incluso puede estar aburrido, tal vez puede estar deseoso de moverse a pastos más verdes y disfrutar su bien ganado descanso. Lo que sea. En algún momento tiene que separarse de su negocio.

Las personas que no son empresarios, no siempre entienden por qué esto es tan difícil. He oído la pregunta mil veces: *"Debe tener suficiente dinero, ¿por qué no vende el negocio y se retira? O, ¿Por qué no deja que otros conduzcan su negocio y disfruta de la vida?"* Las personas que hacen estas preguntas no entienden que para un empresario, dirigir su negocio es más divertido que jugar Sudoku o perseguir una pequeña bola blanca a través de un césped bien cuidado o irse de fiesta. Para mí, hacer negocios es mi modo de disfrutar la vida y obtener lo mejor de ella. Las actividades en que participo durante mi tiempo *libre* son también más divertidas en tanto se combinan o contrastan con mi *trabajo*. Si yo estuviera haciendo las cosas *divertidas* todo el tiempo, serían mucho menos divertidas; justamente como no me complacen más de tres o cuatro comidas al día, ni disfruto el sexo y las fresas *todo* el tiempo.

Conducir un negocio *a tiempo parcial* no es una opción en la mayoría de los casos. Hay límites en lo que puede delegar, y para mantener el negocio sobresaliente, y distinguirse de la multitud, lo más probable es que tenga que dar al 100%. Su vecino también está trabajando duro y no es estúpido. Si usted no se está esforzando para lograr la excelencia, pronto será olvidado.

Los empresarios que quieren dejar su negocio muchas veces se toman varios años para llegar a esa decisión, y necesitan consejos, falsos comienzos y frecuentemente una *llamada de atención* para llegar a una decisión. Un ataque al corazón puede ser la más extrema de las llamadas de atención, pero tristemente, es una de las más comunes. Comprender que está envejeciendo, perder el interés, quedar anticuado, es duro. Es casi como, para personas más viejas, la decisión de renunciar a su casa y a su libertad y mudarse a un hogar para ancianos.

Una vez que hace planes para dejar su negocio, afronta un número de opciones en cuanto a qué hacer con su compañía.

Las opciones principales son:
- Cerrar
- Dejarlo a sus hijos, colegas o amigos
- Vender y fusionarse con el negocio del competidor
- Vender a operadores puramente financieros, tales como capitalistas a riesgo o inversores de capital privado

Ninguna de estas opciones es particularmente fácil.

Cerrar el negocio pude ser una alternativa si lo que opera es una actividad de familiar que tiene poco valor de franquicia por sí misma. Vendería entonces su inventario, sus muebles, cobra sus cuentas por cobrar, termina el leasing, y todo está hecho. En estos casos nada del *fondo de comercio* se traducirá en efectivo para usted. El trabajo de su vida desaparecerá sin ninguna huella.

Dejarles el negocio a sus hijos siempre ha sido, y es aún, una elección muy común para los pequeños granjeros y tenderos, así como para algunas grandes corporaciones. Si su compañía es muy grande, dejársela a sus hijos es una alternativa viable solo si ellos son realmente las personas mejor preparadas y más adecuadas para continuar conduciendo el negocio. Si el único objetivo de ponerlos a cargo de un negocio importante es mantener el control sobre la plata de la familia, es mejor organizar algo al nivel de los accionistas, tal como una oficina familiar, un servicio que nosotros ofertamos rutinariamente a familias ricas en los mercados de los países emergentes, e introduce algunos mecanismos de control pero captando una gerencia profesional. Dejar su negocio a sus hijos, por supuesto, tiene la atracción de combinar la necesidad de vivir para sus hijos con la oportunidad de ver su negocio seguir existiendo en las vidas de las futuras generaciones de la familia.

Puede tener algunas de estas mismas experiencias si transfiere la propiedad de su compañía a sus más cercanos asociados en los negocios y amigos. Estas son personas que han contribuido significativamente a su negocio, pueden haber estado allí por *casi* tanto tiempo como usted, y pueden ser tan capaces como usted, o tal vez más que usted. Es posible que tenga que ceder en el lado financiero de la transacción para que el trato pueda ser financiado, pero esto puede ser compensado en el lado emocional, sabiendo que el trabajo de su vida continúa, y el *fondo de comercio* construido está siendo preservado.

Venderle a un competidor es un reto mucho mayor desde el punto de vista emocional. Su compañía desaparecerá; aparecerá un nombre distinto en *su* edificio; sus colegas cambiarán de alianzas; sus proveedores y clientes trabajarán con un competidor que originalmente pudo haber sido un amigo o un "enemigo" amistoso de su negocio. Por otra parte, puede significar una ruptura limpia de su pasado, mejores perspectivas para sus empleados y clientes en el largo plazo, y puede darle una buena suma de dinero que le sirva para disfrutar de la vida.

Venderle a una compañía de ingeniería financiera o a una firma de capital privado es una alternativa adicional. Para el empresario, esta es usualmente una opción más dolorosa. A cambio de dinero, usualmente más que en las otras alternativas, vende el alma de su compañía al diablo. El propósito de una compañía de capital privado es extraer *"valor"* racionalizando los procesos de negocios, ajustando la fuerza de trabajo, incrementando los precios, *"exprimiendo"* a los proveedores y clientes e impulsando el negocio. Y después que le han extraído todo el valor, la estructura restante es vendida otra vez o desechada como chatarra. Tiene que estar muy necesitado de dinero o tener muy poco corazón para preferir esta vía. Y si ha leído el resto del libro, sabe que es una receta para el desastre para cualquier compañía que tenga la intención de existir en el largo plazo, de servir más propósitos que simplemente obtener a corto plazo el máximo rendimiento para sus accionistas.

Las alternativas *verdaderamente* factibles para separarse de su compañía son limitadas. Pero, por supuesto, la estructura de la transacción es en gran medida determinada por usted mismo. No es necesario tener muchos expertos y consejeros que le expliquen, a el empresario, como separarse de la compañía que ha creado. En el peor de los escenarios puede optar por morir con las botas puestas y dejar a los que se quedan la tarea de resolver el embrollo que ha creado.

Una vez que ha tomado la decisión y ha vendido su compañía de una u otra forma y ha dejado la dirección diaria del negocio, tendrá que decidir qué hacer con todo el dinero y el tiempo libre del que ahora dispone. ¿Piensa realmente que jugar bridge o golf será tan divertido como conducir un negocio? ¿Con qué frecuencia puede tomar un crucero alrededor del Caribe o cuidar a su nieto? Quizás quiera realizar otra tarea significativa, tal vez algo más pequeño y que le consuma menos tiempo que la que desempeñaba anteriormente. Tal vez lo que necesita es algo con una orientación totalmente diferente; un reto enteramente nuevo. Pudiera ser algo como enseñar o entrenar, o realizar trabajo comunitario o de caridad, despierte su interés.

Hasta cierto punto continuará empleando las habilidades que ha adquirido durante su vida y hasta cierto punto comenzará nuevamente. Le tomará algún tiempo acostumbrarse a no tener ya el *status,* el poder, y el reconocimiento que tenía cuando estaba dirigiendo su compañía, con independencia de que fuera grande o pequeña. Puede estar envejeciendo, pero también es más sabio. La realidad de que puede que no viva para ver los árboles madurar, no es una razón para no sembrarlos. En la medida en que envejece, puede ser más urgente plantarlos hoy. Sus hijos y nietos se lo agradecerán. Las oportunidades perdidas, las aventuras no aceptadas, y los sueños no perseguidos, dolerán más al final que los proyectos que fracasaron.

No subestime lo narcisista que puede haber llegado a ser durante el proceso de establecer y hacer crecer su propia compañía. Usted se ha enamorado de sus propios logros, se convierte en adicto al éxito, y expresa su poder y orgullo en los monumentos que se construye a sí mismo. Su felicidad como un empresario exitoso estuvo en gran medida relacionada con el orgullo y el placer que experimentaba al conducir su negocio. Cuando el negocio ya no está, necesitará un sustituto, otra fuente de orgullo y placer.

Cerca del proyecto del vino que mis amigos de INSEAD y yo hemos acometido en Valle de Uco, Mendoza, Argentina, hay otro maravilloso viñedo *Salentein,* propiedad de un anterior vendedor de autos de Holanda. El hombre comenzó a producir un magnífico vino, al final de sus sesentas. El gigantesco viñedo, con sus cavernosas bodegas parecidas a una catedral, dio origen al desarrollo en todo el valle. El hombre estaba involucrado en una rivalidad familiar con su hermano, que había construido otro gran viñedo. *Bernardus,* en el Valle Napa. Mi reacción inicial fue, ¿cuán narcisista hay que ser, para construir tal mausoleo a nuestro ego? ¿Por qué pasar por todo esto en esta etapa de tu vida? ¿Para probar qué?

Uno de mis amigos, amablemente me señaló que yo había construido un edificio de oficinas, cubierto de titanio con la forma del Arca de Noé, en la cima del Monte Ararat, en Curazao. Esa dolió. Sin embargo, continué nivelando otra parte del Monte Ararat, para erigir una torre con la forma de un faro al lado de aquel, la cual, una vez terminada, se podrá ver desde la mitad de la isla. Supongo que los olivos en las laderas serán lo siguiente.

Peggy Noonan dijo: "*De cierta manera, el mundo es un gran mentiroso. Te muestra que venera y admira el dinero, pero al final del día no es así. Te dice que adora la fama y la celebridad, pero no es así, no realmente. El mundo admira la bondad, se aferra a ella y no quiere perderla. Admira la virtud. Al final le rinde su mayor tributo a la generosidad, la honestidad, el coraje, la misericordia, los talentos bien usados, talentos que, traídos al mundo, lo hacen mejor. Eso es lo que realmente admira. De eso es de lo que hablamos con elogios, porque eso es lo que es importante. No decimos: 'La cuestión es que Joe era rico.' Decimos, si podemos: 'La cuestión es que la gente era importante para él.'*"

Vender su negocio y pasar a la nueva etapa es solo eso, una nueva etapa. Las cosas para las que está aquí, aquellas que realmente importan, no cambian una vez que tiene dinero en el banco y no tiene nada más que hacer. Siempre tiene más cosas que hacer: las metas de su vida no se habrán alcanzado hasta que haya expirado su último aliento.

No entre apaciblemente en esas 'buenas noches',
La vejez debe encenderse y apasionarse al final del día,
Furia, furia contra la luz que muere

–Dylan Thomas

Capítulo 32: ¿Cuánto dinero es suficiente?

"El hombre rico es el hombre que es mucho, no el hombre que tiene mucho"

–Karl Marx

En un libro sobre negocios, tiene que haber un capítulo que trate sobre el dinero. Como se dice *"Solo hay dos grupos de personas que piensan mucho en el dinero, los ricos y los pobres"*, así que el dinero toma una parte desproporcionada de tiempo en la mente de muchos de nosotros.

La mayoría de las personas que aspiran a operar su propio negocio algún día, pero nunca lo hacen realmente, ven el comienzo y la conducción de un negocio como un modo de llegar a ser ricas rápidamente, una posibilidad que consideran atractiva pero inalcanzable. Sin embargo, la mayoría de los empresarios inspirados y exitosos que conozco, que realmente comenzaron y construyeron un negocio próspero, muy pocas veces hablan sobre el dinero. No es una meta importante en sus vidas. El dinero solo es un sub-producto de las metas mayores y más importantes a ser alcanzadas.

Hay muchas "recetas secretas" sencillas para llegar a ser rico. A mí me gusta la de Nassim Nicholas Taleb: *"La vía más rápida para llegar a ser rico es socializar con el pobre; la vía más rápida para llegar a ser pobre es socializar con el rico."* Hay muchas razones para esto. En primer lugar, hay más gente pobre que gente rica, de manera que si encuentra una solución que funciona para la gente pobre, su mercado potencial es muchas veces mayor que si provee un servicio para una persona rica. En segundo lugar, atender a los ricos es muchas veces más caro que atender a los pobres. Se requiere oficinas más lujosas, comidas más costosas, y un equipo mejor pagado y el mercado a proveer es más pequeño y personal. En tercer lugar, pero muy importante, asociarse con la gente rica lo lleva a aspirar a su estilo de vida, le hace gastar más dinero, forzándolo entonces a ganar más dinero. Los hombres de negocios más exitosos son aquellos que sirven a las masas, así como los estadistas más exitosos sirven a los pobres, Nelson Mandela, Mohandas Gandhi, Jesucristo, por mencionar unos pocos. De manera que servir a los pobres puede crear una gran base de poder, aunque esto no explica cómo hacerlo.

En la Biblia (San Mateo 25:14-30) el proceso de enriquecerse es explicado en esta simple historia: *"Porque es como un hombre que, yéndose a lejanas tierras convocó a sus criados y les entregó sus bienes, dando a uno cinco talentos, a otro dos y uno solo al otro, a cada uno según su capacidad y se marchó inmediatamente. El que recibió cinco talentos fue, y negociando con ellos, sacó de ganancia otros cinco. De la misma manera, aquel que había recibido dos, ganó otros dos. Más el que recibió uno, hizo un hoyo en la tierra, y escondió el dinero de su señor. Pasado mucho tiempo volvió el amo de dichos criados y los llamó a cuentas. (…)Pero su amo le replicó y dijo (al que había recibido un talento) 'Tu (…) debías haber dado a los banqueros mi dinero, para que yo a la vuelta recobrase mi caudal con los intereses. Por lo tanto quítenle el talento y dénselo al que tiene diez talentos'. Porque a quien tiene más se le dará, y tendrá en abundancia; más a quien no tiene, aún aquello que tiene se le quitará. Arrojad a ese siervo inútil fuera a las tinieblas, allí habrá llanto y crujir de dientes."*

Aunque esta es una lección muy dura, se acerca mucho a la realidad económica actual donde *el rico se vuelve más rico.* Tener dinero ayuda a hacer más dinero, y esto requiere iniciativa, perspicacia y riesgo, a fin de incrementar sus activos. El dinero también lo ayuda a adquirir cosas tales como poder, *status,* afecto y algunas veces incluso amor. Es un importante factor de motivación, aunque claramente sujeto a la segunda Ley de Gossen (se requiere cantidades cada vez más grandes para alcanzar igual motivación); el dinero temporalmente satisface el ego, y es una forma de "llevar la cuenta". Incluso los que tienen miles de millones, leen secretamente la lista del *Fortune 500* para ver por donde andan en comparación con sus competidores. Pero la cantidad de dinero no es usualmente una meta en sí misma. La cantidad de dinero que usted acumula no es importante para determinar cuánto vale, cómo y por qué otros lo valoran a usted, o cuan feliz es.

China, tradicionalmente un país de gente muy trabajadora, afrontó serias dificultades, incluyendo una hambruna masiva, cuando, entre otras cosas, el dinero fue eliminado como motivación, después de la victoria del Partido Comunista que culminó en la Revolución Cultural de la década de los sesentas. La situación realmente mejoró solo cuando Deng Xiaoping, a principios de la década de los ochentas declaró: *"Ser rico es glorioso."* El dio inicio a un colosal viraje en la sociedad china que condujo a treinta años de crecimiento de dos dígitos; China se convirtió en la segunda economía del mundo, y el estándar de vida de la gran mayoría del pueblo chino mejoró significativamente. Sin embargo, aun cuando todos los empleos de producción en Occidente fuesen transferidos a China, esta nación aún tendría un gran número de personas sub-empleadas así como personas golpeadas por la pobreza en partes del país.

Si usted está realmente concentrado, hay muchas vías para hacer grandes cantidades de dinero con un esfuerzo relativamente limitado. Pero eso tiene poco que ver con hacer negocios. Un negocio sólido y sostenible no es nunca algo que tiene solamente como fin hacer mucho dinero, como espero que este libro haya aclarado.

Una vez que tiene dinero, verá por usted mismo que esto no lo hace ni más ni menos feliz. Por supuesto, necesita suficiente dinero para tener una vida decente, pero para eso realmente no se requiere tanto dinero. Si tiene poco dinero, reduzca sus necesidades y deseos para adaptarse a su ingreso; si tiene más, use lo que tenga para beneficiarse usted y a otros. Tenga presente que las adicciones más peligrosas en su vida son: un ingreso fijo, comida y drogas. Mientras más alto sea su ingreso, más difícil será comprar su libertad, convertirse en un empresario, o dejar totalmente la carrera de ratas y concentrarse en cosas más importantes de la vida que el dinero. Mientras más sobrepeso tenga, más cercano está de tener un problema del corazón y mientras más alcohol o drogas consuma, más difícil será ver más allá de sus ilusiones.

Una vez viajé como mochilero durante un año por India, Nepal e Indonesia. También lo hice por alrededor de un año en América Latina. En ambos casos, todo lo que necesitaba estaba en esa mochila, y en la medida que pasaban los meses ésta se hacía más ligera, en lugar de más pesada. Si tiene que cargar sus cosas diariamente, entonces pensará que es lo que realmente necesita, y créame, esto es sorprendentemente poco. Unas mudas de ropa, un par de buenos libros, un cepillo de dientes, van muy lejos. Igualmente, en la medida en que los meses pasaban, yo gastaba menos dinero cada semana, en vez de gastar más.

Más tarde, mi familia y yo nos mudamos internacionalmente varias veces, y cada vez un contenedor lleno de cosas nos seguía al nuevo lugar. Cuando desempacábamos, nos percatábamos de que todas las cosas que habían estado viajando por meses no eran realmente necesarias para nuestras vidas, y entonces nos deshacíamos de muchas de las cosas del contenedor. Acumular más cosas, significa que más cosas que cuidar. Acumular menos, significa que tendrá menos preocupaciones.

Puede tener una casa grande o pequeña, pero una casa pequeña le garantiza menos dolores de cabeza que una grande. No tiene que comprar un gran yate para disfrutar de un día en el agua. Puede encontrar amigos con botes, alquilar un bote de vez en cuando, o disfrutar del agua desde la orilla.

Lo que usted vale no está determinado por la suma de dinero que tiene en el banco, o por lo buena que sean sus inversiones en la bolsa. Está determinado por sus valores y por cuanto valor aporta a su ambiente. Si se desprende de una parte significativa de lo que ha ganado, se sentirá más valioso, y su valor para la sociedad se incrementará. Notará que mientras más dé, más recibirá. Sus buenas acciones atraerán energía positiva, y vendrán a usted cosas buenas siempre en mayor abundancia. Y *dar algo* no se refiere siempre solo al dinero, se trata también de sus consejos, sus ideas, su experiencia, su amistad, su sonrisa y su amor.

Mientras más dé, desde su corazón, más recibirá a cambio. Un cliente que está muy feliz enviará muchas más referencias que uno que está algo feliz. Las personas que lo recuerdan como alguien generoso, hablarán positivamente de usted y pensarán en positivo, y más y más cosas buenas vendrán. Esto por supuesto no es un trato por una vez. Funciona cuando es *siempre* una persona desprendida y trata bien a todos aquellos con quienes se encuentra, no cuando calcula si esto merece su tiempo, su sonrisa, su amistad, etc.

Su éxito depende de lo atento y lo sincero que sea en la ayuda a otras personas para que alcancen *sus* metas en la vida. Estas no pueden ser un pequeño grupo, ni simplemente aquellos con quienes simpatiza personalmente, debe ser toda la gente a su alrededor, sus amigos, su familia, pero también sus empleados, sus clientes, y sus proveedores, e incluso sus competidores y las personas que pueden no gustarle mucho necesariamente. Su actitud positiva y sus acciones positivas se multiplicarán, al igual que cualquier acción negativa o pensamiento negativo también se multiplicará.

Sea auténtico. Sea quien realmente es. No pretenda ser diferente de lo que es. Lo que está dentro de usted, siempre saldrá de alguna manera. Las personas que no son auténticas al final serán descubiertas, y no se sentirán realmente felices hasta que lo que piensan, lo que dicen y lo que hacen esté en sintonía.

Yo sé que la codicia no es necesaria. De acuerdo con el Talmud: *"¿Quién es rico? El que aprecia lo que tiene."* Cuando siento que me estoy dejando llevar por el encanto de las cosas materiales, comparo el valor de algo que realmente no necesito, con el de algo que tiene valor real, para darme cuenta del valor intrínseco o *real* del dinero.

Por ejemplo, yo expreso el valor de un auto nuevo en términos de cuantos huérfanos podrían ser alimentados, vestidos y educados en India con el costo del mismo. El costo de un auto de 40.000 dólares, equivale a proveer el sustento de cien huérfanos indios por un año.

Un bono de 10.000 dólares a una persona que ya es bien retribuida en Europa Occidental o en los Estados Unidos se traduce en diez o más empleos a tiempo completo para jóvenes inteligentes y llenos de ilusión en muchos países emergentes. Esto lo hace equilibrar sus pensamientos sobre quien lo merece más. El costo adicional de un solo pasaje clase de negocios por encima de un pasaje clase económica, paga varias cirugías para salvar vidas en Indonesia; y volar en clase económica le permite llegar a su destino en el mismo horario que en clase de negocios.

No hay virtud en acumular dinero y no usarlo productivamente. Debe ser invertido en algo significativo o gastado inteligentemente. Atesorar dinero con el solo motivo de acumularlo más y más, no sirve a ningún propósito. De acuerdo con J. Paul Getty *"El dinero es como el abono. Hay que desparramarlo, o comenzará a apestar."*

Sea abierto. Si está abierto a recibir de otros, entonces puede dar de manera efectiva. Sea agradecido por todo lo que le llega. Ser rico trae responsabilidades, los viejos refranes que *Nobleza obliga* y *De quien mucho se ha dado, mucho se espera,* son hoy todavía válidos. La riqueza no es precisamente para ser acumulada, tal y como la energía, no es para ser almacenada; es para ser usada para mejorar su vida y la de otros.

Warren Buffet, uno de los hombres más ricos de la tierra, dijo célebremente: *"Wall Street es el único lugar donde la gente que ha acumulado riqueza va en limusina para ser asesorado en qué invertir su dinero por un joven de un poco más de veinte años, que toma el metro para ir a trabajar todos los días y no tiene un centavo para invertir."* Él decidió dejar a sus hijos solamente una "modesta" suma de dinero (Creo era algo así como 10 millones de dólares para cada uno) y donar el resto de sus miles de millones para caridad (principalmente a la Fundación Bill y Melinda Gates, que, entre otras cosas, está trabajando en la erradicación de la polio) Su razonamiento es que el mayor placer que ha tenido en su vida ha sido hacer inversiones y construir su compañía. Él no quiere privar a sus hijos del placer y la satisfacción de construir algo significativo por ellos mismos.

Aunque no es necesario aguardar para distribuir su dinero hasta después de su muerte, pienso que este es un buen ejemplo a seguir. Sé que mis hijos pueden no estar de acuerdo con la afirmación de Warren Buffet ahora, pero estoy bastante seguro que lo estarán una vez que hayan construido sus propias vidas.

> *"Entonces Jesús les dijo, "Les digo la verdad, es difícil para un hombre rico entrar en el Reino de los Cielos. De nuevo, les digo, es más fácil para un camello pasar por el ojo de una aguja, que para un hombre rico entrar en el Reino de Dios."*
>
> —La Biblia, San Mateo 20:23

Capítulo 33: ¿Es la muerte el final que se tiene en mente?

"Cuando vayamos frente a él, dios preguntará, '¿Dónde están tus heridas?' Y diremos 'No tengo heridas' Y dios preguntará, '¿No había nada por lo que valía la pena luchar?'"

–Reverendo Allan Boesak

Cuando yo era niño, siempre le pedía a mi padre que me contara historias sobre la guerra (la Segunda Guerra Mundial), ya que las historias sobre los tiempos malos suelen tener mayor intensidad que las historias sobre los buenos tiempos. Un día él me contó acerca del invierno al final de la guerra (septiembre 1944 a marzo 1945) cuando en el área entre Arnhem y Nijmegen en Holanda, él era miembro de un grupo de resistencia que trataba de interrumpir los esfuerzos bélicos de Alemania atacando los transportes de alimentos. En este punto de la guerra, los alemanes trataban de juntar sus últimas reservas con grandes esfuerzos. Los transportes de alimentos eran pobremente custodiados por reclutas muy mal entrenados y muy poco motivados que eran o muy viejos, o muy jóvenes, o con grandes desventajas para pelear en las líneas del frente. Por supuesto, estos soldados no eran un contendiente adecuado para los bien armados y muy motivados guerreros de la resistencia que habían vivido toda su vida en la tierra por la que peleaban. En muchas ocasiones, la unidad de mi padre lograba sorprender un convoy, y como no podían tomar prisioneros entre las líneas fluctuantes, terminaban ejecutando a los soldados que trataban de rendirse en la batalla.

Después de la guerra, a mi padre le ofrecieron una medalla por sus valientes contribuciones, pero él no la aceptó, pues consideraba que la lucha que había librado no era más que su deber, pero no pudo ver la superioridad moral de esta, aun cuando él estaba peleando contra un régimen claramente criminal. Por el resto de su vida, lo persiguieron los recuerdos de las caras de los soldados, a veces muy jóvenes, que ellos ejecutaron en esta etapa final de la guerra.

Habiendo vivido en el mismo pueblo toda su vida, mi padre fue un simple granjero que se involucró en todas las actividades sociales posibles. Llevaba los ataúdes en los servicios religiosos y también era el registrador del ganado frisón en el registro local. Muchas personas asistieron a su funeral.

Todos ellos apreciaban su amabilidad, sus valores morales y su contribución a la gente del pueblo.

Siempre pienso acerca de su historia cuando tengo que tomar decisiones difíciles, tales como despedir empleados o hacer grandes inversiones. Ninguna decisión o acción que beneficie a un pequeño grupo de accionistas de la compañía justifican grandes desventajas para los otros accionistas. Incluso los empleados que no dan la talla, el cliente que no paga, o el proveedor que no entrega calidad, merece respeto y merece ser tratado como un ser humano. La forma en que reacciona frente a alguien hoy, regresará a usted algún día de una u otra manera. Hacer una ganancia, obtener un beneficio comercial, o vencer a un competidor, nunca justifica cruzar la línea de lo que es ética o moralmente incorrecto. Hacerlo, le hará sentirse miserable en su interior.

Mi padre desarrollo serios problemas del corazón desde comienzos de sus cincuentas; había sido un gran fumador la mayor parte de su vida. Esto lo obligó a dejar sus labores agrícolas y vender la granja para pagar las facturas del hospital. Como no tenía un seguro médico apropiado, terminó haciendo un trabajo de baja categoría en el gobierno local, lo cual fue un gran golpe para su ego, aunque nunca se quejó de esto.

Por aquella época yo estaba estudiando a una distancia de alrededor de cien kilómetros de mi hogar. Un día lluvioso de noviembre mi padre me visitó inesperadamente en un día de mediados de semana, algo que él nunca había hecho antes. Fue una conversación melancólica. Me habló por largo rato de sus momentos de orgullo así como de sus pesares en la vida. Compartió conmigo las cosas que hubiera querido hacer pero que nunca pudo llegar a hacer. Me confesó que siempre había deseado visitar Inglaterra, un país en el que nunca había estado, y que durante los años de la ocupación alemana le había causado una atracción mágica. Yo nunca había sabido de este deseo oculto con anterioridad. Mi padre era una persona que no necesitaba mucho para él. Por mi mente cruzó la idea de ofrecerle que fuéramos juntos a Inglaterra pero los exámenes amenazaban, de manera que no le propuse la idea. No obstante, este pensamiento se mantuvo en mí, y más tarde esa noche diseñé un plan concreto para invitarlo a realizar un viaje conjunto a Inglaterra tan pronto como mis exámenes terminaran. Dos días después murió de otro ataque del corazón, y nunca llegó a Inglaterra.

Todavía me arrepiento de no haberle hecho la oferta durante su visita, o por teléfono después de que pensé en ello más tarde ese día. Sin embargo, desde ese momento vivo mi vida con un sentido de urgencia mucho mayor.

Lo que está aquí hoy, se irá mañana. No hay cantidades interminables de tiempo para llevar a cabo nuestros planes y perseguir nuestros sueños. Cada día, una vez que se va, se irá para siempre, y esto nos acercara un día más a la inevitable muerte. Ahora me miro en el espejo y habitualmente me pregunto si he hecho lo máximo del día, el mes o el año. Conscientemente clasifico las actividades de la vida entre necesarias, innecesarias y por su valor. También distingo entre la gente que me brinda placer o alegría, y las que me perturban o aburren, evitando conscientemente a los que están llenos de negatividad, ira, o aburrimiento. Mantengo una lista de las cosas que quiero hacer en la vida y regularmente reviso si estoy haciendo progresos. Una vez que la parca venga por mí, quiero ser capaz de recordar una vida llena de realizaciones, experiencias, amigos y familia, momentos de alegría, belleza, significado y amor. En las históricas palabras de Boris Yieltsin, *"Un hombre debe vivir como una gran llama brillante y quemarse tan luminosamente como pueda. Al final se quema. Pero esto es mucho mejor que una pobre pequeña llama."*

No hay que lamentarse, hay que dar la bienvenida a la inevitabilidad de la muerte, ya que la muerte nos ayuda a ver más allá de la dimensión materialista de la vida. Nos inspira a ser agradecidos y generosos con lo que tengamos mientras estamos aquí en la tierra. La muerte nos hace más fácil despojarnos del ego y el falso orgullo y nos inspira a ser valientes, creando relaciones significativas y verdadero sentido en ese proceso. Nos permite apreciar mejor el valor y singularidad de cada momento. Una vida sin reflexión, como dijo Platón hace alrededor de dos mil años, no merece la pena ser vivida. Pensar en la muerte, es como sujetar una llave a la inmortalidad, porque nos urge a descubrir e identificar, dentro de lo más profundo de nuestro ser, la parte de nosotros que puede realmente no morir nunca. Nos obliga a pensar acerca de para que vivimos. Muchas personas no piensan en esto hasta muy tarde en su vida, y otras tienen su "fin en mente" desde el mismo principio. El comandante Ernesto *"Che"* Guevara dijo una vez: *"No podemos estar seguros de tener algo por qué vivir, a menos que estemos dispuesto a dar nuestra vida por ello."* Las cosas por las que vivimos, los ideales, las ideas, las buenas obras, son una cosa y quizás la cosa más importante. Las personas para las que vivimos, aquellas a quienes amamos, son otra cosa totalmente diferente.

Veremos morir a quienes más amamos: nuestros padres, nuestros abuelos, nuestra pareja, amigos y otras personas. El destino puede hacer que tengamos incluso que ver morir a uno o más de nuestros hijos. Como seres humanos nos apegamos a ellos; podemos sentirnos incluso inseparables de ellos. Esta conexión se origina en que pertenecemos a los mamíferos, que son incapaces de sobrevivir los primeros años sin un cuidado, una alimentación y una protección constantes de otros. En las creencias asiáticas, el hombre se esfuerza para romper cualquier nexo emocional profundo a otros seres mortales, a fin de evitar la pena y el sufrimiento relacionado con su pérdida inevitable. Por otra parte, en las tradiciones judías-cristinas, el hombre se consuela con el pensamiento de ver a sus seres queridos en el más allá.

¿Qué tiene que ver todo esto con ser un empresario y tratar de hacer crecer un negocio exitoso? Mucho. Cuando se construye una compañía usted puede fácilmente obsesionarse con la idea de hacer más dinero o edificar un negocio mayor. Puede empezar pensando que es invencible; puede incluso sentirse atraído a beneficiarse o beneficiar a su compañía a expensas de otros. Puede olvidar de dónde viene, quién es, y por qué está en el mundo. *Memento Mori*.

Hay muchas historias en el taoísmo y en el budismo acerca de personas que pasaron toda su vida buscando el *Valle de las flores* , buscando constantemente algo fuera de su alcance, algo todavía no encontrado y todavía no disfrutado. Al final de sus vidas, miraron hacia atrás, y solamente entonces comprendieron que el viaje que habían hecho era lo realmente importante, no el destino. Nosotros ya vivimos en el paraíso, somos jardineros en el Jardín del Edén (Génesis 2:15); solo necesitamos abrir nuestros ojos y nuestras mentes para aprender y reconocer esto tal y como es. Debemos disfrutar del momento y gozar del paseo.

Cualquiera que sea la misión y visión para nuestro negocio, lo que es importante es lo que hacemos hoy con él, como tratamos a los clientes y empleados hoy, como integramos nuestro negocio en la sociedad y el ambiente hoy, y como hacemos dinero hoy, de un modo tal que nos haga disfrutar y podamos sentirnos orgullosos más tarde. El Dalai Lama aconsejó: *"Planifica como si fueras a vivir para siempre, pero vive y disfruta como si este fuera tu último día en la tierra."*

¿Quién nos juzga al final? El único juicio relevante es el nuestro, no el juicio de dios o el juicio de la sociedad, ni de nuestra familia o de nuestros colegas o de las personas a nuestro alrededor. Cualquiera que sea nuestra necesidad de reafirmarnos, nosotros mismos determinamos si hemos tenido éxito en la vida o no, si hemos seguido un camino honorable o no, si hemos seguido sinceramente los dictados del corazón, y si hemos hecho lo que hemos podido, si hemos compartido suficiente amor y disfrutado el proceso. Frank

Sinatra inmortalizó la canción *"My way"* que se ha convertido en un epitafio para muchos, incluyéndome a mí. Él cantó: *"¿Qué es un hombre? ¿Qué tiene? Si no es él mismo, entonces no tiene nada. Decir las cosas que él verdaderamente siente y no las palabras del que se arrodilla. ¡Mi vida muestra que asumí los golpes y lo hice a mi manera! Sí, fue a mi manera."*

Hace algunos años, mi hermano tuvo un serio accidente automovilístico; perdió una pierna y hasta el día de hoy permanece paralizado en gran medida. Estuvo entre la vida y la muerte durante varios días y tuvo que ser intervenido quirúrgicamente varias veces, sufriendo después de grandes dolores. El evento cambió su vida completamente así como sus relaciones con su esposa e hijos. Ahora ha tomado mucha más conciencia de qué es realmente importante en la vida y la disfruta más, aun cuando la vive con severas discapacidades.

Hace muchos años, yo también sufrí una experiencia muy traumática y casi pierdo mi vida. Después que salí de esto, el mundo me parecía diferente. Los árboles parecían más verdes, al aire más fresco, los pájaros cantaban más fuerte, y la luz del sol brillaba más. Habiendo visto mi vida entera pasar ante mis ojos en segundos, me di cuenta instintivamente de qué es lo que había estado haciendo incorrectamente hasta entonces, y por tanto cambié mis prioridades. Comprender que mi vida puede acabarse en un segundo y estar cerca del final de ésta, me enseñó a apreciar más lo que tengo y a las personas que más quiero. Si ahora pienso en esa tarde, me siento mucho más fuerte para afrontar decisiones difíciles, y valoro todas las grandes cosas de mi vida. Creo que no es necesario un evento que cambie la vida para llegar a ese punto de valoración, ya que es algo que todos tenemos dentro de nosotros, pero ciertamente esto significó una gran diferencia en mi vida.

Fidel Castro, ex Presidente de Cuba, dijo hace muchos años: *"Pienso que un hombre no debe vivir más allá de la edad en que comienza a deteriorarse, cuando la llama que iluminó los momentos más brillantes de su vida se debilita."*

Nuestra muerte vendrá bastante pronto. Avergüéncese de morir antes de contribuir con algo significativo a la sociedad. Debemos tener nuestros asuntos en orden, y nuestros hijos listos en su propio camino en la vida. Podemos decir adiós a nuestras personas queridas y nuestras posesiones mundanas pueden ser dejadas en un testamento. Nuestros logros en la vida pueden inspirar a otros a continuar nuestro trabajo. Según John Lennon: *"Morir es como cambiar de auto. El vehículo se cambia pero el viaje continua."*

"La muerte no es la extinción de la luz, es apagar la lámpara porque el amanecer llegó."

–Rabindranath Tagore

Capítulo 34: ¿Esto es todo?

"Tú, caminante del universo que pasas por la vida como un meteoro, asegúrate que tu caída en el vacío no sea en vano. No vayas directamente de la nada a la nada y da sentido a tu fugaz presencia en esta efímera realidad, cultivando el más sublime de los logros, la meta más alta de la Conciencia que hace grande a la Materia: el amor mediante el desapego. Hay un Buda dentro de ti: haz que crezca hasta convertirse en otra de sus reencarnaciones. En el eterno fluir de la nada a la nada asegúrate que entre una nada y la otra, la Conciencia y el Amor ocupen su lugar en la evolución de este universo."

–Giulio Cesare Giacobbe

De vez en cuando, en todos nosotros, surge la pregunta sobre si hay vida después de la muerte. Muchas personas están convencidas de que después que mueran irán al cielo y descansarán en presencia del espíritu santo todo el día; otros creen que si viven valientemente, serán recompensados con la compañía física de muchas vírgenes; e incluso otros creen que una vuelta a la rueda de *Samsara* los traerá a la próxima vida, reconociendo el karma que construyeron en esta vida y beneficiándose del conocimiento que han logrado en su vida pasada, con la esperanza de que un día habrán aprendido lo suficiente para escapar de la interminable sucesión de reencarnaciones a través de la iluminación. Los agnósticos generalmente creen que ellos mueren, se dispone de su cuerpo, y ese es el fin.

Los negocios raramente, si es que lo hacen alguna vez, aparecen en las ideas sobre el más allá. No estoy familiarizado con ninguna religión que sugiera que usted pueda conducir un negocio mayor o ser un empresario más exitoso en el más allá. Nadie es recompensado en el más allá con más empleados, un mejor negocio, e incluso más dinero. Las miles de investigaciones sobre experiencias cercanas a la muerte, nunca mencionan que las personas han visto luces brillantes de complejos industriales, la paz y quietud de laboratorios y librerías, el fascinante sonido del tráfico de la ciudad, o las voces de bienvenida de sus banqueros y auditores. De manera que para todos los propósitos prácticos, parece que en el más allá no existen los negocios.

Hindúes, budistas y muchos fieles de otras religiones creen en las vidas anteriores, en las regresiones o memorias de muchas personas que recuerdan vidas pasadas. Muchas veces les resulta claro qué profesión ellos, o sus espíritus, tuvieron en una vida anterior. Las personas recuerdan vívidamente que fueron obreros, guerreros, artesanos, etc. El espíritu empresarial ha existido desde que nuestros antepasados habitaban las cavernas, sin embargo nadie recuerda haber dirigido una compañía listada en bolsa, nadie recuerda los planes de negocio, declaraciones de misión o estados financieros de sus vidas pasadas, estos recuerdos están llenos de seres queridos, familiares, rivales y demonios, no de clientes, empleados, banqueros y contadores.

Entonces, ¿qué significa esto? Dicho de una manera muy sencilla, los negocios claramente no prevalecen en las memorias de vidas previas o las perspectivas posteriores a su muerte.

No hace mucho tiempo estuve involucrado en negociaciones relativas a la adquisición de una pequeña compañía en India. Estábamos cenando con los dueños de la firma candidata a ser absorbida, y las discusiones habían llegado a un punto muerto. Los dueños, dos hombres de negocio hindúes en sus cuarentas, claramente tenían serias dudas sobre dejar ir a su bebé, y el dinero y las conversaciones agradables no iban a cambiar esto. La discusión giró hacia las vidas previas. Fue una conversación interesante, ya que había miembros de varias religiones así como agnósticos con los pies en la tierra, reunidos en esa mesa. Quienes tenían nociones de vidas previas, las compartieron con los demás, y de alguna manera, la conexión que hasta ese punto no habíamos sido capaces de establecer en nuestras vidas presentes, se logró al nivel de las vidas previas. Tres semanas después cerramos el trato.

Como piense sobre la posibilidad de vidas futuras tiene un claro impacto sobre cómo actúa en esta vida. Si cree que el apego a las cosas materiales, así como a sus relaciones personales más cercanas, obstaculizan su camino hacia la iluminación, le será difícil construir un negocio comercial exitoso. Si considera que tendrá varias vueltas de la rueda de la vida, puede no ser propenso a hacer tanto como pudiera. Un "vivir el ahora" absoluto puede parecer un obstáculo para una sólida planificación de los negocios a largo plazo. Con todo esto, de alguna manera me encuentro nadando entre dos aguas. Por mucho que quiera creer en la continuidad de la conciencia de una u otra forma después de esta vida, soy demasiado racionalista para estar 100% convencido. Creo mientras tanto, en hacer lo mejor posible de esta vida. Viva audaz y valientemente, Disfrute la vida. Cree valor. Haga a alguien feliz.

Comparta lo que tenga. Un día que no se viva plenamente es un día perdido. Todos estamos seguros que moriremos, pero a mi alrededor veo a muchos que no estoy siquiera seguro que están vivos.

Cuando ocurra nuestra muerte, el campo unificado de la energía total reciclará nuestras moléculas, a una velocidad más rápida que cuando estamos vivos. Algunas de nuestras moléculas terminarán en otras personas a nuestro alrededor; otras moléculas terminarán en la tierra y en lo que descansa o crece en ella. Cenizas a las cenizas, polvo al polvo. Y de esa manera haremos espacio para otros que vienen después de nosotros, a disfrutar y hacer su mejor intento en cuanto a las oportunidades que la vida les ofrece. En el proceso, tu espíritu aparentemente desaparece, y no puede ser (aún) científicamente rastreado.

No obstante, nosotros ciertamente y visiblemente, vivimos en lo que dejamos atrás. Las memorias de las personas que nos recuerdan pueden ser medidas como olas de energía. Nuestros hijos tienen nuestras huellas físicas y mentales y algunas de nuestras características y hábitos. Nuestros trabajos, ahorros, y discursos pueden sobrevivir a nuestra ausencia. Y si, los negocios que creamos como buenos empresarios deben también sobrevivirnos, siempre que sean realmente buenos negocios.

Su espíritu vive en sus hijos, así como en la compañía que dejó atrás. La misión, visión y valores de una compañía no cambian solo porque no está más allí. Ellas son llevadas adelante y transformadas en algo nuevo por los que vienen detrás de usted. Esto puede dar una gran satisfacción, ya que dejar un legado es importante para muchas personas y es frecuentemente un importante motivador para personas narcisistas, que muchas veces devienen en empresarios.

He escrito este libro en parte para mostrar el espíritu y los valores de la compañía que he ayudado a construir, para que pueda ser entendido y mejorado por otros después que yo no esté. Quiero que mis hijos se sientan orgullosos de lo que he dejado, así como yo estoy orgulloso de lo que mi padre dejó. Por suerte, mis antepasados no eran piratas, colonialistas, criminales o estrellas de porno. Indudablemente, yo me hubiera sentido mucho menos orgulloso de ellos.

Una compañía que sobreviva los sueños, esfuerzos y valores iniciales de sus fundadores, tiene también una gran responsabilidad. El mundo lucha contra montañas de desechos tóxicos creados por compañías a las que no les importa el futuro. Millones de personas en los últimos años han perdido sus hogares porque individuos codiciosos, "incentivados" y "motivados" por comisiones, les vendieron hipotecas que ellos no podían pagar. Incontables personas en la mayoría de los países alrededor del mundo están trabajando en la miseria, pues los sistemas sociales, económicos y políticos en esas naciones permiten salarios por debajo de los niveles de sobrevivencia; y por el nepotismo, la corrupción y la acumulación de riquezas y poder de pocos a expensas de muchos.

Como empresario, puede no ser capaz de resolver todos los problemas del mundo, aun cuando personas como Bill Gates, en sus intentos de erradicar la polio y muchos otros, hacen contribuciones impresionantes. Pero puede ciertamente tratar, y ser un ejemplo en su ambiente inmediato. Si todos los empresarios hiciesen lo mismo, esto tendría un efecto generalizado en el mundo.

Todas las compañías deben asumir alguna responsabilidad y hacer lo que puedan. Pagar salarios decorosos a todos los empleados (ni muy poco a aquellos en la base de la pirámide ni demasiado a aquellos en la cúspide), tratar a todas las partes interesadas como seres humanos iguales, y no trabajar de manera parcializada para el beneficio de los accionistas o los empleados. Apreciar sus recursos y cuidar la tierra, el aire y el agua. No produzca mercancías sin sentido e inútiles que contribuyen a alimentar la corrupción, los malos hábitos, la pobreza, las enfermedades y la discriminación. Venda bebidas saludables en vez de agua con azúcar embotellada y alimentos sanos en vez de comida chatarra. Participe en un planeamiento de impuestos que cumpla con las leyes de todos los países involucrados y no en la evasión de impuestos. Ofrezca un asesoramiento financiero sensato en vez de complicados derivados con altos honorarios iniciales, o construya casas hechas de materiales naturales y amistosos con la tierra, en vez de plásticos y asbestos.

Somos lo que dejamos atrás, nuestras intenciones, buenas o malas, y nuestro espíritu seguirá viviendo. Nuestros antepasados no nos dejaron la tierra y todos sus recursos para que los malgastáramos. Los hemos tomado prestados de las generaciones futuras. Es muy importante que los tratemos responsablemente y le añadamos valor. Estoy tratando de hacer mi parte; espero que usted trate de hacer la suya.

Tenía la intención de terminar este capítulo con "One World" de Bob Marley (como fue al principio, así será al final), pero finalmente decidí compartir con usted este conocido poema de 1932 de Mary Frye. Ella lo escribió cuando no pudo asistir para rendir su tributo a un buen amigo que había muerto en un lugar lejano.

Medita tu negocio

"No te detengas ante mi tumba y llores,
No estoy allí, no estoy durmiendo.
Soy mil vientos que soplan,
Soy los destellos de diamantes en la nieve,
Soy el sol en el grano maduro
Soy la gentil lluvia otoñal,
Cuando despiertas en el callado amanecer,
Soy la ligera brisa que inspira
A tranquilos pájaros que giran en su vuelo
Soy el suave brillo de estrellas en la noche
No te detengas ante mi tumba y llores,
No estoy allí; Yo no morí."

–Mary Frye

Epílogo

"No permitamos que se olvide que hubo un lugar por un breve momento de esplendor, que fue conocido como Camelot" tarareo esta melodía, mientras vuelvo a leer acerca de las ideas que he escrito en este libro; comprendo que a veces mis fantasías sacan lo mejor de mí. Ha habido momentos en que no he actuado consistentemente con mis propias creencias y valores. A veces me ha dado temor hablar con sinceridad o enojar a alguien. No siempre tomo la responsabilidad total y acepto las decisiones morales que hago. En ocasiones me irrito aunque sé que esto nunca resuelve nada y en Asia nos hace quedar mal. La iluminación no parece estar a la vuelta de la esquina para mí. Solo puedo prometerme hacer lo mejor hoy y mañana, ser lo mejor que pueda ser.

No obstante, escribir este libro ha sido un honor y una gran diversión. Me ha permitido juntar las piezas de diferentes partes de mis pensamientos e ideas, eliminar inconsistencias, y poner por escrito lo poco que he aprendido durante el transcurso de mi vida.

Si, en adición a mi propia redención, puedo con estas líneas llegar a una sola persona que considere que algunas de mis ideas lo han ayudado a afrontar los problemas de los negocios, enfrentar sus propios "demonios" internos o a acercarse a la solución del rompecabezas de la vida, estas tendrán un valor más allá de mí mismo. Si disfrutó leyendo este libro, páselo a alguien más, e indíquele los mensajes que considera serán valiosos a esa otra persona. Todos podemos usar guías en nuestra eterna búsqueda del Valle de las Flores, mientras estamos ocupados abriéndonos paso a través del Jardín del Edén.

Agradezco sus preguntas, sus comentarios y sus críticas constructivas a t.knipping@amicorp.com.

Medita tu negocio

Sobre el Autor

Toine Knipping es un empresario nato. Desde una edad temprana ha estado involucrado en fundar y dirigir negocios. En 1992 él y un colega crearon su propia compañía llamada Amicorp. Desde entonces, Amicorp ha crecido hasta convertirse en un grupo de servicios financieros multijurisdiccional con alrededor de cuarenta oficinas en veintisiete países y setecientos empleados.

Toine además participo en una plantación de aloe vera en Curazao que tuvo problemas, y ayudó a cultivarla para devolverla a la vida, después la expandió en un proyecto mucho más grande en Sudáfrica, fabricando productos para la piel, bebidas saludables, y productos que fortalecen el sistema autoinmune. Con amigos estudiantes de INSEAD, está construyendo un viñedo y produciendo un vino desde el principio en Mendoza, Argentina.

Toine es una persona centrada, decidida y motivada, que tiene un gran corazón, una mente brillante (que nunca deja de trabajar) y un gran sentido del humor. Es también un líder natural y un visionario. Es muy exigente y no estará conforme con nada que sea inferior que la *mejor* calidad en todo lo que hace. Le oirá decir frecuentemente "cueste lo que cueste", que es un lema por el que realmente vive. Disfruta de veras lo que hace y esa es la razón por la cual no lo siente como trabajo, lo que también explica por qué es tan exitoso. Para Toine no se trata del dinero, se trata del reto, el viaje y la satisfacción. Él dijo una vez *"el dinero es solo números en un pedazo de papel a menos que usted haga con él algo que tenga sentido."* Y cuando dice *"que tenga sentido"* esto significa algo que tenga un impacto positivo en la vida de los demás.

Toine siempre ha disfrutado viajar y trabajar con diferentes culturas y tratar de entenderlas. Es un filántropo y apoya numerosos proyectos y organizaciones sin fines de lucro.

Toine vive en Singapur y Sudáfrica con su esposa Paula y tiene dos hijos.

Medita tu negocio

Lectura recomendada

Albion, M. (2006). *True to yourself, Leading a values-based Business.* San Francisco, CA, USA: Berrett-Koehler Publishers, Inc.

Aldrich, S. P. (1996). *Men read newspapers, not minds, and other things I wish I'd known when I first married.* Colorado Springs, CO, USA: Tyndale house Publishers, Inc.

Aubrey, B. (2011). *Managing your aspirations, Developing Personal Enterprise in the Global Workplace.* Singapore: McGraw Hill Publishers.

Axelrod, A. (2010). *Gandhi, CEO, 14 principles to guide & inspire modern leaders.* New York: Sterling Publishing Co., Inc.

Baer, J., & Maslund, A. (2011). *The Now revolution, 7 shifts to make your business faster, smarter and more social.* Hoboken, NJ, USA: John Wiley & Sons.

Baggini, J. (2004). *What's it all about?, Philosophy & the Meaning of Life.* London, UK: Oxford University Press.

Baghai, M., & Quigley, J. (2011). *As one, Individual Action Collective Power.* London, UK: Penguin Books, Inc.

Baldock, J. (2009). *The Tibetan Book of the Dead.* London, UK: Acturus Publishing Limited.

Ball, P. (2006). *The Power of creative Dreaming, Unlock the strength of your subconscious.* London, UK: Arcturus Publishing, Limited.

Beahm, G. (2011). *I, Steve.* Chicago, Il, USA: B2 Books.

Bergeth, R. L. (1994). *12 Secrets to Cashing Out, How to Sell Your Company for the Most Profit.* Englewood Cliffs, NJ, USA: Prentice Hall.

Blanchard, K., & Ridge, G. (2009). *Helping People Win at Work.* Upper Saddle River, NJ, USA: FT Press.

Bloomfield, S. (2005). *Venture Capital Funding, A practical guide to raising Finance.* London, UK: Kogan Page Limited.

Branson, R. (2006). *Screw it, Let's do it.* London, UK: Virgin Books.

Buffett, P. (2010). *Lif is what you make it, Find Your Own Path to Fullfillment.* New York, NY, USA: Three Rivers Press.

Burg, B., & Mann, J. D. (2007). *The Go-Giver, A little story about a powerful Business Idea.* New York, NY, USA: Penguin Group.

Burton, R. (2006). *The kama Sutra of Vatsyayana.* New York, NY, USA: Dover Publications, Inc.

Carter, C. (2010). *Science and the near-death experience, How consciousness survices death.* Rochester, VT, USA: Inner traditions.

Charan, R., & others, a. (2001). *The Leadership Pipeline, How to build the leadership powered compny.* San Francisco, CA, USA: Jossey-Bass.

Cholle, F. P. (2012). *The intuitive compass, why the best decisions balance reason and instinct.* San Francisco, CA, USA: Jossey-Bass.

Chopra, D. (2003). *Synchrodestiny, harnessing the infinite power of coincidence to create miracles.* Reading, UK: Harmony Books.

Chopra, D. (2009). *Why is God laughing?, The path to joy and spiritual optimism.* London, UK: Rider.

Chopra, D. (2011). *The 7 spiritual laws of Superheroes.* Chatham, UK: Random House Group.

Coelho, P. (1988). *The Alchemist.* London, UK: Harper Collins, Publishers.

Coelho, P. (1994). *By the River Piedra I sat down and wept, A novel of forgiveness.* San Francisco, CA, USA: HarperCollins.

Coelho, P. (1999). *Veronika decides to die.* London, UK: HarperCollins Publishers.

Coelho, P. (2003). *Warrior of the Light, Short notes on accepting failure, embracing life, and rising to your destiny.* London, UK: HarperCollins Publishers.

Coleman, D. (1995). *Emotional Intelligence, Why It can Matter more than IQ.* New York, NY, USA: Random House, Inc.

Collins, J. (2001). *Good to Great, Why Some Companies Make the Leap ... and Others Don't.* New York, NY, USA: HarperCollins Publishers, Inc.

Collins, J. (2001). *Good to great, Why some companies make the leap... and others don't.* London: Random House Business Books.

Collins, J. (2009). *How the mighty fall, and why some companies never give in.* New York, USA: HarperCollins Publishers Inc.,.

Collins, J. C., & Porras, J. I. (1994). *Built to Last, Successful Habits of Visionary Companies.* New York, NY, USA: HarperCollins Publishers.

Colvin, G. (2008). *Talent is Overrated.* London, UK: Nicholas Brealey Publishing.

Cooper, D. (2000). *A little light on the Spiritual Laws.* Findhorn, UK: Findhorn Press.

Covey, S. R. (1989). *The 7 Habits of Highly Effective People, Poweful Lessons in Personal Change.* New York, NY, USA: Simon & Schuster Publishing.

Covey, S. R. (1989). *The 7 Habits of Highly Effective People, Powerful Lessons in Personal Change.* New York, USA: Free Press.

Covey, S. R. (1990). *Principle Centered Leadership.* New York, NY, USA: Fireside.

Covey, S. R. (2006). *The Speed of Trust, the One Thing that Changes Everything.* New York, NY, USA: Simon and Schuster.

Crosbie, A. (2004). *Don't leave it to the children, Starting builsding and sustaining a Family Business.* Mumbai, India: Corpus Collossum Learning.

Daniels, A. C. (2000). *Bringing out the Best in People, How to apply the astonishing power of positive reinforcement.* New York, NY, USA: McGraw Hill, Inc.

Das, G. (2009). *The difficulty of being Good, On the subtle art of Dharma.* New Delhi, India: Penguin Group.

Das, R. (2010). *Be Love Now, The Path of the Heart.* New York: HarperCollins Publishers.

Dauphinais, W. G. (1998). *Straight from the CEO.* New York, NY, USA: Fireside.

Debroy, B. (2011). *The Mahabharata.* New Delhi, India: Penguin Books.

Draho, J. (2004). *The IPO Decision, Why and How Companies Go Public.* Cheltenham, UK: Edward Elgar Publishing Limited.

Dreher, D. (2000). *The Tao of innner Peace.* London, UK: Penguin Books.

Dyer, W. W. (2004). *The Power of Intention, Learning to Co-create Your World Your Way.* Carlsbad, CA, USA: Hay House, Inc.

Dyer, W. W. (2008). *Living the wisdom of the TAO, The complete Tao Te Ching and affirmations.* Carlsbad, CA, USA: Hay House, Inc.

Dyer, W. W. (2009). *Excuses Begone, How to change Lifelong, Self-Defeating Thinking Habits.* Carlsbad, CA, USA: Hay House, Inc.

Fenner, P. (2007). *Radiant Mind, Awakening Unconditioned Awareness.* Boulder, CO, USA: Sounds True, Inc.

Flaherty, J. E. (1999). *Peter Drucker, How the world's formost management thinker crafted the essentials of business success.* San Francisco, CA, USA: Jossey Bass Publishers.

Friedman, T. L. (2007). *The world is flat, A Brief History of the 21st century.* New York, NY, USA: Picador, USA.

Gadiesh, O., & MacArthur, H. (2008). *Lessons from Private Equity any Company can use.* Harvard, Mass, USA: Harvard Business Press.

Gallo, C. (2010). *The presentation skills of Steve Jobs, How to be insanely great in front of any audience.* New York, NY, USA: McGraw Hill.

Gardner, H. (2008). *5 Minds for the Future.* Harvard, Mass, USA: Harvard Business Press.

Gerber, M. E. (2010). *The mos succesful small business in the world, the ten principles.* Hoboken, NJ, USA: John Wiley & Sons, Inc.

Gerber, M. E. (2010). *The most succesful small business in the world.* Hoboken, NJ, USA: John Wiley & Sons, Inc.

Gladwell, M. (2000). *The Tipping Point, How Little Thigs Can Make a Big Difference.* Boston, Mass, USA: Little Brown and Company.

Gladwell, M. (2005). *Blink, The Power of Thinking Without Thinking.* New York, NY, USA: Back Bay Books.

Gladwell, M. (2008). *Outliers, The story of success.* London, UK: Penguin Books.

Glassman, S. A. (2010). *It's about more than the money, Investment Wisdom for Building a Better Life.* Upper Saddle River, NJ, USA: Pearson Education, Inc.

Godin, S. (2007). *The Dip, The Extraordinary Benefits of Knowing When to Quit (and when to stick).* London, UK: Piatkus Books.

Godin, S. (2008). *Tribes, We need YOU to lead us.* New York, NY, USA: Penguin Group.

Godin, S. (2010). *Linchpin, Are you indispensable?* London, UK: Penguin Group.

Hagstrom, R. G. (1994). *The Warren Buffett Way, Investment Strategies of the World's Greatest Investor.* New York, NY, USA: John Wiley and Sons, Inc.

Haidt, J. (2006). *The Happiness Hypothesis, Finding Modern Truth in Ancient Wisdom.* Cambridge, MA, USA: Perseus Books Group.

Hamm, S. (2007). *Bangalore Tiger, How Indian Tech Upstart Wipro is rewriting the Tules of Global Competition.* New Delhi, India: Tata McGraw Hill Publishing Company Limited.

Harvard Business Review. (2003). Harvard Business Review on Corporate responsibility.

Heppell, M. (2004). *How to be brilliant.* Harlow, UK: Pearson Education Limited.

Hiam, A. (2003). *Motivational Management, Inspiring your people for maximum performance.* New York, USA: American Management Association.

Hsieh, T. (2010). *Delivering Happiness, A path to profits, passion and purpose.* New York, NY, USA: Business Plus.

Jansen Kraemer Jr, H. M. (2011). *From Values to Action, The four principles of value-based leadership.* San Francisco, CA, USA: Jossey-Bass.

Jung, C. G. (1978). *Psychology and the East.* London, UK: Princeton University Press.

Kabat-Zinn, J. (1994). *Whereever You Go, There You Are, Mindfullness Meditation for Everyday Life.* Chatham, UK: Piatkus Books, Ltd.

Kakar, S. (2009). *Mad and Divine, Spirit and psyche in the modern world.* New Delhi, India: Penguin Press.

Kakar, S. (2010). *The crimson Throne, .* New Delhi, India: Penguin Books.

Kakar, S. (2011). *The essential Sudhir Kakar,.* New Delhi, India: Oxford University Press.

Kaye, B., & Jordan-Evans, S. (1999). *Love 'em or lose 'em.* San Fransisco, CA, USA: Berrett-Koehler Publishers Inc.

Kets de Vries, M. F. (2007). *Coach and Couch, The psychology of making better leaders.* Houndsmills, UK: Palgrave MacMillan.

Kets de Vries, M. F. (2009). *Sex, Money, Happiness, and Death; the quest for authenticity.* London, UK: Palgrave Macmillan.

Kets de Vries, M. F. (2011). *Reflections on Groups and Organizations.* Chichester, UK: John Wiley & Sons, Ltd.

Kets de Vries, M. F., & others, a. (2007). *Family Business on the Couch, A psychological perspective.* Chichester, UK: John Wiley & Sons.

Kiechel, W. I. (2010). *The Lords of Strategy, The Secret Intellectual History of he New Corporate World.* Boston, Mass, USA: harvard Business Press.

Kihn, M. (2005). *House of Lies, How Management Consultants Steal Your Watch and Then Tell You the Time.* New York, NY, USA: Warner Business Books.

Kim, K. R. (2011). *Essence of Good Management.* New Delhi, India: Times Group Boos.

Kim, W. C., & Mauborgne, R. (2005). *Blue Ocean Strategy, How to Create Uncontesed Market Space and Make the Competition Irrelevant.* Boston, MA, USA: Harvard Business School Publishing Corporation.

Kinslow, F. J. (2010). *The secret of Quantum Living.* Fla, USA: Lucid Sea.

Kiyosaki, R., & Kiyosaki, E. (2008). *Rich Brother, Rich Sister.* Johannesburg, SA: Jonathan Ball Publishers.

Kleeburg, R. P. (2005). *Initial Public Offering.* Mason, OH, USA: Thomson Higher Education.

Krogerus, M., & Tschaeppeler, R. (2011). *The Decision Book, Fifty models for strategic thinking.* London, UK: Profile Books, Ltd.

Kundtz, D. (2009). *Awakened Mind, One-Minute Wake Up Calls to a Bold and Mindful Life.* San Francisco, CA, USA: Conari Press.

Lama, D. (2009). *The art of happiness, A handbook for living.* New York, NY, USA: Riverhead Books.

Lama, T. D. (2009). *Becoming Enlightened.* London, UK: Random House Group Limited.

Lipton, B. H. (2005). *The Biology of Belief, Unleashing the Power of Consciousness, Matter & Miracles.* USA: Hay House Inc.

Logan, D., & King, J. (2008). *Tribal Leadership, Leveraging natural groups to Build a Thriving Organization.* New York, NY, USA: Harper Business.

Long, J., & Perry, P. (2010). *Evidence of the Afterlife, The Science of Near-Death Experiences.* New York, NY, USA: Harper One.

Luce, E. (2007). *In spite of the Gods, The strange rise of modern India.* New York, NY, USA: Doubleday.

Mackay, A. (2007). *Recruiting, Retaining and releasing people, Managing redeployment, return, retirement and redundancy.* Burlington, Mass, USA: Elsevier.

Magid, B. (2008). *Ending the pursuit of Happiness, a zen guide.* Sommerville, MA, USA: Wisdom Publications.

Mandela, N. (2010). *In gesprek met mijzelf.* Antwerp, Belgium: Uitgeverij Unieboek.

Marriott, J., & Brown, K. A. (1997). *Marriott's Way, the Spirit to Serve.* New York, NY, USA: HarperCollins Publishers.

Maxwell, J. C. (2003). *There is no such thing as "Business Ethics".* New York, USA: Center street.

Mc Taggart, L. (2007). *The Intention Experiment.* New York, NY, USA: Free Press.

McTaggart, L. (2008). *The Field, The quest for the secret force of the Universe.* New York, NY, USA: HarperCollins Publishers.

McTaggart, L. (2011). *The Bond, Connecting through the space between us.* New York, NY, USA: Simon & Shuster, Inc.

Megre, V. (1996). *Anastasia.* Kahului, HW, USA: Ringing Cedars Press.

Melaver, M. (2009). *Living above the store, Building a business that creates value, inspires change and restores land and community.* White River Junction, VT, USA: Chelsea Green Publishing.

Millman, D. (2000). *Living on Purpose, straight answers to Life's tough questions.* Novato, CA, USA: New world Library.

Millman, D. (2006). *Wisdom of the Peaceful Warrior, A companion to the book that changes lives.* Tiburon, CA, USA: New World Library.

Moritz, A. (2009). *Hear the whispers, Live your dream.* USA: Enerchi Wellness Press.

Moss, P. (2010). *Chinese Proverbs, Ancient wisdom for the 21st century.* Hong Hong, HK: Form Asia Books.

Murphy, B. J. (2010). *The Intelligent entrepreneur, How three Harvard Business School graduats learned the 10 rules of successful entrepreneurship.* New York, NY, USA: Henry Holt & Company.

Nhat Hannh, T. (2007). *The Art of Power.* New York, NY, USA: HarperCollins Publishers.

Norbeerg-Hodge, H. (2009). *Ancient Futures, Lessons from Ladakh for a globalizing world.* San Francisco, CA, USA: Sierra Club Books.

Obama, B. (1995). *Dreams from My Father.* New York, NY, USA: Three Rivers Press.

Ofman, D., & Verpaalen, G. (2006). *You Just wouldn't Believe it.* Utrecht, Netherlands: Servire.

Osho. (2001). *Zen, the path of paradox.* New York, NY, USA: St. Martin's Griffin.

Owen, J. (2005). *How to lead.* Harlow, UK: Pearson Education Limited.

Peirce, P. (1997). *The Intuitive Way.* New York, NY, USA: Simon & Shuster, Inc.

Peirce, P. (2009). *Frequency, the Power of Personal Vibration.* New York, NY, USA: Simon & Schuster, inc.

Pinault, L. (2001). *Consulting Demons, Inside the unscrupulous world of Global Corporate Consulting.* New York, NY, USA: Harper Business.

Pirsig, R. M. (1974). *Zen and the Art of Motorcycle Maintenance, An Inquiry into Values.* New York, NY, USA: Wolliam Morrow & Company, Inc.

Ponlop, D. (2011). *Rebel Buddha.* Boston, Mass, USA: Shambhala.

Rhyne, E. (2009). *Microfinace for bankers and investors, Understanding the Opportunities and Challenges of the Market at the Bottom of the Pyramid.* New York, NY, USA: McGraw Hill.

Rothschild, B. (2000). *The Body remembers, The Psychophysiology of Trauma and Trauma Treatment.* Los Angeles, CA, USA: W.W. Norton & Company.

Ruiz, D. M. (1997). *The Four Agreements, A Toltec Wisdom Book.* San Rafael, CA, USA: Amber-Allen Publishing.

Ruiz, D. M. (2004). *The Voice of Knowledge, A practical Guide to Inner Peace.* San Rafael, CA, USA: Amber-Allen Publishing, Inc.

Sawyer, R. D. (1994). *Sun Tzu, Art of War*. Boulder, Co, USA: Westview Press, Inc.

Schroeder, G. L. (2009). *God According to God, A scientist discovers we've been wrong about God all along*. New York, NY, USA: HarperCollins.

Sharma, R. (2011). *The Secret Letters of the Monk who sold his Ferrari*. London: Harper Collins Publishers.

Shenson, H. L. (1990). *How to select and Manage Consultants, A guide to getting what you pay for*. San Diego, CA, USA: University Associates, Inc.

Singh, K. (2011). *on Women, Sex, Love and Lust*. New Delhi, India: Hay House India.

Slywotzky, A. (2002). *The art of profitability*. New York, NY, USA: Warner Books.

Smith, H. W. (2000). *What Matters Most, The Power of Living Your Values*. New York, NY, USA: Simon & Schuster, Inc.

Stengel, R. (2010). *Mandela's way, Lessons on Life*. London, UK: Random House Inc.

Sutton, R. I. (2007). *The No Asshole Rule, Building a Civilized Workplace and Surviving one that Isn't*. New York, NY, USA: Business Plus.

Tart, C. (2009). *The end of Materialism, How evidence of the paranormal is bringing science and spirit together*. Oakland, CA, USA: New Harbinger Publications.

Thakkar, H. (1996). *Theory of Karma*. Ahmedabad, INdia: Hemant M. Shah.

Tiggelaar, B. (2007). *Can Do, How to achieve real personal change and growth*. London, UK: Marshall Cavendish.

Tolle, E. (1999). *The Power of Now, A Guide to Spiritual Enlightenment*. London, UK: Hodder & Stoughton.

Tolle, E. (2005). *A New earth, create a better life*. London, UK: Penguin Group.

Tolle, E. (2006). *A new Earth, Awakening to your life's purpose*. New York, NY, USA: Penguin Group.

Tutu, D. (2011). *God is not a Christian*. Chatham, UK: Random House Group Limited.

Vitale, J. (2007). *Zero Limits*. Hoboken, NJ, USA: John Wiley & Sons, Inc.

Waldo Trine, R. (1918). *The higher powers of mind and spirit.* London, UK: G. Bell & Sons, Ltd.

Welch, J., & Welch, S. (2005). *Winning.* New York, NY, USA: HarperCollins Publishers.

Whitmont, E. C. (1982). *Return of he Goddess.* New york, NY, USA: The Continuum Publishing Company.

Wilber, K. (1991). *Grace and Grit, Spirituality and Healing in the Life and Death of treya Killam Wilber.* Boston, Mass, USA: Shambhala Publications, Inc.

Wileman, A. (2008). *Driving down cost, how to manage and cut costs intelligently.* London, UK: Nicholas Brealey Publishing.

Yogi, M. M. (1977). *De wetenschap van het Zijn en de Kunst van het Leven.* Den Haag, Netherlands: Pantha Rhei.

Yunus, M. (2010). *Building Social Business, The new kind of capitalism that serves Humanity's most pressing needs.* Philadelphia, PA, USA: PublicAffairs.

www.ingramcontent.com/pod-product-compliance
Lightning Source LLC
Chambersburg PA
CBHW070529090426
42735CB00013B/2920